民法大改正で契約実務はどう変わる？

債権法改正 Q&A

弁護士
千葉 博［著］

清文社

はじめに

　債権法の改正に注目が集まっています。
　これは、2006年10月から民法（債権法）改正検討委員会で行われてきた議論に基づき、2009年3月に「債権法改正の基本方針」が公表されたことによるものです。
　「債権法」の中には、実務上きわめて重要な意義を有する契約に関する各種の規定も含まれており、改正による実務への影響は計り知れないものがあることから、今後の改正の動向が注目されているのです。
　実際に法改正が実現し、それが施行されるとしても、まだ数年はかかるものと思われますが、いざ改正法施行となったときに混乱を来すことがないようにするには、あらかじめその改正動向を理解し、施行されたときの影響を予測して、対応策を検討することが必要でしょう。
　そのためには、いきなり改正法に飛びつくのではなく、現行法における規制がどのような形になっているのかについて正しく理解しておくことが必要です。
　皆さんの中には、企業間の取引実務に関与している方も数多くいらっしゃることと思います。日常的に接する限りの契約に関する知識は豊富に持っているかもしれませんが、それがいかなる法規制に基づき、いかなる法理論に基づき行われているものなのか、前提となる基礎知識を理解しておくことで、イレギュラーな事態が発生したときにも、適切な方向の対応をとることが可能になります。また、現に接している知識の周辺の法律知識を知っておくことも、同様の観点から重要と思われます。
　そこで、本書では、まず現行法における債権法分野の基本的な規定の内容を、

できる限り具体的な例も取り入れながら説明してあります。幅広い法律知識を身につけ、不意の事態にも正しい対応をできるようにするという観点から、単に詳細な知識を羅列するのではなく、個々の制度や条文の規定された理由・根拠、これを趣旨といいますが、そこから記載するように心がけました。読者の皆さんも、この趣旨の部分をとくに意識して読んでいただけると、より意味のあるものになると思います。

　次に、このような現行法の知識をふまえつつ、「債権法改正の基本方針」ではどのような改正の可能性が示されているのか、各項目ごとに紹介してあります。ご自分の携わっている分野に関して、どのような動向が認められるのか、将来に対する布石として、参考にしていただければと思います。

　末尾になりましたが、本書の完成にあたっては、清文社ご担当の矢島祐治氏に大変お世話になりました。なかなか筆の進まない私が本書の完成に至ることができたのは、ひとえに矢島氏の叱咤激励によるものです。この場をお借りして御礼を申し上げます。

2010年2月

弁護士　千葉　博

目　次

第1章
民法の基礎知識と改正試案

Q1-1　民法とは何か　2
民法とはどのような法律で、何を定めているのですか？　何のために必要なのですか？

Q1-2　民法（債権法）の改正　5
なぜ今、債権法の改正が議論されているのですか？

Q1-3　民法（債権法）改正の方向性　12
改正の対象となっているのはどの部分ですか？

Q1-4　契約の解釈に関する原則　15
改正試案では、契約解釈の原則に関して規定が設けられたとのことですが、どのような内容ですか？

第2章
契約の基礎知識(1)―契約はどのような場合に有効に成立するのか

Q2-1　契約の成立　20
契約は、どのような場合に成立するのでしょうか？　改正試案では、どのように定めていますか？

Q2-2　契約の申込みとその効力　23
現行の民法で、契約の申込みに関しては、どのような規制がなされているのでしょうか？

Q2-3　契約の成立―承諾の意思表示【事例】　29
業者から一方的に商品が送られてきて、「2週間以内にご連絡がない場合には、商品を購入したものと扱わせていただきます」との手紙が入っていました。返事をしなければ購入したことになってしまうのでしょうか？　また、送られてきた商品は返送しなければならないでしょうか？

Q2-4　懸賞広告　36
懸賞広告とは、どのようなものをいうのでしょうか？

Q2-5　不当条項の効力　38
　　　　改正試案には、約款契約や消費者契約の「不当条項」に関する規定が置かれたとのことですが、具体的にはどのような規定ですか？

Q2-6　契約の拘束力と事情変更の原則　42
　　　　「契約の拘束力」とは何ですか？

Q2-7　契約書の作成　45
　　　　契約書を作成するうえでの注意点を教えてください。

Q2-8　契約交渉の破棄【事例】　50
　　　　契約交渉が、途中で一方的に破棄されてしまいました。法的に何か主張することができるでしょうか？

Q2-9　契約の取消し―その1【事例】　53
　　　　業者の商品説明会に出かけたところ、とくに脅かされたというわけではないのですが、高額の商品を購入しないことには帰れないような状況になってしまい、結果的にはいらないものを買わされてしまいました。契約をなかったことにすることはできるでしょうか？

Q2-10　契約の取消し―その2【事例】　59
　　　　例えば、家屋の売買契約を締結したとき、すでにその家が燃えてしまっていたという場合、契約はどうなるのでしょうか？　私が買い主だったら、それでも家の代金を売り主に支払わなければならないのでしょうか？

Q2-11　契約締結前の責任【事例】　61
　　　　店舗を借りるに当たり貸し主側と協議をしたところ、契約締結前であるにもかかわらず、当方の希望する形態に合うように貸し主側が改装等の便宜を図ってくれました。ところが、急激な景気の悪化という事情もあり、新たな出店を見合わせることになってしまいました。当社は、貸し主側に対して損害賠償責任等の責任を負うのでしょうか？

第3章
契約の基礎知識（2）―債権にはどのような効力が認められるのか

Q3-1　債権の効力　66
　　　　債権には、どのような効力があるのでしょうか？

Q3-2　追完権、追完請求権　70
　　　　追完権、追完請求権とは、どのような概念でしょうか？

Q3-3　強制履行の方法　72
　　　　任意の履行がなされないときに、強制履行の方法としてどのような方法があるのでしょうか？

Q3-4　債務不履行【事例】　76
　　　　継続的に取引を行ってきた業者の経営状況が悪化しているようで、売掛金の未収が1,000万円にもなってしまっています。契約を解除して商品を取り返したいのですが、契約解除には「相当の期間を定めた催告が必要である」とアドバイスを受けました。この場合、どのくらいの期間をおけばいいのでしょうか？

Q3-5　損害賠償—その1（損害賠償請求）　85
　　　　契約が守られなかった場合、具体的にはどのようなときに損害賠償請求が認められるのでしょうか？

Q3-6　損害賠償—その2（損害賠償の対象）　88
　　　　債務不履行となった場合に、損害賠償の対象となるか否かはどのように判断するのでしょうか？

Q3-7　損害賠償—その3（損害賠償額の算定）　92
　　　　物の「価格」が賠償される場合の算定基準時について、改正試案では、どのような規定を置いているのですか？

Q3-8　損害賠償—その4（損害賠償の予定）　95
　　　　損害賠償の予定とは何ですか？

Q3-9　解除　98
　　　　契約の解除は、どのような場合に認められるのでしょうか？

Q3-10　危険負担【事例】　103
　　　　中古住宅の売買契約を締結し、購入したのですが、登記・引渡しを受ける前に、第三者による放火で全焼してしまいました。こちらとしては、落ち度があるわけでもなく、基本的に代金の支払いをするつもりはないのですが、法的にもそれで大丈夫でしょうか？

Q3-11　同時履行の抗弁権　110
　　　　契約の相手方の信用状態に重大な疑義が生じている場合でも、本来の履行期にこちらの債務の履行をしなければならないのでしょうか？

Q3-12　受領遅滞【事例】　116
　　　　知人に中古の機械を売却し、定められた期日に持っていったところ、置くスペースがないとして受領を拒否されました。仕方なく持ち帰って倉庫に保管していましたが、火事により機械が焼失してしまいました。この場合、私は

何か責任を負わなければならないのでしょうか？

Q3-13　贈与契約における権利関係　122
贈与契約における当事者の権利義務関係には、どのような特徴があるのでしょうか？

Q3-14　売買契約における売り主の義務と責任　128
売買契約において、売り主が負う義務、責任には多様なものがあると聞きました。どのようなものがあるのでしょうか？

Q3-15　瑕疵担保責任【事例】　137
友人から購入した中古住宅に、居住してから半年後、耐震構造上の不具合があることが判明しました。売り主である友人に、何らかの責任追及はできるのでしょうか？

Q3-16　商品の検収　142
商品の検収に関する取扱いについて、現行法ではどのように扱われているのでしょうか？

Q3-17　債権者代位権【事例】　146
知人が、その知り合いから購入した土地の転売を受けたのですが、肝心の登記が私の前々者のところにとどまってしまっており、私の前者も積極的に登記の取得に動いてくれないため、困っています。何か良い方法はないでしょうか？

Q3-18　債権者取消権（詐害行為取消権）【事例】　152
私が1,000万円を融資している相手方が、強制執行を意識してか、唯一の財産といって良い土地を、その知り合いに安く売却してしまいました。ほかにめぼしい財産もなく、1,000万円が回収不能となってしまうのではと不安です。何か良い方法はないでしょうか？

Q3-19　債権譲渡—その1（債権譲渡の方法）　162
改正試案では、債権譲渡の方法はどのようになっているのでしょうか？

Q3-20　債権譲渡—その2（債権譲渡の対抗要件）　166
債権譲渡の対抗要件とは、何を具備すれば良いのでしょうか？

Q3-21　債権債務の当事者が複数いる場合　170
債権債務の一方当事者が複数いる場合には、どのような扱いになるのでしょうか？　例えば、全員に対して全額の請求ができるのか、頭割りといった形になるのか、そのあたりの基準を教えてください。

Q3-22　連帯債務　174
　　　　連帯債務とは、どのような場合をいうものでしょうか？

Q3-23　保証契約【事例】　178
　　　　ある人に融資をするにあたり、保証人をつけてもらうことにしました。保証人をつけてもらう場合、そしてつけてもらったあとに、保証契約に関して注意すべき点がありますか？

Q3-24　第三者のためにする契約　185
　　　　「第三者のためにする契約」とは、どのような契約をいうのでしょうか？

Q3-25　不真正連帯債務　189
　　　　不真正連帯債務とは、どのような債務ですか？

Q3-26　債権の消滅原因　191
　　　　債権の消滅原因には、どのようなものがありますか？

Q3-27　債権の準占有者　197
　　　　債権の準占有者とは何ですか？

Q3-28　債権の消滅時効【事例】　201
　　　　請負契約に基づき、数多くの仕事をしてきましたが、報酬が未収のものが多数あります。何年くらい時効にかからずに請求することができるのでしょうか？

Q3-29　債権の相殺　207
　　　　相殺が認められない場合には、どのような場合がありますか？

第4章
契約の13類型と改正試案における追加・変更

Q4-1　契約の類型　218
　　　典型契約、無名契約とは何ですか？

Q4-2　ファイナンス・リース契約　220
　　　改正試案の規定する、ファイナンス・リース契約の規定の概要について教えてください。

Q4-3　役務提供契約　223
　　　改正試案で定められている役務提供契約の規定とは、どのような意味を持つものですか？

Q4−4　**賃貸借契約―その1（概要）**　227
　　　　賃貸借契約については、改正試案ではどのような変更がなされているのでしょうか？

Q4−5　**賃貸借契約―その2（目的物の一部滅失）**　235
　　　　賃貸借契約において、目的物が一部滅失した場合、契約関係はどうなるのでしょうか？

Q4−6　**賃貸借契約―その3（目的物の全部滅失）**　237
　　　　賃貸借契約において、目的物が全部滅失した場合、契約関係はどうなりますか？

Q4−7　**賃貸借契約―その4（賃料の引き上げ）**　239
　　　　マンションの賃料を引き上げたいと考えているのですが、どのような方法がありますか？

Q4−8　**賃貸借契約―その5（賃借権の無断譲渡など）**　243
　　　　賃借権の無断譲渡・転貸がなされた場合の効果はどうなるのでしょうか？

Q4−9　**委任契約**　247
　　　　委任契約とは、どのような契約でしょうか？

Q4−10　**寄託契約**　252
　　　　寄託契約とは、どのような契約でしょうか？

Q4−11　**継続的契約**　257
　　　　改正試案における継続的契約の規定は、どのような内容になっているのでしょうか？

Q4−12　**雇用契約**　260
　　　　民法では、雇用契約についてどのような規定を置いていますか？　また、民法とは別に労働基準法、労働契約法などの法律があるのはなぜでしょうか？

Q4−13　**消費貸借契約**　262
　　　　消費貸借契約について、改正試案ではどのような定めが置かれたのでしょうか？

Q4−14　**場屋営業**　267
　　　　場屋営業とは、どのようなことをいうのですか？

Q4−15　**請負契約―その1（概要）**　271
　　　　請負契約とは、どのような契約をいうのでしょうか？

Q4−16　**請負契約―その2（目的物の滅失）**　277
　　　　請負契約の目的物が途中で滅失した場合、その後の法律関係はどうなるので

しょうか？

Q4-17 請負契約―その3（所有権の帰属）　280
請負契約に基づき物の製作がなされた場合、その目的物の所有権は注文者、請負人のいずれに帰属するのでしょうか？

第5章
事務管理、不当利得、不法行為―契約以外の債権発生原因とは

Q5-1 事務管理　284
事務管理とは、どのような場合をいうのですか？

Q5-2 不当利得　290
不当利得とは、どのような制度ですか？

Q5-3 不法原因給付　294
不法原因給付とは、どのような規定ですか？

Q5-4 不法行為　297
不法行為とはどのような制度ですか？

Q5-5 特殊の不法行為　305
特殊の不法行為としては、どのようなものがありますか？

索引　313

本書の内容は、2010年2月1日時点の法令等によっています。

第 1 章
民法の基礎知識と改正試案

第1章　民法の基礎知識と改正試案

民法とは何か

民法とはどのような法律で、何を定めているのですか？　何のために必要なのですか？

私人＊と私人が取引をした場合など、私人間の権利義務関係が生じる場合の処理や、その前提となる親族相続の関係などについて規定した法律です。

当事者間で、任意の解決がなし得ない場合の紛争解決を可能にするために規定されました。財産関係について規定した「財産法」と、親族相続関係について規定した「身分法」に分かれています。

解説

1. 民法とは

「民法とは、私法の一般法である」といわれます。私法とは、私人間の関係について規定している法律をいい、これに対して、国家と国民の間などを規律する法律を公法といいます。

私人間の関係は、権利と義務という概念を使って規定されています。例えば、ある私人と私人が売買契約をした場合、当事者間には目的物引渡請求権、代金支払請求権などが発生し、目的物の所有権が移転するといった効果が発生します。

＊私人：国家と国民（法人を含む）との関係を規律する法を公法、国民相互間を規律する法を私法という。私法の世界では、自然人（生きている人間）である国民と法人が取引を行い、これを私法が規律することになる。この国民や法人のことを私人という。

2

このように、「どのような行為がなされた場合に、それによって、どのような権利義務が発生するのか」などといった事柄を民法は規定しているのです。

「一般法」というのは、より広い範囲の事柄に一般的に適用される法律をいい、これに対し、特定の分野の事柄に適用される法律を「特別法」といいます。

私人とはいっても、より営利性の高い取引を行う商人間の取引などについては、特別法として商法などが制定されています。特別法は、一般法に優先的に適用されます。したがって、民法の規定と商法の規定が競合した場合は、商法の規定が優先するわけです。

本来、私人間の関係は、当事者同士で話合いなどで解決されるべきものです。そこに民法という法律が置かれたのは、私人間の法律関係が、当事者間の協議により任意に解決することができなかった場合に、その解決基準とするためです。

2. 民法の構成

民法は、全部で5つの編に分かれています（次ページ参照）。まず、財産関係について規定した「財産法」です。民法は、権利を物に対する権利である「物権」と、人に対する権利である「債権」に分けており、それぞれ「物権編」「債権編」という形で定めを置いています。そして、これら2つに共通して適用される規定として、「総則」が1つの編として置かれています。

次は「身分法」です。これは、婚姻、親子等の親族関係について規定した「親族編」と、相続が生じた際の取扱い等を定めた「相続編」に分かれています。

今回改正の話が浮上した債権法は、財産法の中の債権編についての改正を意図するものです。債権法の中でも、契約・事務管理・不当利得・不法行為といった債権発生原因ごとに種々の規定が置かれていますが、今回の改正は、このうち、国際的な商取引への対応の必要性などの理由で、契約に関する法規定と、これに関連する範囲での総則規定などを対象とするものです（Q1-3）。

第1章　民法の基礎知識と改正試案

○**民法の構成**

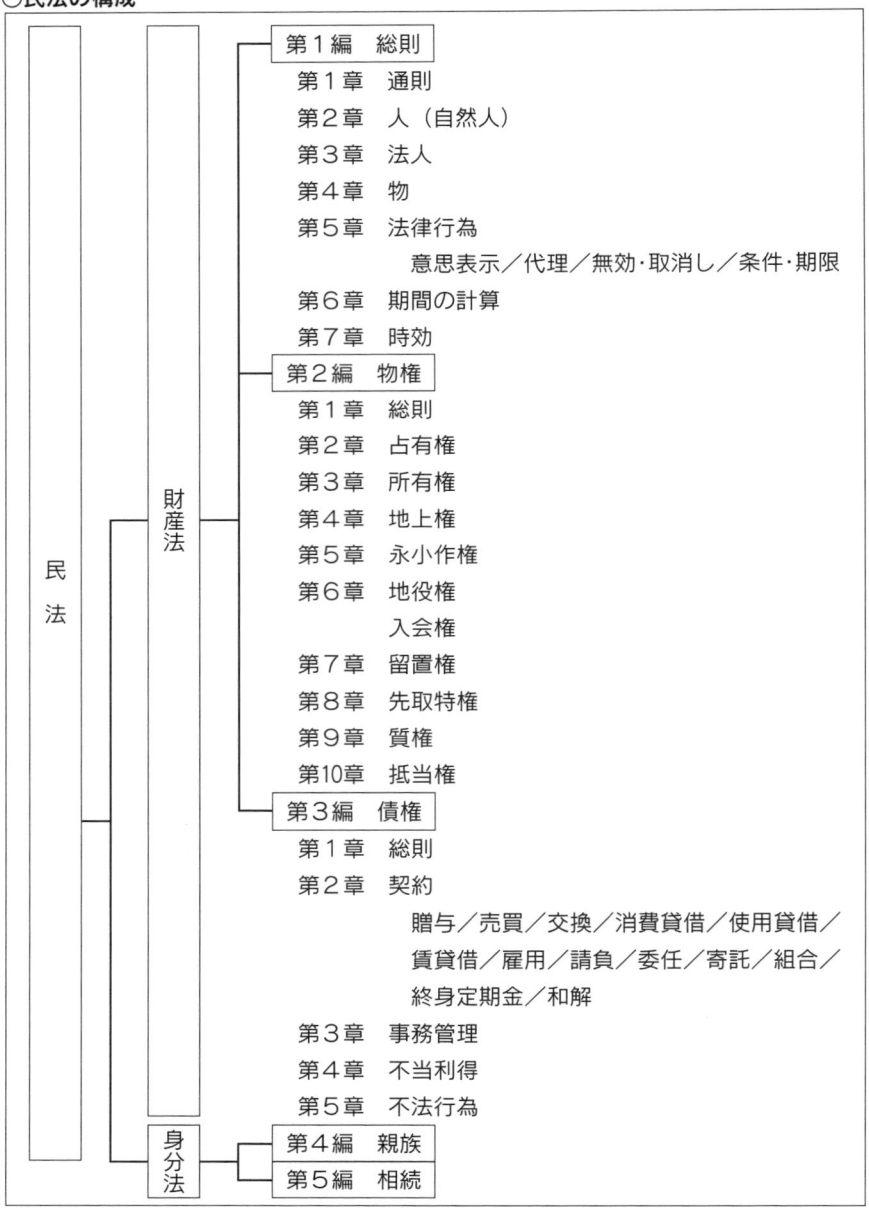

民法（債権法）の改正

> なぜ今、債権法の改正が議論されているのですか？

民法のうち、財産編についてはこれまで抜本的な改正が行われてこなかったため、現代的なものにする必要性が生じています。また、長く改正がなされてこなかったため、判例によって対応する範囲が広がり、その内容が不明確になるという問題も生じています。

解説

1. なぜ、今、改正するのか

民法は、1896（明治29）年に制定されて以来、「親族編」と「相続編」については、戦後、日本国憲法に適合的なものにすべく改正されましたが、「財産編」については抜本的な改正は行われていません。そのため、民法典を現代的なものにする必要性が生じていました。

また、長きにわたり改正がなされてこなかったことから、判例により対応する範囲が広がり、その内容が不明確になるという問題も生じてきます。

このような種々の観点から、民法典のうち、財産法（Q1-1）の改正をなすべき必要性が高まってきていました。

もっとも、そのような観点からは、債権法のみならず財産法全体の改正をするのが筋でしょうが、財産法全体の改正ということになると、その作業は膨大なものになります。

また、経済のグローバル化の進展の中で、取引に関する基本的な法である契

約法を世界的に共通化する必要性が生じています。

　このような観点から、債権法の改正に着手されることとなったのです。

2. 何を変えようとしているのか

(1) 各準備会の担当分野

　債権法改正の方針に従い、2009年3月に「債権法改正の基本方針」（検討委員会試案）（以下、本書で「改正試案」といいます）が作成されるに至っています。これは「民法（債権法）改正検討委員会」（以下、「検討委員会」といいます）の手によるものです。

　検討委員会は、第1から第5まで5つの準備会と、商行為法に関するワーキング・グループなどからなっていました。

　各準備会の担当分野は、以下の通りです。

○第1準備会
　・債権の目的
　・債務不履行の責任等
　・契約の効力
　・契約の解除
　・その他
○第2準備会
　・法律行為（「条件及び期限」を除く）
　・契約の成立
　・贈与・売買・交換
　・その他
○第3準備会
　・債権者代位権・債権者取消権
　・多数当事者間の債権及び債務
　・債権の譲渡
　・その他
○第4準備会
　・消費貸借以下の典型契約

・新たな典型契約
　　・その他
○第5準備会
　　・条件及び期限
　　・期間の計算
　　・時効（消滅時効）
　　・債権の消滅
　　・その他

（2）議論の経過について

　検討委員会が立ち上がったのは、2006年10月でした。それからおよそ2年半後の2009年3月末に、改正の基本方針（改正試案）がとりまとめられました。

　検討委員会自体は、私的な検討会という位置づけであり、すでに活動を終えていますが、この改正試案の作成を受けて、民法改正に向けられた諮問がなされ、法制審議会における実質的な審議につながっていくものと期待されています。

3. 改正により何に影響が出るのか

（1）企業実務への影響

　今日においては、消費者契約法が制定される（2000年4月）など、消費者を保護するいわゆる「消費者法」といわれる法分野が登場しています。

　消費者契約法に規定されている内容の多くは、消費者契約に適用されるべき私法上の一般的なルールであり、本来は民法と分けて考えるべきものとはいえません。

　例えば、一定の場合に契約を取り消したり、無効の主張ができたりするというのは、民法に規定されている詐欺（96条（※1））、強迫（同）、錯誤（95条）などと変わるものではありません。そこで、消費者契約法に規定される基本原理も、民法典の中に取り入れようとの動きが生まれてきました。

　　※1　以下、とくに記載のない場合は民法の条文番号です。

消費者と相対する企業にとっては、いかなる場合に契約が無効・取消しといった瑕疵を生じるかについて、正しい理解をすることが必要になります。

> （錯誤）
> **第95条** 意思表示は、法律行為の要素に錯誤があったときは、無効とする。ただし、表意者に重大な過失があったときは、表意者は、自らその無効を主張することができない。
>
> （詐欺又は強迫）
> **第96条** 詐欺又は強迫による意思表示は、取り消すことができる。
> 2　相手方に対する意思表示について第三者が詐欺を行った場合においては、相手方がその事実を知っていたときに限り、その意思表示を取り消すことができる。
> 3　前二項の規定による詐欺による意思表示の取消しは、善意の第三者に対抗することができない。

(2) 商法への影響

わが国では、民法典と商法典が分けて規定されていますが、世界的には両方が統合される傾向にあり、国によっては、民法と商法を区別するという考え方がありません。

実際にわが国に存する商法典を見ても、「売買」や「寄託」に関する規定には、民法の規定と重なるところも見られます。

また、商法は、「商人」（商法4条）「商行為」（同501〜503条）といった概念によりその適用範囲を画していますが、商人であるからというよりも、「事業者」であるからという理由で特別な扱いをするのにふさわしい場合が多く見られます。例えば「商人」という概念では、各種の協同組合などは企業性が強いにもかかわらず、もれてしまいます。

そこで、商行為法・商法総則の多くが民法典に移される方向で検討されることになります。

〈商法〉
(定義)
第4条　この法律において「商人」とは、自己の名をもって商行為をすることを業とする者をいう。
2　店舗その他これに類似する設備によって物品を販売することを業とする者又は鉱業を営む者は、商行為を行うことを業としない者であっても、これを商人とみなす。

(絶対的商行為)
第501条　次に掲げる行為は、商行為とする。
　一　利益を得て譲渡する意思をもってする動産、不動産若しくは有価証券の有償取得又はその取得したものの譲渡を目的とする行為
　二　他人から取得する動産又は有価証券の供給契約及びその履行のためにする有償取得を目的とする行為
　三　取引所においてする取引
　四　手形その他の商業証券に関する行為

(営業的商行為)
第502条　次に掲げる行為は、営業としてするときは、商行為とする。ただし、専ら賃金を得る目的で物を製造し、又は労務に従事する者の行為は、この限りでない。
　一　賃貸する意思をもってする動産若しくは不動産の有償取得若しくは賃借又はその取得し若しくは賃借したものの賃貸を目的とする行為
　二　他人のためにする製造又は加工に関する行為
　三　電気又はガスの供給に関する行為
　四　運送に関する行為
　五　作業又は労務の請負
　六　出版、印刷又は撮影に関する行為
　七　客の来集を目的とする場屋における取引
　八　両替その他の銀行取引
　九　保険
　十　寄託の引受け
　十一　仲立ち又は取次ぎに関する行為

> 十二　商行為の代理の引受け
> 十三　信託の引受け
>
> （附属的商行為）
> **第503条**　商人がその営業のためにする行為は、商行為とする。
> 2　商人の行為は、その営業のためにするものと推定する。

(3) 労働法への影響は

　改正試案の内容を読むと、民法改正は労働法の分野にも大きな影響を与えるものと考えられます。

　例えば、雇用、請負、委任、寄託の上位概念として、「役務提供契約」という概念が新設されることになっています（Q4-3）。雇用に関する規定は、将来的には労働契約法に統合するものとされており、それまでの間は、民法が補充規範として適用されます。民法の雇用に規定のない部分は、役務提供契約の総則部分が適用されることになります。

　また、改正試案では、有期労働契約の黙示の更新が行われた後、労働契約が期間の定めのないものとなるとしています（629条、改正試案【3.2.12.08】（※2））。

> ※2　以下、改正試案の中で示されている個々の「提案」の通し番号です。「提案」は4つの部分に分かれ、それぞれ民法典中の編、部、章、章の中の通し番号、を意味します。例えば、【3.1.1.01】は、第3編「債権」の第1部「契約および債権一般」の第1章「契約に基づく債権」の1番目の提案ということです。なお、提案は条文のような体裁をとっていますが、条文そのものではありません（改正試案「序」より）。

> （雇用の更新の推定等）
> **第629条**　雇用の期間が満了した後労働者が引き続きその労働に従事する場合において、使用者がこれを知りながら異議を述べないときは、従前の雇用と同一の条件で更に雇用をしたものと推定する。この場合において、各当事者は、第627条の規定により解約の申入れをすることができる。
> 2　従前の雇用について当事者が担保を供していたときは、その担保は、期間の満了によって消滅する。ただし、身元保証金については、この限りでない。

> 【3.2.12.08】（雇用の更新の推定）
>   雇用の期間が満了した後、労働者が引き続きその労働に従事する場合において、使用者がこれを知りながら異議を述べないときは、従前の雇用と同一の条件（期間を除く。）で更に雇用をしたものと推定する。

　期間の定めある労働契約の更新が反復された場合の労働契約の扱いは、東芝柳町工場事件＊以来、実務上大きな問題である「雇い止め問題＊」を生んできました。これを踏まえて、条文上、期間の定めがないものとなるとするのは、雇い止めトラブルをさらに大きな問題とするおそれが大きいと思われます。

4. 改正までの今後のスケジュール

　昨年10月28日、債権法の改正が法務省の法制審議会に諮問され、同年11月24日に「民法（債権関係）部会」の第1回会議を開催、本格的な議論が始まりました。しかし、法改正に至るまでには、まだ時間を要します。具体的な改正事項・法案提出までのスケジュールについては、現時点では未定です。

＊東芝柳町工場事件：期間2〜3か月の短期労働契約で雇用された臨時工が、契約を反復更新されて雇用されてきた場合、「契約関係は実質的に期間の定めない契約の状態となる」とし、更新拒否は解雇に関する法規制が及ぶとした。
＊雇い止め問題：期間の定めある契約の更新拒否について、実質的に解雇の法規制が及ぶとされたことで、更新拒否の効力について労使間で争われることが多く見られるようになった。これを雇い止め問題という。

第1章　民法の基礎知識と改正試案

民法（債権法）改正の方向性

[改正の対象となっているのはどの部分ですか？]

今回の改正は、グローバルな展開を見せている契約法に関する制度を、現代的なものとする必要性に基づいています。そこで、債権法のうち「契約」に関する規定の部分を対象としています。

解説

1. 債権法とは何か

民法は、「パンデクテン方式」と呼ばれる方式を採用し、総則、物権、債権、親族、相続の5編からなっています。

このうち、総則、物権、債権の3つは「財産法」といわれます。これは権利が、物に対する権利である「物権」と、人に対する権利である「債権」に分かれることによるものであり、両者に共通の定めとして「総則」が定められています。

2. 改正の対象分野

今回の改正の論議の対象となっているのは、基本的に取引に関する法を含む債権法の分野になります。

債権法と一言でいっても、当事者の意思に基づき債権が生じる「契約」に関する規定と、それ以外の「事務管理」「不当利得」「不法行為」に大別され、その両者は大きく性質が異なる内容を含んでいます。

今回の改正は、グローバルな展開を見せている契約法に関する制度を現代的なものとする必要性に基づいていることから、債権法のうち、契約に関する規定の部分を対象としています。

　もっとも、総則の規定は、契約関係にも適用されるものであり、債権の消滅時効の短期化が国際的な傾向であることからも、この点に関する改正も問題とせざるを得ません。そこで、今回の改正では、総則に関する規定の一部も対象としています。

3. 債権法と関連周辺法

　債権法改正において、もっとも問題となる関連領域として、消費者法と商行為法が挙げられます（Q1-2）。

　消費者契約法については、今日の契約の検討において重要な意義を有する情報提供義務などは、消費者契約に関連して発展してきたところであり、消費者契約に関する原理を抜きにして債権法改正を論じることはできません。そこで、消費者契約法に規定されている「意思表示の取消し」等の規定を、一般法化して民法に取り込むといった流れが生まれてきます。

　商行為法については、商人よりも広い概念である「事業者」の概念を用いて、各種の協同組合なども含めて企業性の強い法人にも適用されるべき規定を、民法の規定に取り込んでいます。

【1.5.07】（消費者・事業者の定義）
〈1〉消費者契約に関する特則の適用対象を画するために、消費者・事業者の定義規定を一対をなすものとして置くものとする。
〈2〉消費者・事業者の定義に際しては、次のような考え方に立つものとする。
　〈ア〉消費者：事業活動〔または専門的職業活動〕以外の活動のために契約を締結する個人
　〈イ〉事業者：法人その他の団体
　　　　　　　事業活動〔または専門的職業活動〕のために契約を締結する個人
〈3〉消費者契約以外の契約につき事業者の概念を用いる場合には、上記の定義を利用することとし、要件を絞る必要がある場合には「営業〔事業〕として」「営

13

業〔事業〕の範囲内において」等の文言を加えるものとする。

そのほか労働法制、破産法制への影響なども問題とされるところです。

契約の解釈に関する原則

> 改正試案では、契約解釈の原則に関して規定が設けられたとのことですが、どのような内容ですか？

本来的解釈、規範的解釈、補充的解釈、条項使用者不利の原則が規定されています。

解説

現行法には、法律行為の解釈、契約の解釈に関して明文の規定はありません。しかし実務上、法律行為や契約の解釈をどのように行うかは重要な問題です。海外の立法例でも、このような原則を規定しているものが多く見られます。

そこで改正試案では、法律行為一般・意思表示一般ではなく、契約の解釈に限定して解釈の準則を規定しています。

契約の準則に絞って規定しているのは、「実務上必要性が高い」ということと、「契約は当事者双方の意思表示によることから、その解釈準則を考えることが可能」という理由によります。

具体的に改正試案が規定しているのは、次の4つです。

1．本来的解釈（3.1.1.40）
2．規範的解釈（3.1.1.41）
3．補充的解釈（3.1.1.42）
4．条項使用者不利の原則（3.1.1.43）

以下、順に説明していきましょう。

1. 本来的解釈

本来的解釈について、改正試案における提案は次の通りです。

> 【3.1.1.40】（本来的解釈）
> 契約は、当事者の共通の意思に従って解釈されなければならない。

契約が、「当事者双方が意思表示を通じてみずからの法律関係を形成するもの」であることから、当事者の意思が一致していれば、それを基準とすることは合理的といえます。これは、現在でも通説となっている考え方を規定したものです。

2. 規範的解釈

規範的解釈について、改正試案における提案は次の通りです。

> 【3.1.1.41】（規範的解釈）
> 契約は、当事者の意思が異なるときは、当事者が当該事情のもとにおいて合理的に考えるならば理解したであろう意味に従って解釈されなければならない。

双方当事者の意思が食い違う場合には、何を基準とするのかが問題となりますが、現在の通説的な見解は、「意思表示の客観的意味に従って解釈すべきである」としています。

改正試案では、これを踏まえ、契約時の事情を考慮しつつ、その当事者が合理的に考えるならば理解したであろう意味に従って解釈しなければならないとしたのです。

3. 補充的解釈

補充的解釈について、改正試案における提案は次の通りです。

> 【3.1.1.42】（補充的解釈）
> 【3.1.1.40】（筆者注：本来的解釈）および【3.1.1.41】（同：規範的解釈）により、

契約の内容を確定できない事項が残る場合において、当事者がそのことを知っていれば合意したと考えられる内容が確定できるときには、それに従って解釈されなければならない。

これも、契約が双方当事者の意思表示によって、法律関係を形成するものであることによります。

4. 条項使用者不利の原則

改正試案における提案は次の通りです。

【3.1.1.43】（条項使用者不利の原則）
〈1〉約款の解釈につき、【3.1.1.40】および【3.1.1.41】によってもなお、複数の解釈が可能なときは、条項使用者に不利な解釈が採用される。
〈2〉事業者が提示した消費者契約の条項につき、【3.1.1.40】および【3.1.1.41】によってもなお、複数の解釈が可能なときは、事業者に不利な解釈が採用される。［ただし、個別の交渉を経て採用された条項については、この限りではない。］

約款の条項につき解釈が不明確なときは、約款を用いた契約では当事者間の実質的な交渉は期待できません。また、その約款は、一方当事者が相手方に提示したものであることから、その意味不明瞭のリスクは当該当事者が負うべきである、との考え方に基づき、約款使用者不利の原則を規定したものです。

消費者契約においても、同様の理が当てはまることから、同様の規定が置かれています。すなわち、当該商品契約の条項を提示した事業者に不利な解釈が採用されることになります。ただ、この考え方が「個別の交渉を経て採用された条項についても当てはまるか否か？」という争いがあります。

改正試案では、この場合を除外するただし書きを否定するか否かについては、明確に決めてはいません。

第 2 章

契約の基礎知識（1）
契約はどのような場合に有効に成立するのか

第2章 契約の基礎知識（1）―契約はどのような場合に有効に成立するのか

契約の成立

> 契約は、どのような場合に成立するのでしょうか？ 改正試案では、どのように定めていますか？

契約が成立するには、相対立する複数の意思表示が合致することが必要です。

解説

契約とは、「相対立する複数の意思表示の合致によって成立する法律行為」をいいます。

現在の通説によれば、複数の意思表示の合致が認められるためには、「客観的合致」と「主観的合致」が必要とされます（Q2-3、Q2-6）。

○意思表示の合致

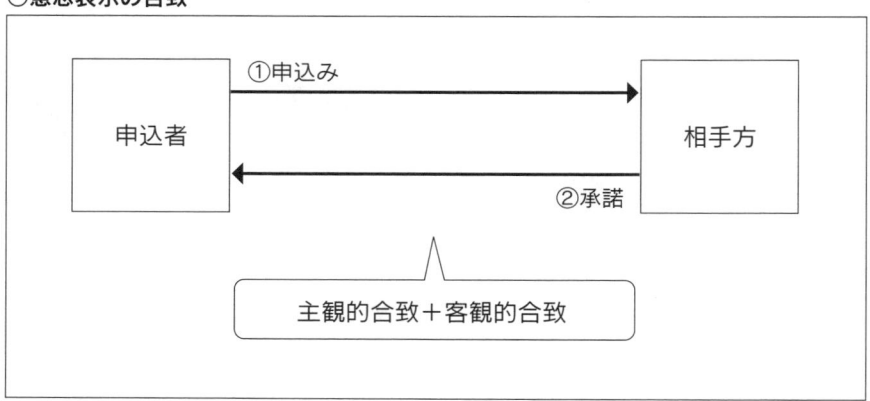

20

改正試案を読む

契約がどのような場合に成立するかについては、民法上、明文の規定はありません。そこで改正試案は、契約が成立する要件について、次の明文規定を置いています。

> 【3.1.1.07】（契約を成立させる合意）
> 〈1〉契約は、当事者の意思およびその契約の性質に照らして定められるべき事項について合意がなされることにより成立する。
> 〈2〉前項の規定にかかわらず、当事者の意思により、契約を成立させる合意が別途必要とされる場合、契約はその合意がされたときに成立する。

これは、契約が成立するためにはまず、

① 契約内容を構成する事項について合意がなされていること

が必要であると同時に、

② その内容により契約を締結する各当事者の意思が合致すること

が必要である、という原則を定めるものです。その一方で、

③ 当事者が契約内容として定められるべき事項についてすべて合意してもなお、ただちに契約を成立させる意思はなく、後日あらためて正式に契約を締結しようとする場合もあること

をふまえて規定されたものです。

①について、「合意がなされた」とされるためには、契約の内容のあらゆる部分について合意する必要はありませんが、少なくとも当事者が「契約を成立させるために合意すべきである」とした事項について合意がなされなければ、契約は成立しません。

例えば、売買の目的物と代金については合意したとしても、両当事者が「目的物の引渡しがなされるべき履行地について合意がされなければ、契約を締結するつもりはない」と考えていた場合には、履行地についての合意がなされるまで、契約は成立しません。

両当事者が「いかなる点について合意をすれば契約が成立すると考えていた

か」の判断に際しては、契約の性質も考慮されます。例えば、日用品の売買契約と企業の合併等の契約では、合意が必要とされる項目は当然異なってくるでしょう。

　③の「契約内容として定められるべき事項についてすべて合意してもなお、直ちに契約を成立させる意思がない」例としては、契約内容を構成する事項についてすべて合意したうえで、その内容で契約を締結する終局的な合意は、正式な契約書への署名を通じて行われる旨を行為により定める、といった場合が考えられます。

Q2-2

契約の申込みとその効力

> 現行の民法で、契約の申込みに関しては、どのような規制がなされているのでしょうか？

A 基本的に到達主義がとられ、「申込みが相手方に到達すると、申込者は勝手にこれを撤回することができない」とされます。また、「いつまでに承諾が必要とされるのか？」についても、規定が置かれています。

解説

1. 申込みの意義

契約は、通常「申込みと承諾」という形式で成立します（これを「諾成契約」といいます。これに対し、消費貸借契約のように物の引渡しがあって初めて契約が成立する場合を「要物契約」といいます）。したがって、申込みとは「相手方の承諾と合致して契約を成立させることを目的とする意思表示」といえます。

2. 申込みの効力

（1）効力の発生

民法は、申込みの効力*について、いくつかの規定を置いています。

---

*効力：法律は一般に、「一定の要件を満たした場合に、一定の効力・効果を認める」という形をとる。これをそれぞれ「法律要件」「法律効果」という。意思表示については、その効力が発生し、それが相手方の意思表示と合致すれば、さらに契約として種々の効力を発生させることになる。

○契約の申込みと承諾のイメージ（諾成契約の場合）

※上の図は現行法における原則を示したものであり、通知の到達が遅れた場合には修正規定があります。

まず、特定人に対する申込みは、相手方に到達したときから効力を生じます。これを「到達主義」といいます（97条1項）。

(隔地者に対する意思表示)
第97条　隔地者に対する意思表示は、その通知が相手方に到達した時からその効力を生ずる。
2　隔地者に対する意思表示は、表意者が通知を発した後に死亡し、又は行為能力を喪失したときであっても、そのためにその効力を妨げられない。

例えば、申込者が申込みを発信したあと、相手方に到達する前に死亡してしまい、行為能力を失っても、申込みが到達すれば原則として効力は発生します（97条2項）。

しかし、申込者が反対の意思を表示したとき、あるいは相手方が申込者の死亡もしくは行為能力喪失の事実を知ったときは、死亡の場合は効力を生じず、行為能力喪失の場合は「制限行為能力者の意思表示」として、取消しができるとされます（525条）。

> （申込者の死亡又は行為能力の喪失）
> 第525条　第97条第2項の規定は、申込者が反対の意思を表示した場合又はその相手方が申込者の死亡若しくは行為能力の喪失の事実を知っていた場合には、適用しない。

(2) 申込みの撤回

　申込みは、相手方に到達すると、申込者の側で勝手に撤回することはできません。これを「申込みの拘束力」といいます。これは、申込みを受けた相手方に不測の損害を与えないように配慮したものです。

　具体的には、承諾期間の定めのある申込みは、承諾期間内は撤回できませんし、承諾期間の定めのない申込みは、承諾の通知を受けるのに相当の期間が経過するまでは撤回できません。申込みの拘束のある相当期間経過後に撤回すれば、申込みの効力は消滅します。ちなみに、対話者間の申込みは、いつでも撤回できると解されています。

　この申込みの撤回は、承諾の発信前に相手方に到達する必要があります。ただし、撤回の通知が承諾の発信後に到達しても、通常なら発信前に到達するように発信され、これを相手方が知ることができるときは、遅滞なく申込者に延着の通知を発することを要します（527条1項）。もし相手方がこれを怠ったときには、撤回は効力を認められ、契約は不成立となります（527条2項）。

　例えば、撤回の通知が郵便の誤配等の事情で遅れ、消印でその撤回通知が相当程度前に発信されたとわかった場合には、承諾の通知を発した者が、撤回通知が遅れて到達したことを申込者にすぐに連絡しなければ、申込みの撤回は有効と認められることになります。

> （申込みの撤回の通知の延着）
> 第527条　申込みの撤回の通知が承諾の通知を発した後に到達した場合であっても、通常の場合にはその前に到達すべき時に発送したものであることを知ることができるときは、承諾者は、遅滞なく、申込者に対してその延着の通知を発しなければならない。
> 2　承諾者が前項の延着の通知を怠ったときは、契約は、成立しなかったものとみ

なす。

3. 承諾の期間

次に、いつまでであれば承諾により契約が成立するのか、という「申込みの承諾適格」と呼ばれる問題があります（Q2-3）。

まず、承諾期間の定めのある申込みは、その期間内に限り承諾することができ、承諾が期間内に到達しなければなりません（521条2項）。

> （承諾の期間の定めのある申込み）
> 第521条　承諾の期間を定めてした契約の申込みは、撤回することができない。
> 2　申込者が前項の申込みに対して同項の期間内に承諾の通知を受けなかったときは、その申込みは、その効力を失う。

次に、承諾期間の定めのない申込みは、相当期間経過後は承諾することができなくなります。

なお、対話者間の申込みは、相手方がただちに承諾しない限り申込みの効力を失うと解されています。

改正試案を読む

改正試案は、申込みにつき、次の定義規定を設けたうえで、「期間の定めのある申込み」、「期間の定めのない申込み」、「対話者間における申込み」のそれぞれにつき、撤回・失効に関する規定を置いています。

> 【3.1.1.12】（申込み）
> 〈1〉申込みは、その承諾により契約を成立させる意思表示である。
> 〈2〉申込みは、それにより契約の内容を確定しえないときは、その効力を生じない。

「期間の定めのある申込み」については、その期間内に承諾されなかったときはその効力を失うとしつつ、申込者が撤回する可能性を留保していたときはこの限りでないとし、撤回可能性がある場合に例外を認めています。

【3.1.1.13】(期間の定めのある申込みの撤回・失効)
〈1〉承諾の期間を定めてした契約の申込みは、その期間内に承諾されなかったときは、その効力を失う。
〈2〉〈1〉の申込みは、撤回することができない。ただし、申込者が撤回する可能性を留保していたときは、この限りでない。

「期間の定めのない申込み」については、原則として、相手方がもはや承諾しないだろうと申込者が考えることが合理的な期間が経過するときまでに、承諾がなされなかったときは、その効力を失うとし、その合理的な期間満了前であっても、その申込みを承諾するのに相当な期間の経過したあとは、撤回することができるとしています。また、期間の定めがある場合と同様、申込者は、相当の期間内においても撤回する可能性を留保できるとしています。

さらに、不特定の者に対して期間の定めがない申込みをした場合、「その申込みを承諾するのに相当の期間の経過により、その効力を失う」として、従前にはなかった不特定の者に対する申込みの効力を規定しています。

【3.1.1.16】(期間の定めのない申込みの撤回・失効)
〈1〉承諾の期間を定めないでした申込みは、相手方はもはや承諾しないだろうと申込者が考えることが合理的な期間が経過するまでに承諾がなされなかったときは、その効力を失う。
〈2〉申込者は、前項の合理的な期間の満了前であっても、その申込みを承諾するのに相当な期間を経過した後は、撤回することができる。
〈3〉申込者は、前項の相当な期間内においても撤回する可能性を留保することができる。この場合においては、申込みを撤回しなかったときでも、その相当な期間の経過により、申込みはその効力を失う。
〈4〉不特定の者に対して期間を定めないでした申込みは、〈1〉の規定にもかかわらず、その申込みを承諾するのに相当な期間の経過によりその効力を失う。
〈5〉〈1〉の合理的な期間を経過した後に承諾が申込者に到達した場合につき、【3.1.1.15】の規定を準用する。

最後に、「対話者間における申込み」については、契約の申込みを受けた者が、

対話の終了まで承諾をしなかったときは、「申込みはその効力を失う」としています。また、対話者間でなされた申込みは、対話が終了するまでの間、いつでも撤回できるとしています。

【3.1.1.17】（対話者間における申込みの撤回・失効）
〈1〉対話者の間において、契約の申込みを受けた者が対話の終了までに承諾をしなかったときは、その申込みは、その効力を失う。ただし、申込者が反対の意思表示をしたときは、この限りでない。
〈2〉対話者間でなされた申込みは、対話が終了するまで、いつでも撤回することができる。

また、改正試案は事業者に関して、申込みを受けた場合の「物品保管義務の規定」も設けています。

【3.1.1.20】（申込みを受けた事業者の物品保管義務）
　事業者が、その事業の範囲内で契約の申込みを受けた場合において、その申込みとともに受け取った物品があるときは、その申込みを拒絶したときであっても、申込者の費用をもってその物品を保管しなければならない。ただし、その物品の価額がその費用を償うのに足りないとき、または事業者がその保管によって損害を受けるときは、この限りでない。

Q2-3

契約の成立－承諾の意思表示【事例】

　業者から一方的に商品が送られてきて、「２週間以内にご連絡がない場合には、商品を購入したものと扱わせていただきます」との手紙が入っていました。
　返事をしなければ購入したことになってしまうのでしょうか？　また、送られてきた商品は返送しなければならないでしょうか？

A 業者から商品を送ってきたことは、「契約の申込み」と見ることができますが、これに対して承諾をするか否かは自由です。
　したがって、返事をする義務があるわけではなく、返事をしなくても購入したことにはなりませんし、商品を返送する義務もありません。

解説

1．承諾の意義

　承諾とは、「申込みに応じて契約を成立せしめるために、申込受領者が申込者に対してなす意思表示」をいいます。

2．承諾の要件

　承諾が申込みと一致したものと認められれば、契約の成立の効果が認められるわけですから、その要件をどのようにするかは重要な問題です。
　まず、申込みと承諾との一致が認められるには、双方の意思表示の客観的合

致・主観的合致の双方が必要と解されます（Q2-1）。

　民法は、このうちの客観的合致について、条件のほか変更を加えた承諾につき、申込者は「申込みの拒絶とともに新たな申込みをしたものとみなす」と規定しています（528条）。

> （申込みに変更を加えた承諾）
> 第528条　承諾者が、申込みに条件を付し、その他変更を加えてこれを承諾したときは、その申込みの拒絶とともに新たな申込みをしたものとみなす。

　承諾についても、「いつまでになされなければならないか？」が問題となりますが、承諾は、申込みの承諾適格の存続期間内になされなければなりません。そこで、承諾期間の定めがある場合が問題となりますが、この場合は、その期間内に承諾の通知が到達しなければ契約は成立しません（521条2項（Q2-2））。

　その期間経過後に到達した承諾でも、通常ならば期間内に到達すべきときに発送したことを申込者が知ることができる場合には、承諾期間内に承諾がなかったことを到達前にすでに通知してある場合を除き、申込者は遅滞なく相手方に対して延着の通知をなすことが必要です（522条1項）。

　この通知を申込者が怠ったときは、承諾の意思表示が延着することなく到達したと信頼する相手方を保護すべく、承諾は延着しなかったものとみなされ、契約は有効に成立することになります（522条2項）。

　例えば、承諾の通知が郵便の誤配等の事情で遅れ、消印でその承諾通知が相当程度前に発信されたとわかった場合には、申込みの通知を発した者が、承諾通知が遅れて到達したことを承諾者にすぐに連絡しなければ、承諾が有効とされ、契約の成立が認められることになります。

> （承諾の通知の延着）
> 第522条　前条第1項の申込みに対する承諾の通知が同項の期間の経過後に到達した場合であっても、通常の場合にはその期間内に到達すべき時に発送したものであることを知ることができるときは、申込者は、遅滞なく、相手方に対してその

延着の通知を発しなければならない。ただし、その到達前に遅延の通知を発したときは、この限りでない。
2　申込者が前項本文の延着の通知を怠ったときは、承諾の通知は、前条第１項の期間内に到達したものとみなす。

3.　契約の成立時期

　一般に、意思表示の効力発生時期については、民法は到達主義を採用し、これが申込みにも適用されています（97条１項（Ｑ２－２））。ただし、承諾については、隔地者間の契約*につき発信主義がとられ、「承諾の通知を発信したときに契約が成立する」とされています（526条）。

（隔地者間の契約の成立時期）
第526条　隔地者間の契約は、承諾の通知を発した時に成立する。
2　申込者の意思表示又は取引上の慣習により承諾の通知を必要としない場合には、契約は、承諾の意思表示と認めるべき事実があった時に成立する。

　これは、早期に契約の成立を認めるのが望ましいとの趣旨に基づくものとされています。ただし、承諾期間の定めある場合だけは、到達が必要であり、通知の到達によって初めて契約が成立すると解されています。
　これに対し、対話者間の場合は、承諾の意思表示がただちに申込者に到達することから、相手方の了知*があったときに契約が成立することになります。

4.　一方的に商品が送られてきた場合

　申込みを受けた者は、契約自由の原則に基づき、承諾をするか否かの自由を有します。したがって、一方的に商品が送られてきて、「２週間以内に連絡がなければ商品を購入したものとみなす」などという通知があっても、これに対して承諾する義務はありませんし、返答をする義務もありません。

---
*隔地者間の契約：対話者と対になる概念。現に話している者同士の間以外の契約をいう。
*了知：知ること。

したがって、２週間以内の連絡をする義務もありませんし、商品を返送する義務もないことになります。
　ただし、この商品を勝手に処分してしまうことには問題もあります。当該商品は、送ってきた業者の所有に属する物ですから、当然に処分して良いわけではありません。「特定商取引に関する法律」で、一定の保管期間経過後であれば消費者が自由に処分して良いこととしています。
　この期間は、消費者が引き取りを業者に要求したときには、その日から７日間、何もせずそのまま放置していた場合には14日間とされています（特定商取引法59条１項）。

＜特定商取引に関する法律＞
（売買契約に基づかないで送付された商品）
第59条　販売業者は、売買契約の申込みを受けた場合におけるその申込みをした者及び売買契約を締結した場合におけるその購入者（以下この項において「申込者等」という。）以外の者に対して売買契約の申込みをし、かつ、その申込みに係る商品を送付した場合又は申込者等に対してその売買契約に係る商品以外の商品につき売買契約の申込みをし、かつ、その申込みに係る商品を送付した場合において、その商品の送付があつた日から起算して14日を経過する日（その日が、その商品の送付を受けた者が販売業者に対してその商品の引取りの請求をした場合におけるその請求の日から起算して７日を経過する日後であるときは、その７日を経過する日）までに、その商品の送付を受けた者がその申込みにつき承諾をせず、かつ、販売業者がその商品の引取りをしないときは、その送付した商品の返還を請求することができない。
２　前項の規定は、その商品の送付を受けた者のために商行為となる売買契約の申込みについては、適用しない。

　以上に対し、契約の種類によっては、承諾の自由に関して一定の制限がある場合があるので要注意です。
　例えば、借地借家法では、借地権者が契約の更新を請求してきた場合、建物が存在する場合に限り、原則として従前の契約と同一の条件で契約を更新した者とみなされ、地主は遅滞なく異議を述べなければならず、この異議も正当事由がなければ認められないものとされています（借地借家法５条１項（Ｑ４－４）、

同 6 条）。

> ＜借地借家法＞
> （借地契約の更新拒絶の要件）
> **第 6 条** 前条の異議は、借地権設定者及び借地権者（転借地権者を含む。以下この条において同じ。）が土地の使用を必要とする事情のほか、借地に関する従前の経過及び土地の利用状況並びに借地権設定者が土地の明渡しの条件として又は土地の明渡しと引換えに借地権者に対して財産上の給付をする旨の申出をした場合におけるその申出を考慮して、正当の事由があると認められる場合でなければ、述べることができない。

また、商人は、平常取引をしている者からその営業の部類に属する契約の申込を受けた場合には、遅滞なく諾否の返事を発しなければならず、これを怠った場合には、申込みを承諾したものとみなされることになります（商法509条）。

> ＜商法＞
> （契約の申込みを受けた者の諾否通知義務）
> **第509条** 商人が平常取引をする者からその営業の部類に属する契約の申込みを受けたときは、遅滞なく、契約の申込みに対する諾否の通知を発しなければならない。
> 2 商人が前項の通知を発することを怠ったときは、その商人は、同項の契約の申込みを承諾したものとみなす。

改正試案を読む

契約の成立時期は、意思表示の効力がいつ発生するかにより左右されます。この点について現行法は、原則として表意者の意思表示が到達したときに効力を発生するという到達主義をとりつつ、承諾の意思表示については例外的に、意思表示を相手方が発信したときとする発信主義を採用しています。これは、契約の成立を早める趣旨とされています。

しかし、改正試案では、承諾について「とくに例外を設ける必要はない」との考え方に立ち、承諾についても原則通り到達主義を採用しています。

【3.1.1.22】（遠隔者間の契約の成立時期）
〈1〉遠隔者間の契約は、承諾が申込者に到達した時に成立する。
〈2〉申込者の意思表示または取引上の習慣により、承諾の意思表示が申込者に到達することを必要としない場合、契約は、承諾の意思表示と認めるべき事実があった時に成立する。
〈3〉前項の場合において、承諾の意思表示と認めるべき事実があった時に申込みの相手方に承諾の意思がなかったときについては、錯誤の規定を準用する。

なお、現行法では、「電子消費者契約及び電子承諾通知に関する民法の特例に関する法律」4条が、電子契約につき民法の例外として到達主義を定めていますが、改正試案ではこれは原則通りということになります。

＜電子消費者契約及び電子承諾通知に関する民法の特例に関する法律＞
（電子承諾通知に関する民法の特例）
第4条　民法第526条第1項及び第527条の規定は、隔地者間の契約において電子承諾通知を発する場合については、適用しない。

現行法では、「到達がいつか？」ということも必ずしも明確ではなく、争点となることがありましたが、改正試案ではこの点についても詳細な規定を置いています。

【1.5.20】（意思表示の効力発生期間）
〈1〉相手方のある意思表示は、その意思表示が相手方に到達した時からその効力を生ずる。
〈2〉次のいずれかに該当する場合は、別段の合意または慣習がある場合を除き、その時に〈1〉の到達があったものとする。
　〈ア〉相手方または相手方のために意思表示を受領する権限を有する者が意思表示を了知した場合。
　〈イ〉相手方または相手方のために意思表示を受領する権限を有する者が設置または指定した受信設備に意思表示が着信した場合のほか、相手方または相手方のために意思表示を受領する権限を有する者が意思表示を了知することができる状態に置かれた場合。

〈3〉相手方のある意思表示が相手方に通常到達すべき方法でされた場合において、相手方が正当な理由なしにその到達に必要な行為をしなかったために、その意思表示が相手方に到達しなかったときは、その意思表示は、通常到達すべきであった時に到達したものとみなす。

Q2-4 懸賞広告

懸賞広告とは、どのようなものをいうのでしょうか？

A 懸賞広告とは、一定の行為をした人に対して一定の報酬を与える旨を広告によって表示する行為をいいます。

解説

懸賞広告とは、いなくなったペットを発見した者に懸賞金を与えるなど、一定の行為をした人に対して一定の報酬を与える旨を広告によって表示する行為をいいます（529条）。

> （懸賞広告）
> 第529条　ある行為をした者に一定の報酬を与える旨を広告した者（以下この款において「懸賞広告者」という。）は、その行為をした者に対してその報酬を与える義務を負う。

懸賞広告は、不特定または多数人に向けられた契約の申込みであり、ある者が広告で求められた行為を完了することで契約が成立することとなります。

懸賞広告で問題となるのは、「懸賞広告を知らずに、求められた一定の行為を完了した者についても、契約の成立が認められるか？」ということです。

これについては、契約の成立を認めるためには、「申込みに応じて」指定行為を完了した場合でなければならず、知らずに行った者との間で契約は成立せず、広告者は報酬支払義務を負わないとされます。

なお、懸賞広告のうち、一定の行為をした者のうち、優等者のみに報酬を与える旨を広告によって表示する行為を「優等懸賞広告」といいます。

改正試案を読む

改正試案では、同様に懸賞広告をした広告者は指定行為をした者に対して、報酬を与える義務を負うことを明らかにしつつ、知らずにして行為をした者に対しても、報酬を与えねばならない旨定めています。

【3.1.1.27】（懸賞広告）
　ある行為をした者に一定の報酬を与える旨を広告した（以下、これを懸賞広告という。）者は、その行為をした者に対してその報酬を与える義務を負う。その行為をした者が、その広告を知らなかったときも、同様とする。

また、懸賞広告の撤回については、期間を定めた広告の撤回については期間を定めた申込みと同様の規律に服するものとしています。期間の定めがなされていない懸賞広告については、撤回ができないとしています。

【3.1.1.28】（懸賞広告の撤回・失効）
〈1〉【3.1.1.13】は、懸賞広告者がその指定した行為をする期間を定めた場合について準用する。
〈2〉【3.1.1.16】〈4〉は、懸賞広告者がその指定した行為をする期間を定めなかった場合について準用する。
〈3〉懸賞広告者が、その指定した行為をする期間を定めなかったときは、その指定した行為に着手する者がない間は、その広告を撤回することができる。
〈4〉〈3〉の撤回が前の広告と同一の方法によらないでなされたときは、その撤回は、これを知った者に対してのみ、その効力を生じる。

Q2-5 不当条項の効力

改正試案には、約款契約や消費者契約の「不当条項」に関する規定が置かれたとのことですが、具体的にはどのような規定ですか？

A 約款・消費者契約に共通の不当条項に関する規定、消費者契約のみに適用される不当条項に関する規定が置かれており、これにより契約条項が無効となる場合があります。

解説

1. 不当条項の効力に関する一般的規定

　約款に基づいた契約および消費者契約においては、当事者間の実質的な交渉による契約内容の形成は期待しがたいことから、契約内容が合理的であるとの保障はありません。そこで、多くの場合には消費者である当事者の利益が不当に害されないよう、その内容を規制する必要があります。

　そこで改正試案は、不当条項の効力に関する規定を置きました。内容は以下の通りです。

【3.1.1.32】（不当条項の効力に関する一般規定）
〈1〉約款または消費者契約の条項［(個別の交渉を経て採用された消費者契約の条項を除く。)］であって、当該条項が存在しない場合と比較して、条項使用者の相手方の利益を信義則に反する程度に害するものは無効である。
〈2〉当該条項が相手方の利益を信義則に反する程度に害しているかどうかの判断にあたっては、契約の性質および契約の趣旨、当事者の属性、同種の契約に関す

> る取引慣行および任意規定が存在する場合にはその内容等を考慮するものとする。

　「相手方の利益を信義則*に反する程度に害するかどうか」の判断は、それぞれの契約の相手方との関係で個別的になされます。

2. 不当条項リスト

　このように規定したうえで、改正試案は、約款および消費者契約につき、「不当条項リスト」を設けるとしています。

　不当条項リストには、それに該当すれば条項使用者の相手方の利益を信義則に反する程度に害すると「みなされる」リストと、同じく「推定される」リストがあります。

(1)「みなされる」リスト

　約款または消費者契約の条項に共通の不当条項とみなされる条項の例は、以下の通りです。

> 【3.1.1.33】（不当条項とみなされる条項の例）
> 　約款または消費者契約の条項［(個別の交渉を経て採用された消費者契約の条項を除く。)］であって、次に定める条項は、当該条項が存在しない場合と比較して条項使用者の相手方の利益を信義則に反する程度に害するものとみなす。
> (例)
> 　〈ア〉条項使用者が任意に債務を履行しないことを許容する条項
> 　〈イ〉条項使用者の債務不履行責任を制限し、または、損害賠償額の上限を定めることにより、相手方が契約を締結した目的を達成不可能にする条項
> 　〈ウ〉条項使用者の債務不履行に基づく損害賠償責任を全部免除する条項
> 　〈エ〉条項使用者の故意または重大な義務違反による債務不履行に基づく損害賠償責任を一部免除する兆候
> 　〈オ〉条項使用者の債務の履行に際してなされた条項使用者の不法行為に基づき条項使用者が相手方に負う損害賠償責任を全部免除する条項

---

*信義則：信義誠実の原則。「相手方から期待される信頼を裏切ることのないよう、誠実に行動すべき」ということ。

> 〈カ〉条項使用者の債務の履行に際してなされた条項使用者の故意または重大な過失による不法行為に基づき条項使用者が相手方に負う損害賠償責任を一部免除する条項
> 〈キ〉条項使用者の債務不履行に際して生じた人身損害について、契約の性質上、条項使用者が引き受けるのが相当な損害の賠償責任を全部または一部免除する条項　ただし、法令により損害賠償責任が制限されているときは、それをさらに制限する部分についてのみ、条項使用者の相手方の利益を信義則に反する程度に害するものとみなす。

　〈ア〉～〈ウ〉は、契約の相互交換性に反し、契約の拘束力を条項使用者との関係で実質的に失わせる条項をいいます。
　すなわち、これらは契約の一方当事者が負っている債務の意味を実質的に失わせる条項であり、その効力を認めるのが公平に反するような場合です。
　〈エ〉は、消費者契約法8条2号に同様の規定があるものです。
　損害賠償責任を免除する条項が一般的に認められないわけではありませんが、「故意に契約違反をした場合や、これに準じて考えることができる重過失による場合は、その免責を認める条項に効力を認めるのは信義則に反する」というものです。
　〈オ〉と〈カ〉は、消費者契約法8条1項3号および4号に規定されているものです。
　条項使用者が債務の履行をする際に、相手方に対し損害を与え不法行為となるといった場合に、「あらかじめその責任を全部免除しておいたり、故意またはこれに準じて考えられる重過失による場合」には、一部でも責任を免除しておく条項は、法的に拘束力を認めることは妥当でないと考えられることによるものです。
　〈キ〉は、人身損害についての責任も制限する条項についてその法益＊の重要性および処分不可能性により、全部または一部免除する条項を無効とみなしたものです。

＊法益：法律上守られるべき利益をいう。

人身損害という損害の性質上、「相手方に賠償を受けさせる必要性は高い」と見るべきであり、その賠償責任の全部または一部を免除する条項の効力を認めるべきではないことによるものです。

(2)「推定される」リスト
　次に、不当条項と推定される条項の例は次の通りです。

【3.1.1.34】（不当条項と推定される条項の例）
　約款または消費者契約の条項［（個別の交渉を経て採用された消費者契約の条項を除く。）］であって、次に定める条項は、当該条項が存在しない場合と比較して条項使用者の相手方の利益を信義則に反する程度に害するものと推定する。
(例)
〈ア〉条項使用者が債務の履行のために使用する第三者の行為について条項使用者責任を制限する条項
〈イ〉条項使用者に契約内容を一方的に変更する権限を与える条項
〈ウ〉期間の定めのない継続的な契約において、解約申し入れにより直ちに契約を終了させる権限を条項使用者に与える条項
〈エ〉継続的な契約において相手方の解除権を任意規定の適用による場合に比して制限する条項
〈オ〉条項使用者に契約の重大な不履行があっても相手方は契約を解除できないとする条項
〈カ〉法律上の管轄と異なる裁判所を専属管轄とする条項など、相手方の裁判を受ける権利を任意規定の適用による場合に比して制限する条項

　これらのほかに、消費者契約の条項のみに適用される不当条項リストについても、みなされる規定、推定される規定が置かれています（3.1.1.35、3.1.1.36）。

Q2-6

契約の拘束力と事情変更の原則

「契約の拘束力」とは何ですか？

A 契約が成立すると、各当事者はその内容に従わなければならないことになります。これが契約の拘束力です。

解説

1. 契約の拘束力

契約とは、相対立する複数の意思表示の合致によって成立する法律行為をいいます（Q2-1）。例えば、Aさんが「甲建物を100万円で売りたい」といったのに対して、Bさんが「甲建物を100万円で買いたい」といった場合、双方の意思表示の内容が一致していますから、契約が成立することになります。

契約が成立することで、各当事者とも、原則としてこれを守らなければならず、一方的に内容を変えたり、破棄してはならないということになります。これを「契約の拘束力」といいます。「『契約は守られなければならない』の原則」ともいいます。

したがって、契約は守らなければならず、この結果として、もし一方当事者が契約に違反した場合には、「債務不履行」として損害賠償請求権が発生する等の効果が生じるわけです。

2. 事情変更の原則

この契約の拘束力の重要な例外が、「事情変更の原則」です。事情変更の原

則とは、契約はその当時の社会的事情を基礎として締結されるものであるから、信義則の見地から、その社会的事情に変化があれば、契約は拘束力を失うという原則をいいます。

契約締結当時に各当事者が前提としていた事情が、まったく予見し得なかった変動をした場合には、なお契約の拘束力を認めて当事者に契約上の債務の履行を求めることは、著しく公平に反することから、例外的に契約の拘束力を否定することを認めたのです。この原則の根拠は信義則に求められることになります。

3. 事情変更が認められる要件は

ところで、一定の場合に事情変更を理由に契約の拘束力を否定するとなると、「その要件は具体的には何なのか？」が非常に重要な問題となります。

これまでの判例上、事情変更が認められる要件として示されてきたのは、次のような項目になります。

① 当事者が予見せず、また、予見し得ない著しい事情の変更を生じたこと
② 事情変更が当事者の責に帰すべからざる事由によって生じたこと
③ 契約内容に当事者を拘束することが信義則に反した結果になること

この原則が認められるには、まず、①の「著しい」事情の変更が認められる場合でなければなりません。契約は守られるのが原則ですから、これをくつがえすほどの事情の変更は、よほどの場合でなければ認められないことになります。

例えば、退職した従業員に退職年金を支給していた会社が、バブル崩壊を理由に、事情変更の原則を主張してすでに退職年金を受領している者の退職年金の打ち切りをした事案があります。判例は、バブル崩壊といった事態も事情変更の原則における「事情変更」には当たらず、退職年金の打ち切りを違法であるとしました（幸福銀行事件：大阪地判平12.12.20）。

次に、事情変更の原則が認められた場合の効力については、

① 解除権
② 契約内容の改訂権

があります。

すなわち、当事者は、事情変更を理由に、契約の解除を主張したり、契約の一部または全部について異なる内容を主張できることになります。

もっとも、契約の拘束力はできる限り認められるべきですから、第一次的には契約改訂権が認められ、第二次的に契約解除権が認められると解されています。

改正試案を読む

改正試案では、「契約締結にあたって、当事者がその基礎とした事情に変更が生じた場合でも、当事者は当該契約に基づいて負う義務を免れない」として、事情変更制度があくまでも例外的なものであることを示したうえで、判例および通説のいう事情変更の要件を踏まえ、次のように要件を整理しています。

> 【3.1.1.91】（事情変更の要件）
> 〈1〉契約締結に当たって当事者がその基礎とした事情に変更が生じた場合でも、当事者は当該契約に基づいて負う義務を免れない。
> 〈2〉ただし、事情の変更が次の要件を満たすときは、当事者は【3.1.1.92】の定める請求をすることができる。
> 　〈ア〉当該事情の変更が、契約当事者の利害に著しい不均衡を生じさせ、または契約を締結した目的の実現を不可能にする重大なものであること
> 　〈イ〉当該事情の変更が、契約締結後に生じたこと、かつ
> 　〈ウ〉当該事情の変更が、契約締結時に両当事者にとって予見しえず、その統御を越えていること

事情変更の効果としては、事情変更に基づく履行拒絶権、再交渉請求権・再交渉義務、再交渉義務違反、および再交渉不調の場合の効果としての改訂請求権・解除請求権が規定されています（3.1.1.92）。

Q2-7 契約書の作成

契約書を作成するうえでの注意点を教えてください。

A 誰が、いつ、どこで、どのような債務を負うことになるのか、疑義が生じないよう明確に規定しておくことが必要です。

解説

1. 契約書の重要性

　契約は、原則として、双方当事者の意思の合致により成立し、効力が発生します。すなわち、契約書を作成しなければ契約の効力が認められないというわけではないのです。

　それにもかかわらず契約書が重要となるのは、1つには紛争が生じたときの証拠となること、1つには当事者に対する契約の拘束力を強めることにあります。

　契約書を作成しておけば契約のなされたこと、また細かい条件などについて主張をすることができますし、単ある口約束よりも書面化されたほうが当事者の意識が高まり、これをより守ろうという姿勢が強まることになります。

　ただし、保証契約などでは、契約は書面でしなければ効力を生じないとされています。これは、保証契約の内容を当事者に正確に理解させ、真意によるものであることを確保しようとするものです。この点については改正試案も同様です。

2. 契約書の内容

　契約書を作成するうえでは、「誰が契約当事者として、誰に対して、いかなる給付を求めうるのか」を明確に特定しうるように記載をすることが必要です。

　一般的に、契約書に記載すべき必要最小限の事項としては、「表題」「当事者」「目的となる給付の内容」「履行の条件・期限」「契約成立年月日」などがあります。

　「表題」は、それがあることによって書面の内容の理解をしやすくする機能があります。表題と契約の内容が異なったりすると、契約の解釈に混乱が生じるおそれがありますから、内容に合ったわかりやすい表題をつけるようにすべきです。

　「当事者」は、誰が契約の当事者として誰に対して給付を求めることができるのかを特定する記載であり、重要です。法人が当事者となる場合には、代表者の署名捺印もしくは記名押印が必要になります。代表権限のない者が署名等をしても法人に対する効力は生じないので、登記簿で代表権を確認するなど、注意が必要です。

　実務上は、会社役員や部長といった立場の人が契約書に署名することもあります。これは、そのような会社の代表権を持たない人が会社代表者の代理として署名しているものと見ることができますが、後に契約の効力を争われるおそれがまったくないではありません。

　また、弁護士をはじめとして、代理人の立場の人間が署名することもありますが、このような場合には、代理権があることの確認が必須になります。

　さらに、後に「この署名は自分のものではない」といった主張がなされないようにするためには、押印は実印をもって行い、印鑑登録証明書を取り付けておくべきです。

　「目的となる給付の内容」にいう「給付」とは、契約に基づき相手方に対して求めることができる内容になります。それは、金銭の支払い、物の引渡しや、工事を行うことなど、様々ですが、後に紛争が生じることを防止するには、ど

○契約書の例（消費貸借契約書）

消費貸借契約書

甲　○○○○
乙　××××
丙　△△△△

甲と乙とは、次のとおり金銭消費貸借契約を締結した。

第１条　甲は、乙に対し、平成　　年　　月　　日金銭消費貸借による次の借入金債務の残額として、金　　　　　　　円の債務を有することを確認する。

記

　　　金　　額　　金　5000万円
　　　借　入　日　　平成　　年　　月　　日
　　　利　　率　　年５分
　　　償還方法　　平成　　年末日を第１回とし、平成　　年　　月まで、毎月末日限り金25万円宛分割返済し返済するものとする（元利含む）。
　　　損　害　金　　乙はこの契約による債務の履行を怠ったときは、弁済すべき金額に対し年１割の割合による損害金を支払うものとする。

第２条　乙は甲に対し、前条の借入金債務残額を、前条記載の償還方法に従い、甲の住所に持参または送金して返済する。
第３条　乙において、次の各号の一に該当したときは、甲から通知催告を要することなく、乙は期限の利益を失うものとする。
　　一　続けて３回にわたり債務の履行を遅滞したとき
　　二　他の債権者から、仮差押、仮処分、強制執行、競売、公租公課滞納処分を受けたとき
　　三　他の債権者から、破産、民事再生の申立のあったとき
　　四　乙が甲を退社したとき
　　五　その他本契約に違反する行為があったとき
第４条　甲が担保を請求したときは、乙は直ちにこれを提供するか、債務の全部

```
            または一部を弁済すべきものとする。
  第5条  連帯保証人丙は、債務者乙の甲に対する第１条の契約に基づく債務につ
       き、連帯して保証する責任を負うことに同意する。
  第6条  この契約に基づく訴訟その他の申立については、東京地方裁判所をその
       管轄とすることに、甲、乙及び丙は各同意した。

    本契約の成立を証するため本契約書２通を作成し各自署名押印し各自その１
  通を保有する。

       平成    年    月    日
                                 甲    住所
                                       名称

                                 乙    住所
                                       氏名

                                 丙    住所
                                       氏名
```

のような内容の給付を求めることができるのかを、誰が見てもある程度特定できるように具体的に記載すべきです。

　売買契約であれば、目的物の種類・数量・品質などを記載することになります。また、これに対する対価も給付の１つになります。

　「履行の条件・期限」とは、上に述べた給付をどのような条件が成就した場合に行わなければならないのか、いつまでに給付しなければならないかということです。期限は、一般に「何月何日までに」といった確定期限であることが多いのですが、「学校を卒業したら」「誰それが死んだら」といった不確定期限が付されることもあります。

　「契約成立年月日」も、「いつ意思の合致があったのか」を示す記載として、通常は記載されることになります。

　このほか、必須の項目とまではいえませんが、履行場所、履行ができなくなった場合の危険負担や損害賠償について、目的物に瑕疵*があった場合の取扱い、

期限の利益喪失条項、紛争が起こった場合の裁判所の管轄なども定めておくと良いでしょう。

改正試案を読む

契約書の記載方法について、とくに改正試案で変わった点はありません。

＊瑕疵：欠陥をいう。

Q2-8

契約交渉の破棄【事例】

> 契約交渉が、途中で一方的に破棄されてしまいました。法的に何か主張することができるでしょうか？

A 単なる契約交渉の破棄だけでは原則として責任は生じませんが、実質的に契約が成立したと評価できる程度に契約が成熟していた場合などには、損害賠償責任が生じることになります。

改正試案では、損害賠償請求ができる要件を明らかにしています。

解説

契約を締結しようとする者は、原則として契約を締結するか否かの自由を有し、その過程で契約交渉を破棄することも、問題なくすることができます（契約自由の原則）。

もっとも、例えば、契約交渉が進み、その準備段階に入ったにもかかわらず、一方的に締結交渉を破棄したのでは、契約締結に対する信頼をしてきた他方当事者が害されることになってしまいます。

このような場合、損害を受けた者は、契約締結の前の段階であることから、契約責任ではなく、不法行為責任を追及して損害賠償請求していくことが考えられます（Q5-4）。しかし、不法行為では、被害者側が加害者側に過失があることなどの証明責任を負うことになり、被害者側に酷な結果になるおそれがあります。

そこで、従来から、解釈により、契約準備過程に過失があって相手方に損害が発生したような一定の場合には、契約責任を認めようという対応が認められ

てきました。

　これは、「契約締結の準備段階に至った当事者は、一般市民の関係よりも緊密な関係にあり、信義則に基づき、相互に相手方に損害を及ぼすべきではない義務を負う」とし、その違反としての契約責任を認めようとするものです（Q２-11）。これにより、不法行為構成における立証責任上の不当性などが回避できることになります。

　例えば、不動産売買契約締結交渉に当たっていた当事者が、契約締結が近いと見込まれたことから、現地の調査費用を支出したところ、相手方が調査に協力せず、契約締結に至らなかった場合などが考えられます。

　このような契約準備段階の過失が認められた場合、その効果として、損害賠償請求が認められることになります。ここで請求できるのは「信頼利益」に限られます。

　信頼利益とは、損害の分類の１つで、契約が有効に成立すると信頼したために生じた損害をいいます。例えば、契約締結準備のために支出した調査費用などがあります。

　これと対になる「履行利益」とは、契約の有効性を前提に、履行がなされたならば得られたであろう利益をいいます。例えば、目的物を転売した場合に得られる転売利益などです。

　契約準備段階の過失の場合は、契約の締結に至っていないので、履行利益は観念*できないというのがその理由です。

改正試案を読む

　改正試案では、この契約締結交渉に当たる当事者の義務を明確に規定しました。

【3.1.1.09】（交渉を不当に破棄した者の損害賠償責任）
〈１〉当事者は、契約の交渉を破棄したということのみを理由としては、責任を問

＊観念：考えること。

〈2〉前項の規定にもかかわらず、当事者は、信義誠実の原則に反して、契約締結の見込みがないにもかかわらず交渉を継続し、または契約の締結を拒絶したときは、相手方が契約の成立を信頼したことによって被った損害を賠償する責任を負う。

　これは、従来からあった契約準備段階での過失のもとに、いかなる場合に損害賠償請求ができるのか、その場面を具体化したものです。

　具体的には、契約締結が確実になるなど、契約締結に対する正当な信頼が相手方に形成されたあとに契約の締結を拒絶した場合、もう1つは契約を締結する可能性がないにもかかわらず交渉を継続した場合になります。

　改正試案では、このほか、交渉当事者の義務として、次のように、交渉当事者の情報提供義務・説明義務も規定しています。

【3.1.1.10】（交渉当事者の情報提供義務・説明義務）
〈1〉当事者は、契約の交渉に際して、当該契約に関する事項であって、契約を締結するか否かに関し相手方の判断に影響を及ぼすべきものにつき、契約の性質、各当事者の地位、当該交渉における行動、交渉過程でなされた当事者間の取り決めの存在およびその内容等に照らして、信義誠実の原則に従って情報を提供し、説明をしなければならない。
〈2〉〈1〉の義務に違反した者は、相手方がその契約を締結しなければ被らなかったであろう損害を賠償する責任を負う。

　これも、従来の判例および学説上認められていた義務を確認的に規定したものになります。

　以上のいずれの義務についても、契約締結交渉の当事者自身が行った場合のみならず、当事者が契約交渉のために使用した被用者その他の補助者、契約交渉を共同して行った者、契約締結についての媒介を委託された者、契約締結についての代理権を有する者など、自らが契約交渉または締結に関与させた者が行った場合にも、損害賠償責任が生じるものとされています。

Q2-9

契約の取消し－その1【事例】

業者の商品説明会に出かけたところ、とくに脅かされたというわけではないのですが、高額の商品を購入しないことには帰れないような状況になってしまい、結果的にはいらないものを買わされてしまいました。
契約をなかったことにすることはできるでしょうか？

A 消費者契約法により、契約の取消しができる可能性があります。

消費者契約法とは、消費者が、事業者との間で有する情報の質や交渉力に格差があることから、事業者の一定の行為により誤認し、または困惑した場合について契約の申込みまたは承諾の意思表示を取り消すことができるなどとして、消費者を保護しようとする法律です。

解説

一般の消費者は、法人その他の事業主体に比して、保有する情報に著しい差があり、また、交渉力にも大きな差があることから、内容を誤認したり、困惑したりした状態で契約を締結したり、一方的に事業者の側に有利な内容の契約を締結してしまったりするおそれがあります。

そこで、消費者契約法が規定され、一定の場合には契約の取消しを認め、また、契約の条項の内容によってはそれを無効とする旨規定し、消費者の保護を図っています。

取消しの対象となる消費者契約は、以下のような場合です（消費者契約法4条）。

＜誤認による取消し＞

① 事業者が重要事項について事実と異なることを告げ（不実告知）、消費者が誤認した場合
② 事業者が物品、権利、役務その他の当該消費者契約の目的となるものに関し、将来におけるその価額、将来において当該消費者が受け取るべき金額その他の将来における変動が不確実な事項につき断定的判断を提供し、消費者が誤認した場合
③ 事業者が勧誘をするに際し、重要事項または当該重要事項に関連する事項について消費者の利益となる旨を告げ、かつ、当該重要事項について当該消費者の不利益となる事実（当該告知により当該事実が存在しないと消費者が通常考えるべきものに限る）を故意に告げなかったことにより、消費者が誤認をした場合（ただし、当該事業者が当該消費者に対し当該事実を告げようとしたにもかかわらず、当該消費者がこれを拒んだときは、この限りでない）

①は、消費者が中古車を購入するにあたり、中古車業者が事故車につき事故車ではないと告げた場合などをいいます。

②は、消費者が金融商品を購入するにあたり、「必ず儲かりますよ」といわれて契約した場合などです。

③は、スーパーが「品種改良で非常に美味しくできたみかんです」といって販売したところ、このみかんには通常のみかんに比べて著しく日持ちが悪いという欠点があり、それを知らないで大量に購入した買い主が腐らせてしまった、といった場合です。

＜困惑による取消し＞

① 事業者に対し、消費者が、その住所または業務を行っている場所から退去すべき旨の意思を示したにもかかわらず、それらの場所から退去しない場合（事業者の不退去）
② 事業者が消費者契約の締結について勧誘をしている場所から消費者が退去する旨の意思を示したにもかかわらず、その場所から消費者を退去させない場合（消費者への退去妨害）

①は、家に業者がやってきて、いくら帰れといっても帰ろうとしないために、

やむなく商品を購入するはめになった、といった場合です。

②は、業者の事務所に行ったところ、商品を購入せずには帰れないような雰囲気となり、仕方なく商品を購入してしまったような場合です。

これらの場合に取消しがなされれば、契約はさかのぼって消滅することになります。

次に、一定の場合には、契約中の条項が無効とされる場合があります（消費者契約法8〜10条）。

＜事業者の損害賠償の責任を免除する条項の無効＞

①　事業者の債務不履行により消費者に生じた損害を賠償する責任の全部を免除する条項
②　故意または重過失による事業者の債務不履行によって、消費者に生じた損害を賠償する責任の一部を免除する条項
③　消費者契約における事業者の債務の履行に際してされた当該事業者の不法行為により、消費者に生じた損害を賠償する民法の規定による責任の全部を免除する条項
④　消費者契約における事業者の債務の履行に際してされた、当該事業者の故意または重過失による不法行為により、消費者に生じた損害を賠償する民法の規定による責任の一部を免除する条項
⑤　消費者契約が有償契約である場合において、当該消費者契約の目的物に隠れた瑕疵があるとき（当該消費者契約が請負契約である場合には、当該消費者契約の仕事の目的物に瑕疵があるとき）に、当該瑕疵により消費者に生じた損害を賠償する事業者の責任の全部を免除する条項（ただし、事業者が目的物を交換、または、補修する責任がある場合を除く）

①②は、損害賠償責任を免除する条項が一般的に認められないわけではありませんが、あらかじめ事業者の損害賠償責任を全部免除する旨の条項を認めたのでは、あまりにも消費者が害されるおそれが大きいですし、故意に契約違反をした場合や、これに準じて考えることができる重過失による場合は、その免責を認める条項に効力を認めるのは信義則に反することから、その効力を否定したものです。

③④⑤は、事業者が債務の履行をする際に、相手方に対し損害を与え不法行

為となるといった場合に、あらかじめその責任を全部免除しておいたり、故意またはこれに準じて考えられる重過失による場合には一部でも責任を免除しておく条項や、売買等の目的物に欠陥があるにもかかわらず、その賠償責任の全部を免除しておく条項は、法的に拘束力を認めることが妥当でないと考えられることによるものです。

<消費者が支払う損害賠償の額を予定する条項等の無効>

> 　消費者契約の解除に伴う損害賠償額または違約金を定める条項がある場合において、「損害賠償額＋違約金」（以下「損害賠償等」という）が当該事業者の「平均的な損害の額」を超える場合、その超える部分については無効である。
> 　消費者契約に基づいて、消費者が金銭を支払うべきであるのに未払いであった場合において、支払遅延に対する「損害賠償等」が未払金に年利14.6％を乗じた額を超える場合、その超える部分については無効である。

　債務不履行の問題が生じたときに賠償すべき額を、あらかじめ定めておくことを「損害賠償の予定」といいます。事業者と消費者間でこのような定めを置くことも許されますが、予定された損害賠償の内容が過大である場合には、そのような条項のために消費者の解除が困難になってしまうおそれがあります。

　そこで、損害賠償を予定する条項につき、過大といえる部分についてその効力を否定するものです。

<消費者の利益を一方的に害する条項の無効>

> 　任意規定の適用による場合に比べて、消費者の権利を制限し、または消費者の義務を加重する消費者契約の条項であって、信義則に反して消費者の利益を一方的に害するものは、無効となる。

　以上のような個別に規定された条項以外にも、消費者の利益を一方的に害する条項が存在し得ることから、民法、商法その他の法律の任意規定の適用による場合に比べ、消費者の権利を制限しまたは消費者の義務を加重する特約で、その程度が信義則の基本原則に反するものの効力を否定したものです。

　消費者からの解除・解約の権利を制限する条項、「紛争解決にあたっては、

事業者の選定した仲裁人の仲裁によるものとする」旨の条項などが考えられます。

改正試案を読む

　意思表示の取消しについては、従来、民法の総則に、詐欺、強迫などの場合が規定されていました。それとは別に、消費者契約法が取消しの対象となる場合を規定したことについては、「規定としての統一性がとれない」といった指摘があったところです。

　そこで、改正試案では、意思表示の取消しについて定める総則の規定の中に、消費者契約の特則を次のように規定しています。

> 【1.5.18】（消費者契約の特則——断定的判断の提供に基づく誤認）
> 〈1〉消費者は、事業者が消費者契約の締結について勧誘をするに際し、当該消費者に対して、物品、権利、役務その他の当該消費者契約の目的となるものに関し、不確実な事項につき断定的判断を提供したことにより、当該提供された断定的判断の内容が確実であるとの誤認をし、それによって当該消費者契約の申込みまたはその承諾の意思表示をしたときは、これを取り消すことができる。
> 〈2〉第三者が消費者に対し〈1〉の断定的判断を提供した場合は、次のいずれかに該当するときに限り、当該消費者契約の申込みまたは承諾の意思表示は取り消すことができる。
> 　〈ア〉当該第三者が当該事業者の代理人その他その行為につき当該事業者が責任を負うべき者であるとき。
> 　〈イ〉当該消費者が当該消費者契約の申込みまたは承諾の意思表示をする際に、当該第三者が断定的判断を提供したことを当該事業者が知っていたとき、または知ることができたとき。
> 〈3〉消費者契約の締結に係る消費者の代理人（復代理人（二以上の段階にわたり復代理人として選任された者を含む。）を含む。）は、〈1〉〈2〉の適用については、消費者とみなす。
> 〈4〉〈1〉〈2〉〈3〉による消費者契約の申込みまたは承諾の意思表示の取消しは、善意無過失の第三者に対抗することができない。

> 【1.5.19】（消費者契約の特則——困惑）
> 〈1〉消費者は、事業者が消費者契約の締結について勧誘をするに際し、以下のいずれかに該当する行為によるほか、当該消費者が勧誘の継続を望まない旨の意思を示したにもかかわらず、当該消費者に対して勧誘を継続することにより、当該消費者が当該消費者契約の申込みまたはその承諾の意思表示をするまで勧誘が継続するものと困惑し、それによって当該消費者契約の申込みまたはその承諾の意思表示をしたときは、これを取り消すことができる。
> 〈ア〉当該事業者に対し、当該消費者が、その住居またはその業務を行っている場所から退去すべき旨の意思表示を示したにもかかわらず、それらの場所から退去しないこと。
> 〈イ〉当該事業者が当該消費者契約の締結について勧誘をしている場所から当該消費者が退去する旨の意思を示したにもかかわらず、その場所から当該消費者を退去させないこと。
> 〈2〉【1.5.18】〈2〉〈3〉〈4〉は、〈1〉の場合に準用する。

　また、契約条項の無効に関しても、約款および消費者契約に共通する不当条項、消費者契約の不当条項のリストを作成するとの方針が示されています。

　消費者契約法の規定を民法の中に取り込むことに関しては、「消費者保護行政において柔軟な対応ができなくなるおそれがある」などの指摘もありますが、消費者保護法規が民法という基本法の中に整理してとりまとめられることで、消費者保護という考え方がより普及するという効果が期待できるのではないかと考えられます。

Q2-10

契約の取消し－その2【事例】

例えば、家屋の売買契約を締結したとき、すでにその家が燃えてしまっていたという場合、契約はどうなるのでしょうか？
私が買い主だったら、それでも家の代金を売り主に支払わなければならないのでしょうか？

A 改正試案では原則として、そのような場合も「契約は有効である」としています。

解説

　現行法では、契約による債務の発生時に、すでにその履行が不可能となっていた場合、その契約上の債務は有効となるのか否かにつき、明文の規定は置かれていません。

　このような場合の処理は、従来は解釈にゆだねられてきました。一般的には、すでにない物を給付せよというわけにもいかず、「法は不可能を強いることはできない」として、「当該債務は原始的に（最初から）無効である」という見解が主流でした。

　しかし、このような考え方については、従来から、単なるドグマ（決めつけ）であるとの批判も強くありました。たしかに理論的には、このような場合も一応債務を有効に発生させたうえで、その事後処理の問題としてとらえていく、ということも可能なわけです。

📖 改正試案を読む

そこで、改正試案では、従来のこのような考え方を廃し、当然に契約が無効となるのではなく、「原則として有効」としました。

> **【3.1.1.08】**（契約締結時に存在していた履行不可能・期待不可能）
> 　契約上の債務の履行が契約締結時点で既に履行することが不可能であった場合、その他履行をすることが契約の趣旨に照らして債務者に合理的に期待できなかった場合も、その契約は、反対の合意が存在しない限り、有効である。

この規定の特徴は、単純に一律に有効としたわけではない、というところにあります。契約当事者のリスク分配を尊重して、ケースごとに有効か無効かを決するという立場をとっているものです。

Q2-11 契約締結前の責任【事例】

店舗を借りるに当たり貸し主側と協議をしたところ、契約締結前であるにもかかわらず、当方の希望する形態に合うように貸主側が改装等の便宜を図ってくれました。ところが、急激な景気の悪化という事情もあり、新たな出店を見合わせることになってしまいました。

当社は、貸し主側に対して損害賠償責任等の責任を負うのでしょうか？

A いわゆる契約締結上の過失の理論から派生した「契約締結の準備段階における過失の理論」により、一種の契約責任を負う可能性があります。

解説

1. 契約締結時に不能である債務の取扱い

現行法のもとでは、契約締結時にすでに履行不能であった債務については、「原始的不能」といい、「法は不可能を強いることはできない」との発想に基づき、無効になるとされています（Q2-10）。

このような考え方については、一種のドグマであるとの批判もあり、基本方針では、前述の通り「『当然に無効』ではない」との考え方が採用されているところです。

2. 契約締結上の過失

　原始的不能の場合には債務は無効であるとすると、例えば家の売買において、契約を締結する前にその家が焼失してしまったという場合には、売り主の債務は原始的不能として無効となり、それに対応する反対債権についても、当該原始的不能となった債権と対価関係にあることから、「公平の観点から、同様に不成立とすべきである」とされています（成立における牽連性）。

　しかしそれでは、買い主は売り主に過失がある場合であっても、不法行為責任の追及しかなし得ないこととなり、立証責任の点で買い主に酷な結果となります。

　そこで、契約成立過程に入った当事者は、緊密な関係に立つことから、信義則上相手方に配慮すべき義務が認められるものとし、この義務に違反したものとして「債務不履行責任を負うべきである」とされるようになりました（Q2-8）。

　このように、過失によって原始的に不能な契約を締結した者は、信義則上相手方がその契約を有効なものと誤信したことにより生じた損害を賠償すべき、とする考え方を「契約締結上の過失の理論」といいます。

　契約締結上の過失の理論により責任追及が認められるための要件は、次の通りです。

---
① 契約の内容の一部または全部が原始的不能であること
② 給付をなすべき者が、その不能なことを知り、または知り得べきものであること
③ 相手方が不能につき善意であること

　これにより損害賠償責任が認められることになりますが、損害賠償請求をなし得るのは、有効な債務の発生を前提としないことから、信頼利益（Q2-8）の範囲にとどまることになります。

3. 契約締結の準備段階における過失

契約締結上の過失の考え方は、その後ほかの類型にも広がり、「契約を有効に締結したが、契約の準備段階に過失があった場合」や、「契約締結に至らなかった場合」にも、それぞれ同様に契約責任を認めるべきとされるようになりました。

いずれの場合にも、契約締結の準備段階に入った以上、当事者間には緊密な関係が認められ、相互に相手方に損害を与えないよう配慮するべき義務が観念できるからです。

改正試案を読む

改正試案では、原始的に不能な債務について当然に無効とするドグマを廃し、原則として有効としたうえで、当事者が反対の合意*をしていたことが証明された場合には契約を無効とすることにしています（Q2−10）。

また、契約締結の交渉者の義務として、従来から解釈で認められていた交渉を不当に破棄した者の損害賠償責任、交渉当事者の情報提供義務・説明義務を明定しました（Q2−8）。

---

*反対の合意：原始的不能の場合には当該契約を無効とする旨を、当事者が合意していた場合。

第3章
契約の基礎知識（2）
債権にはどのような効力が認められるのか

第3章 契約の基礎知識（2）—債権にはどのような効力が認められるのか

Q3-1 債権の効力

債権には、どのような効力があるのでしょうか？

A 通常の債権の効力として、請求力、給付保持力、訴求力、執行力があります。

解説

1. 債権の効力

債権とは、「債権者が債務者に対して一定の給付を請求し得る権利」をいいます。

その内容は一様に思えるかもしれませんが、どの程度の強い効力を持つかにより、債権を分類することができます。

まず、債権に最低限認められる効力として、請求力があります。これは文字通り、「債務者に対する請求をなし得る効力」であり、これは債権である以上最低限認められる効力です。

例えば、「他の者に対して金100万円の貸金返還請求権を有する者は、その債務者に対し金100万円の支払いを請求し得る」ということです。

次に、給付保持力ですが、これは「給付を受けた目的を保持し得る効力」です。これがあることにより債権者は、受領したものが不当利得（Q5-2）とならないで済みます。

上記の例で、100万円の支払いを受けた債権者は、その100万円を債務者に返す必要はありませんが、それは、債権を有していたからにほかなりません。こ

○債権の効力ごとの分類

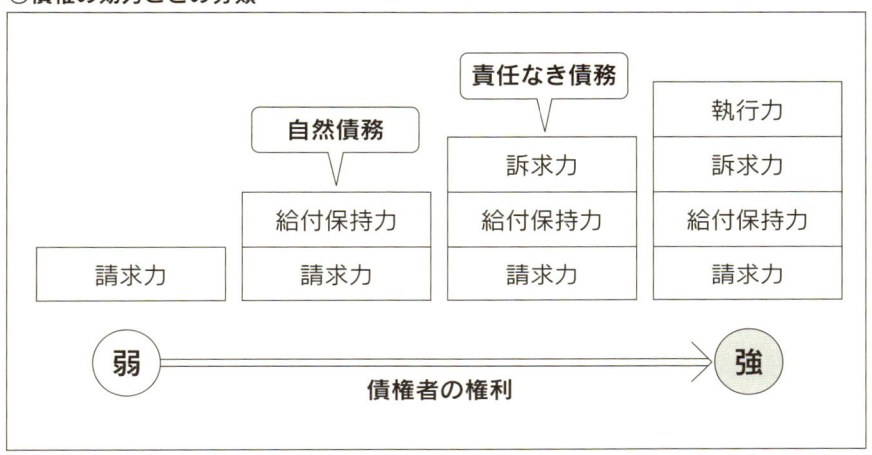

	自然債務	責任なき債務	執行力
		訴求力	訴求力
	給付保持力	給付保持力	給付保持力
請求力	請求力	請求力	請求力

弱 ──────────────→ 強
　　　　債権者の権利

れが給付保持力です。

　そして、訴求力。これは、債権の内容の実現を裁判所に訴求することができる権利、すなわち「債権の実現につき国家の助力を受ける権利」をいいます。

　権利によっては、権利として存在を認められても、その実現に裁判所が協力してくれないものもあります。だからといって債権がないというわけではなく、当事者が任意に履行すればそれは有効な履行と認められます。この場合に給付された物を返還しなくて良いのは、債権が存在し、給付保持力があるからにほかなりません。

　最後に、執行力。これは、「債務者等の財産に対して強制執行をなし得る効力」です。

2. 自然債務

　以上の債権の効力は、当然に認められるものではありません。中には、これらの効力のうちの一部しか認められないものもあります。

　自然債務とは、債務者が任意に給付しない場合にも、債権者がこれを訴求し得ない債務をいいます。

自然債務の例としては、消滅時効を援用＊した債務（Ｑ３-28）、不起訴特約のある債務、不法原因に基づく債務等があります。

自然債務は、請求力と給付保持力はありますが、訴求力と執行力はありません。したがって、受領したものを不当利得として返還する必要はありませんが、債務者が履行しない場合に、裁判所に訴えて実現してもらうことはできません。

判例では、「丸玉」というカフェーに通っていた男が、女給に400円をやると約束し、その女給が支払いを求めて訴訟を提起したところ、その請求が否定されたという例があります（カフェー丸玉事件：大判昭10.4.25）。

3. 責任なき債務

次に、請求力、給付保持力、訴求力はあっても、執行力がないものを「責任なき債務」といいます。

債務とは、債権に基づき債務者が給付の義務を負うことをいい、責任とは、その財産が執行の目的となることをいいます。

債権者から請求を受ける立場の者は債務を負っているのであり、強制執行を受ける立場の者は責任があるということになります。

債務と責任の区別は難しいところもありますが、例えば、「責任はあるが債務はない」場合として、物上保証人＊、逆に「債務はあるが責任はない」ものとして、強制執行しないという特約がある債務があります。

このように債権には様々なものがあり、必ずしも一様ではないので、注意が必要です。

4. 債権の侵害

次に、債権の効力として、かつてより議論されてきたものとして、債権の侵害の問題があります。

＊援用：主張すること。
＊物上保証人：他の者の債務を被担保債務として、自己の財産の抵当権・質権等の担保権を設定した者をいう。

債権は、債務者という特定の人に請求する権利ですから、第三者がこれを侵害しても不法行為（Q5-4）は成立しないのではないか、という問題です。

言い換えれば、「債権者はあくまでも債務者に対してのみ『100万円を支払え』などと請求できるのであり、他の者には同様のことはいえないのであるから、債権が害されたときにも、債権者は第三者には何も主張し得ないのではないか？」という問題です。

しかし、債権が債務者に対してしか請求できない権利であるからといって、他の者から侵害されても損害賠償請求ができない、というのは不合理です。

債権も、権利として侵されない、すなわち不可侵性はあるわけですから、「第三者に侵害された場合は、不法行為が成立し得る」と見るべきです。ただ、権利としては物権に比べて弱い権利であることは否定できないところですから、不法行為の成立要件を厳格にすべきとされています。

伝統的に通説は、これを3つの場合に分け、要件を設定しています。

① 債権の帰属自体を侵害した場合

第三者に過失があれば、不法行為が成立するとされます。

② 債権の目的たる給付を侵害して債権を消滅させる場合

同様に第三者に過失があれば足ります。

③ 債権の目的たる給付を侵害するが、債権は消滅しない場合

第三者に故意が必要とされます。

改正試案を読む

改正試案では、債権の効力一般については、「債権者は、債務者に対し、債務の履行を求めることができる」(3.1.1.53) として請求力を認める規定を置いていますが、それ以外の上記の効力については、とくに規定は置いていません。

Q3-2

追完権、追完請求権

> 追完権、追完請求権とは、どのような概念でしょうか？

A 現在でも、不完全履行がなされた場合の一効果として追完請求権が認められていますが、改正試案では、これに関する規定を整備しました。

追完請求権の要件を明確にするとともに、債務者から追完する権利についても規定を整備しようとしています。

解説

1. 債権者の追完請求権

債務の履行がなされたが、なお不完全である「不完全履行」のケースにおいて、追完が可能な場合には、一般的に、債権者が追完請求できるものとされています。

ただ、その法的性質について、履行請求権の一態様にすぎないのか、不完全履行に基づく特別な請求権なのかが議論されています。

2. 債務者の追完権

これに対し、債務者の側から追完をなすことができるかについては、権利として追完を認めるか否かをめぐり、その肯否が議論されています。

＊要件効果：法律は一般に、一定の要件を満たした場合に一定の効力・効果を認める、という形をとる。これをそれぞれ「法律要件」「法律効果」という。

改正試案は、これら2つの権利について明文の規定を置き、その要件効果*を整理しようとしています。

📖 改正試案を読む

債権者からの追完請求に関しては、「債務者の不完全履行があった場合には原則として追完請求をなし得る」ものとし、債権者が債務者に追完の催告をしたにもかかわらず、相当の期間を経過しても債務者が追完しないときは、「債権者は追完に代わる損害賠償を請求できる」としています（3.1.1.57）。

また、追完請求をすることが、契約の趣旨に照らし合理的には期待できないときは、債権者は債務者に対し直ちに追完に代わる損害賠償を請求することができ、これに対して債務者は、追完をすることによって追完に代わる損害賠償請求を免れることができます。

次に、債務者からの追完権ですが、一般的に追完権を認め、次のような要件が定められています。

【3.1.1.58】（追完権）
〈1〉債務者が不完全な履行をしたときは、次の要件を満たす場合に、債務者は、自己の費用によって追完を為す権利を有する。
　〈ア〉債務者が、なすべき追完の時期および内容について、不当に遅滞することなく通知すること
　〈イ〉通知された追完の時期および内容が契約の趣旨に照らして合理的であること
　〈ウ〉債務者が追完をなすことが債権者に不合理な負担を課すものではないこと
〈2〉不完全な履行が契約の重大な不履行にあたる場合には、債務者の追完の権利は債権者の解除の権利を妨げない。

ただ、債務者の追完権より、債権者の重大な不履行を理由とする解除のほうが優先されており、「債務者は追完をもって債権者の解除を阻止することはできない」とされています。

Q3-3 強制履行の方法

任意の履行がなされないときに、強制履行の方法としてどのような方法があるのでしょうか？

A 直接強制、代替執行、間接強制等があります。

解説

1. 現実的履行の強制とは

債権の履行が任意になされないからといって、債権者が自ら強制的に債権の実現を図ることは、法治主義の観点から認められません。

債権者は、国家機関の手を借りて債権の実現を図るわけですが、その具体的方法については、いくつかの類型が定められています。

2. 直接強制

直接強制とは、国家権力によって、債権者の意思にかかわらず債権の内容を実現することをいいます。

債務は、物の引渡しを給付とする「与える債務」と、行為自体が給付となる債務および不作為債務からなる「なす債務」に分類されますが、直接強制の方法は、与える債務についてのみ認められる方法です。

○債務の種類と強制執行の方法

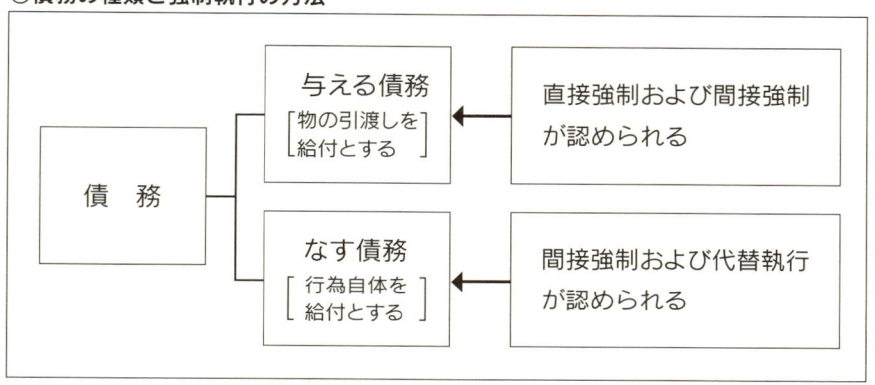

```
債務 ─┬─ 与える債務     ←  直接強制および間接強制
      │   [物の引渡しを        が認められる
      │    給付とする]
      │
      └─ なす債務       ←  間接強制および代替執行
          [行為自体を          が認められる
           給付とする]
```

3. 代替執行

　代替執行とは、債権者を含む第三者により債権の内容を実現させ、その費用を債務者から取り立てる方法をいいます。

　この方法は、建造物を撤去するなど、なす債務のうち、第三者が代わって実現することのできる代替的給付の場合に認められます。

4. 間接強制

　間接強制とは、損害賠償の支払いを命ずることによって、債務者に心理的圧迫を加えて債権の内容を実現することをいいます。

　間接強制の方法は、債務者を威嚇して強制する面があることから、債務者の人権尊重の面から問題があるとされ、直接強制や代替執行が可能な場合には間接強制は認められないとされてきました。

　しかし、2003（平成15）年の民事訴訟法改正により、「物の引渡し債務については、直接強制のみならず間接強制によっても行い得る」とされ、代替執行可能な債務については、申立てにより間接強制によっても行い得るとされ、間接強制と他の強制執行方法が可能な場合には債権者は自由に選択して申立てができるものとされました。

5. 法律行為を目的とする債務の場合

同意、承諾、債権譲渡の通知等をなすべき債務等については、債務者が実際にそのような行為をしなくても、その効果が認められれば足りることから、「債務者に意思表示をせよ」という判決で現実の意思表示に代用することができます。

例えば、被告に対して一定の内容の登記手続を命じる判決のように、意思表示を命じる判決は、確定のときに被告が当該意思表示をしたとみなされ、別途被告の意思表示が必要になるというわけではありません。

6. 不作為債務の場合

例えば土地の共有者が、合意により、勝手にその土地に建物等を建築しないことを約したなど、家を建築しない債務（不作為債務）を負う者がこれを建築したような場合には、債権者は、債務者の費用をもって有形的状態の除去（この場合は、家を取り壊すこと）や将来のため適当な処分をなすことが請求できます。

📖 改正試案を読む

改正試案では、基本的に現状の判例および学説の見解をふまえ、民法典中に次のような規定を置くこととしています。

> 【3.1.1.61】（強制履行）
> 〈1〉債務者が任意に債務の履行をしないときは、債権者はその強制履行を裁判所に請求することができる。ただし債務の性質がこれを許さないときはこの限りではない。
> 〈2〉直接強制は金銭債務および物の引渡を目的とする非金銭債務のために用いることができる。
> 〈3〉間接強制は全ての非金銭債務の強制履行のために用いることができる。金銭債務の間接強制については、法律の定めのあるときに限ってこれを認める。

〈4〉作為を目的とする債務の強制履行については、債権者は、債務者の費用で第三者にこれをさせることを裁判所に請求することができる。ただし、意思を表示する債務については、裁判を以て債務者の意思表示に代えることができる。
〈5〉不作為を目的とする債務については、債権者は、債務者の費用で、債務者がした行為の結果を除去し、または将来のための適当な処分をすることを裁判所に請求することができる。
〈6〉強制履行の請求は損害賠償の請求を妨げない。

Q3-4 債務不履行【事例】

継続的に取引を行ってきた業者の経営状況が悪化しているようで、売掛金の未収が1,000万円にもなってしまっています。契約を解除して商品を取り返したいのですが、契約解除には「相当の期間を定めた催告が必要である」とアドバイスを受けました。
この場合、どのくらいの期間をおけばいいのでしょうか？

A 相手方が本来の履行期を過ぎても履行してこない「履行遅滞」による解除の場合には、相当の期間を定めた催告を行い、それでもなお履行がなされないことが要件となります。

ただし、「相当の期間」の内容は事案により異なり、債務の内容、取引慣行、債務者の住所地と債務の履行をなすべき地の距離なども考慮して決定されることになります。

解説

1. 債務不履行とは

債務不履行とは、債権の効果の１つであり、債務者が、正当な事由がないのに、債務の本旨に従った給付をしないことをいいます。

債務不履行には、次の３つの場合があるとされています。

（１）履行遅滞

履行が可能であるのに履行期を徒過した場合をいいます。

（２）履行不能

債権成立後に履行が不能になった場合をいいます。
（3）不完全履行

債務の履行がなされたが給付が不完全な場合をいいます。例えば、ひよこ100羽を売却した売り主が、実際にひよこ100羽の引渡しを行ったが、それらがいずれも病気だった場合などがあります。

債務不履行については415条に規定がありますが、明文で規定にされているのは履行遅滞と履行不能であり、不完全履行については明文の規定がありません。

> （債務不履行による損害賠償）
> 第415条　債務者がその債務の本旨に従った履行をしないときは、債権者は、これによって生じた損害の賠償を請求することができる。債務者の責めに帰すべき事由によって履行をすることができなくなったときも、同様とする。

履行遅滞の効果としては、まず強制履行が考えられますが、実際に強制履行が問題となるのは履行遅滞と不完全履行のうち追完が可能な場合であり、履行不能と不完全履行のうち追完が不可能な場合については強制履行はできません。

また、債権者は損害賠償請求と解除ができます。

2. 債務不履行の類型

(1) 履行遅滞

履行遅滞とは、債務者が、履行期に履行が可能であるにもかかわらず履行をしないで履行期を徒過することをいいます。

履行遅滞の要件は、次の4つです。

① 履行が可能であること
② 履行期を徒過したこと
③ 債務者の責めに帰すべき事由に基づくこと
④ 履行しないことが違法であること

以下、順に検討しましょう。

① 履行が可能であること
　履行が不能である場合は、履行不能の類型になります。履行が可能か否かは、社会通念により決せられることになります。
② 履行期を徒過したこと
　確定期限ある債務では原則として、期限が到来したとき、不確定期限ある債務では原則として、期限到来を債務者が知ったとき、期限の定めなき債務では原則として催告時になります。
③ 債務者の責めに帰すべき事由に基づくこと
　415条には明文で規定されてはいませんが、過失責任の原則に基づき、履行遅滞の場合も債務者の帰責事由があることが必要とされています。もっとも、金銭債務の場合には特則があり、債務者の帰責事由は必要ではありません（419条（Q3－5））。
　債務者の帰責事由とは、「債務者の故意過失または信義則上これと同視すべき事由」をいい、信義則上これと同視すべき事由の主なものとして、「履行補助者の故意過失」があります。
④ 履行しないことが違法であること
　債務者に留置権（Q3－11）、同時履行の抗弁権（同）があるなど、債務者が履行をしないことを正当化する事由がある場合には、履行遅滞とはなりません。
　履行遅滞となった場合の効果ですが、まず債権者は、遅滞による損害の賠償請求ができます。解除もできますが、手続きとして、相当の期間を定めた催告をなし、なお履行がないことが必要となります。

(2) 履行不能

　履行不能とは、債権成立後に債務者の責めに帰すべき事由によって履行ができなくなることをいいます。
　履行不能の要件は、次の3つです。

① 債権成立後に履行が不能になったこと
② 債務者の責めに帰すべき事由に基づくこと
③ 履行不能が違法なものであること

以下、順に検討します。
① 債権成立後に履行が不能になったこと
　前述の通り、履行不能となったか否かは、社会通念により決せられます。債権成立時にすでに不能の場合には、債権の効力は発生しません（原始的不能（Q2-11））。
② 債務者の責めに帰すべき事由に基づくこと
　履行遅滞の場合と同様、債務者の故意過失または信義則上これと同視すべき事由をいいます。信義則上これと同視すべき事由の主なものとして「履行補助者の故意過失」があります。
　なお、債務者が履行遅滞となったあとに不可抗力で履行不能になった場合には、履行不能は債務者の責めに帰すべき事由によるものとされます。もっとも、遅滞がなくとも不能となったであろう場合には、債務者の帰責事由ありとはされません。
③ 履行不能が違法なものであること
　履行不能の場合も、効果として、債権者は損害賠償請求と解除をすることができます。この場合の損害賠償請求は、履行に代わる塡補賠償の請求になります。解除については、履行が不能である以上、催告をしても無意味であることから不要です。

(3) 不完全履行

　不完全履行とは、債務の履行として履行がなされたが、それが債務の本旨に従ったものでない不完全な場合をいいます。
　不完全履行については、明文の規定はありませんが（415条参照）、この類型を認めることについてはほとんど争いはありません。
　不完全履行の要件は、次の4つです。

① 履行があったこと
② 給付が不完全なこと
③ 債務者の責めに帰すべき事由に基づくこと
④ 不完全な履行が違法なものであること

以下、順に検討します。
① 履行があったこと
　履行がなされたが不完全であった場合ですから、履行があったことが要件になります。
② 給付が不完全なこと
　給付された目的物に瑕疵があった場合が典型です。動物を売買したら、その動物が病気にかかっていたといった場合が挙げられます。
　このほかにも、履行の方法が不完全であったり、給付をなした際に必要な注意を怠って債権者に損害を与えたといった場合があります。
③ 債務者の責めに帰すべき事由に基づくこと
　これについては履行遅滞、履行不能の場合と同様、債務者自身の故意過失のみならず、信義則上これと同視すべき事由も含まれることになります。
　例えば、売り主が買い主の目的物を届ける際、従業員に行わせたところ、その従業員が誤って目的物を壊してしまった場合などです。従業員の過失は、債務者である売り主の過失と信義則上同視すべきとされ、「売り主は自分自身に過失がなくとも、責めに帰すべき事由あり」として賠償責任を負うことになります。
④ 不完全な履行が違法なものであること
　不完全履行の場合は、他の２類型の場合とは効果が異なります。給付がなされたとはいえ不完全であり、いまだ給付が終了したとはいえない面があることによります。すなわち、追完が可能な場合は、なお完全な給付を請求でき、賠償請求もできます。これに対し、給付が不可能な場合には、塡補賠償を請求し得ることになります。
　例えば、前述の病気のひよこを給付した例では、買い主はなお完全なひよこを給付するよう請求し得ることになります。これに対し、特定物である机を給付したところ、傷をつけてしまったといった場合は、追完はなし得ないことから、賠償請求し得るということになります。
　解除をする場合は、追完が可能であれば履行遅滞に準じて相当期間を定めた

催告をしなければなりません。追完が不能の場合は、履行不能に準じて、催告は不要です。

3. 債務不履行責任と不法行為責任の違い

同様に損害賠償責任が生じる場合として不法行為（709条以下（Ｑ５−４））もありますが、両者は次の５つの点で違いが問題となります。

① 証明責任
② 損害賠償の範囲
③ 過失相殺の有無
④ 遅滞となる時期
⑤ 消滅時効

以下、それぞれについて説明します。

① 証明責任

債務不履行では、請求される側である債務者が自己に過失がないことを立証しなければ責任を負うことになり、不法行為では請求する側である被害者が加害者に過失があることを立証しなければ請求できません。

② 損害賠償の範囲

債務不履行では、損害賠償の範囲が416条で規定されており、これは相当因果関係の範囲で損害賠償請求を認めたものと解されています（Ｑ３−６）。不法行為については、損害賠償の範囲について明文で定めた規定はありませんが、416条の類推適用を認めるのが判例です。

（損害賠償の範囲）
第416条　債務の不履行に対する損害賠償の請求は、これによって通常生ずべき損害の賠償をさせることをその目的とする。
2　特別の事情によって生じた損害であっても、当事者がその事情を予見し、又は予見することができたときは、債権者は、その賠償を請求することができる。

③ 過失相殺の有無

債務不履行に関しては、債権者にも過失があったときには、裁判所が賠償責

任の有無および範囲を定めるについてそれを斟酌し、当事者間の公平が図られます。これを過失相殺といいます。

不法行為の場合も、被害者に過失があったときに、裁判所が賠償責任の範囲を定めるにつき斟酌することができます。

不法行為の場合には損害賠償責任を否定すること（免責）まではできず、裁判所の斟酌が任意的である（裁判所は斟酌しなくても良い）点で異なります。

④ 遅滞となる時期

債務不履行では、債務者が履行請求を受けたときに、不法行為では不法行為成立の当初から遅滞となります。

⑤ 消滅時効

債務不履行による損害賠償請求権は、履行の請求をなし得るときから10年（167条1項）、不法行為による損害賠償請求権は損害および加害者を知ったときから3年（724条前段）となります。

（債権等の消滅時効）
第167条　債権は、10年間行使しないときは、消滅する。
2　債権又は所有権以外の財産権は、20年間行使しないときは、消滅する。

（不法行為による損害賠償請求権の期間の制限）
第724条　不法行為による損害賠償の請求権は、被害者又はその法定代理人が損害及び加害者を知った時から3年間行使しないときは、時効によって消滅する。不法行為の時から20年を経過したときも、同様とする。

改正試案を読む

現行法では、損害賠償請求の要件は債務者に少なくとも過失があることが求められています（過失責任主義）が、改正試案では、無過失を理由に免責するというのではなく、「契約で引き受けていなかった事由による不履行を理由とする免責」という考え方を採用しています。

【3.1.1.63】（損害賠償の免責事由）
〈1〉契約において債務者が引き受けていなかった事由により債務不履行が生じたときには、債務者は【3.1.1.62】の損害賠償責任を負わない。
〈2〉債務者が【3.1.1.54】または【3.1.1.55】に定められた抗弁権を有しているときには、債務者は【3.1.1.62】の損害賠償責任を負わない。

解除については、責任追及手段ではなく、契約の拘束力の離脱のための制度であることを重視し、解除に帰責事由を不要とするとともに、重大不履行を理由とする解除に一元化しようとしています。

また、事業者間契約では、契約からの迅速離脱の機会の保障の要請に配慮し、
① 事業者間で結ばれた契約であること
② 契約当事者の一方の不履行
③ 相当の期間を定めての催告を行い、その期間が経過したこと
の3要件を満たせば、重大な不履行が推定されるとしています。

【3.1.1.77】（解除権の発生要件）
〈1〉契約当事者の一方に契約の重大な不履行があるときには、相手方は、契約の解除をすることができる。
　〈ア〉契約の重大な不履行とは、契約当事者の一方が債務の履行をしなかったことによって、相手方が契約に対する正当な期待を失った場合をいう。
　〈イ〉契約の性質または当事者の意思表示により、特定の日時または一定の期間内に債務の履行をしなければ契約の目的を達成することができない場合において、当事者の一方が履行をしないでその時期を経過したときは、契約の重大な不履行にあたる。
〈2〉契約当事者の一方が債務の履行をしない場合に、相手方が相当の期間を定めてその履行を催告し、催告に応じないことが契約の重大な不履行にあたるときは、相手方は契約の解除をすることができる。
〈3〉事業者間で結ばれた契約において、契約当事者の一方が債務の履行をしない場合、相手方が相当の期間を定めてその履行の催告をし、その期間内に履行がないときは、相手方は、契約の解除をすることができる。ただし催告に応じないことが契約の重大な不履行にあたらないときはこの限りでない。

不完全履行の場合の追完請求に関しては、別項（Q3-2）を参照してください。

Q3-5

損害賠償－その1（損害賠償請求）

契約が守られなかった場合、具体的にはどのようなときに損害賠償請求が認められるのでしょうか？

A　債務不履行の事実が認められ、債務者が無過失を立証できなければ、債務不履行責任の一環として損害賠償請求権が発生することになります。

解説

債務者が、正当な事由がないのに債務の本旨に従った給付をしない場合、これを債務不履行とし、その効果として損害賠償請求権が発生します。

現行法では「過失責任主義」が採用され、債務不履行に該当する事実が認められれば、債務者の側で抗弁*として自らに帰責事由がないこと、すなわち過失がないことを立証しなければ損害賠償責任が生じるものとされてきました。

これに対して例外をなすのが、金銭債権の特則です。金銭債権は実務上極めて重要な意義を有することから、その履行を確保するため、特則を設けているのです（419条）。

（金銭債務の特則）
第419条　金銭の給付を目的とする債務の不履行については、その損害賠償の額は、法定利率によって定める。ただし、約定利率が法定利率を超えるときは、約定利率による。

---

*抗弁：債権者の請求原因事実と両立し、かつ、債務者が証明責任を負う事実を主張して、請求を争うことをいう。

> 2　前項の損害賠償については、債権者は、損害の証明をすることを要しない。
> 3　第１項の損害賠償については、債務者は、不可抗力をもって抗弁とすることができない。

　まず、金銭債務においては、債務者は不可抗力をもって抗弁となし得ず、無過失責任を負うことになります。例えば、天災事変により、期限に弁済手続をとることができなかったといった場合でも、履行遅滞として損害賠償責任を負うことになります。

　また、債権者は損害の証明をすることを要せず、原則として法定利率（民事では年５分、商事では年６分）の賠償請求が認められます。約定利率が法定利率より高い場合には、約定利率の賠償請求が認められることになります。

改正試案を読む

　民法は過失責任主義を採用していますが、契約責任にも過失責任主義が妥当するかについては疑問が呈されてきました。

　過失責任主義の基本にある考え方は、「自由に行動し得る中で、過失により損害を発生させた場合には、その損害を賠償する責任を負うのが公平である」というものです。ところが、契約においては、債務者にこの行動の自由が保障される状況ではないので、過失責任主義は妥当しないというのです。

　改正試案では、この考え方を採用し、損害賠償責任につき、無過失なら免責されるというのではなく、「契約で引き受けていなかった事由による不履行」を免責の対象としています（3.1.1.63（Ｑ３−４））。

　金銭債務の特則についても、この一般的な免責ルールによる処理にゆだねるものとし、絶対的無過失責任という構成を変更しています。

> 【3.1.1.72】（金銭債務の特則）
> 〈１〉金銭債務の不履行による損害賠償において、債権者は、法定利率によって定められた額（約定利率が法定利率を超えるときは、約定利率によって定められた額）の賠償を請求することができる。
> 〈２〉〈１〉の損害賠償については、債権者は、損害の証明をすることを要しない。

〈3〉債権者は、【3.1.1.67】の定めるところに従い、〈1〉に定められた額を超えた損害の賠償を請求することを妨げられない。

Q3-6

損害賠償―その2（損害賠償の対象）

債務不履行となった場合に、損害賠償の対象となるか否かはどのように判断するのでしょうか？

A 通常損害は、すべて賠償の対象となります。特別損害については、債務者が予見していたか、または予見可能であった場合にのみ賠償すべき範囲に含まれます。

解説

1. 損害賠償の範囲

債務不履行が発生した場合、そこから様々な損害が発生する可能性があります。

例えば、家を購入したところ、引渡日に予定通り引渡しがなされなかったために、ホテル住まいを一定期間余儀なくされた場合の宿泊費、当該家を2割増で転売することを予定していたのにできなくなったために得られなくなった転売利益、同様に3倍で転売する契約を結んでいたのにできなくなった転売利益、等々…。

債務不履行による損害賠償制度が認められた趣旨として、損害の公平な分担ということがあります。すなわち発生した損害のうち、一定の範囲について債務者に賠償責任を負わせ、その残りを債権者に負担させることで、当事者間の公平を図るということであり、発生したすべての損害を債務者に負担させるわけにはいきません。

そこで、民法は416条で、損害賠償請求をなし得る範囲を、相当因果関係が

認められる範囲に限定する旨の規定を設けています（Q3-4）。

具体的には、当該債務不履行から通常生ずべき損害（通常損害）については賠償の対象とするとともに、特別の事情によって生じた損害（特別損害）については、債務者にとって予見可能な事情によって生じたものに限り、賠償の対象として含まれるものとしています。

通常損害としては、買い主が目的物の転売契約を締結していた場合の通常の転売利益、債務者からの履行がなかったために債権者が代替物を第三者から購入した場合の代金相当額などがあります。

これに対し、同じ転売利益でも、それが著しく高額である場合、例えば買受価格の3倍で転売することを予定していた場合の転売利益については、賠償の対象とならないとした判例があります（大判昭4.4.5）。

この予見可能性について、いつを基準に判断するかが問題となりますが、判例および通説は、「履行期に損害の発生を予見しまたは予見し得べきであったのにもかかわらず不履行をなした以上、債務者に責任を負担させるのが公平である」として、債務不履行時を基準としています。

例えば、家を友人に売った者が、その友人がその家を3倍で転売する契約をしていたことを、契約時には知らなくても、履行期には知っていたにもかかわらず、家の引渡しを行わなかったとします。この場合、履行期には自らの債務不履行によって友人に転売による利益分の損害が発生し得ることを予見し得た以上、その分の損害賠償責任を負うということになります。

2. 損害賠償額算定の基準時

この損害賠償の対象の範囲の議論と関連する問題として、「損害賠償額の算定の基準時をいつにするか？」という問題があります。

例えば、BさんがAさんから土地を購入したが、Aさん（債務者）がCさんに二重譲渡したためにBさん（債権者）が土地を取得できなかったとします。その後、土地の価格が乱高下し、本来の履行期の時点を含む一定の期間はその価格が上昇し、その後下がったという場合に、BさんはAさんに対して中間最

第3章　契約の基礎知識（2）─債権にはどのような効力が認められるのか

○二重譲渡された土地の損害賠償額は

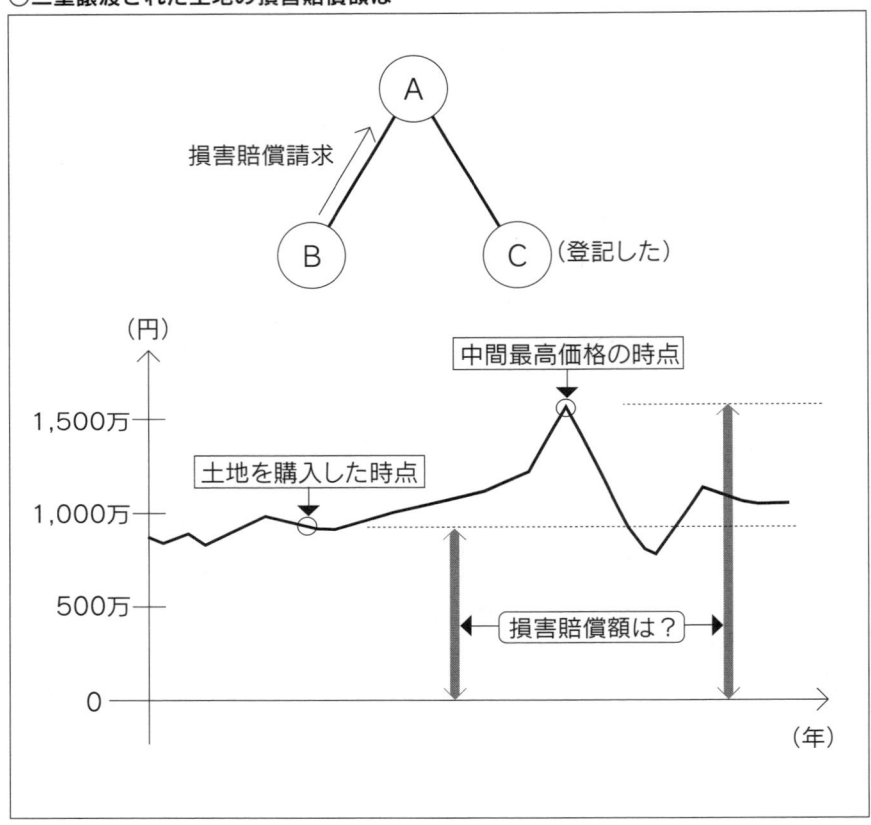

[図：A、B、C の関係図（B→A への損害賠償請求、C は登記した）、および土地価格の推移グラフ。「土地を購入した時点」は約1,000万円、「中間最高価格の時点」は約1,500万円。損害賠償額は？]

高価格での損害賠償請求ができるのか、という問題です。

この点判例は、上記の416条に関する「特別の事情の予見可能性の有無」の枠組みで判断しています。

まず、履行不能による損害賠償請求の損害賠償額は、債権者は履行不能となった際の目的物の価値を取得し得る立場にあったことから、原則として履行不能時の目的物の時価となります。

債権者は、目的物の引渡しを受けることができるはずの地位にあったことから、その物が滅失してしまった場合などには、そのときの目的物の価値相当額

を請求できるようにするのが公平であるということです。

　目的物の価格が騰貴していたような場合には、債務者が履行不能時に目的物の価格騰貴という特別の事情を知っていたか、または知り得たであろう場合には、その騰貴した現在の時価を基準として損害賠償請求ができます。

　さらに、目的物の価格がいったん騰貴し、さらに下落した場合、債権者がその騰貴価格による転売等の方法でその騰貴利益を確実に取得し得たであろうと予測されるときに限り、中間最高価格を基準として賠償額が算定されます。

改正試案を読む

　改正試案では、相当因果関係という考え方ではなく、「契約によって債務者に分配された損害のみが賠償されるべきである」という予見可能性ルールを基礎とし、具体的には賠償されるべき損害の範囲を次の通りとしています。

①　契約締結時に両当事者が予見し、または予見すべきであった損害
②　契約締結後に、債務者が予見すべきであり、かつそれを回避するための措置をとるべきであった損害

【3.1.1.67】（損害賠償の範囲）
〈1〉契約に基づき発生した債権において、債権者は、契約締結時に両当事者が債務不履行の結果として予見し、または予見すべきであった損害の賠償を、債務者に対して請求できる。
〈2〉債権者は、契約締結後、債務不履行が生じるまでに債務者が予見し、または予見すべきであった損害についても、債務者がこれを回避するための合理的な措置を講じたのでなければ、債務者に対して、その賠償を請求することができる。

Q3-7

損害賠償－その3（損害賠償額の算定）

> 物の「価格」が賠償される場合の算定基準時について、改正試案では、どのような規定を置いているのですか？

A 原則となる規定のほか、不履行後に価格が騰貴した場合、代替取引がなされた場合につき規定を置いています。

解説

1. 損害賠償額の算定基準時

売買契約の売り主は、目的物を買い主に引き渡す債務を負っていますが、売り主の過失によりその目的物が滅失してしまって、引き渡すことができなくなってしまった場合には、目的物を引き渡す代わりに、その物の価格を賠償すべきことになります。

現行法では、損害賠償額の算定基準時自体に関する規定は置かれていません。そこで、この問題は、損害賠償の範囲について定めた416条の問題（Q3－4）として、「特別の事情の予見可能性の有無により処理されること」とする判例の蓄積がなされてきています。

改正試案では、このような判例および学説の集積をふまえて、物の価格の算定基準時についての定めを置いています。

2. 原則

原則として、債権者は、次の①〜④の事由が生じたいずれかの時点における

物の価格を選択して請求することができるとしています（3.1.1.65、3.1.1.69）。

① 履行が不可能なとき、その他履行をすることが契約の趣旨に照らして債務者に合理的に期待できないとき
② 履行期の到来の前後を問わず、債務者が債務の履行を確定的に拒絶する意思を表明したとき
③ 債務者が債務の履行をしない場合において、債権者が相当の期間を定めて債務者に履行を催告し、その期間内に履行がなされなかったとき
④ 債務を発生させた契約が解除されたとき

3. 不履行後の価格騰貴の場合

　債務不履行後に物の価格が上昇したときは、騰貴価格がなお維持され、かつ、債務者が当該価格騰貴を予見すべきであったのであれば、当該騰貴価格によって、賠償されるべき物の価格を算定することができるとされています。

　ただし、債権者が契約に照らせば債権者が自らに生じた損害の発生または拡大を回避するための措置として代替取引をすべきであったときには、賠償額が減額されます。これは、債権者に損害軽減義務があるとして減額を認めるものです。

【3.1.1.70】（物の価格の算定基準時——不履行後の価格騰貴の場合）
　物の価格が賠償されるべき場合において、債務不履行後に物の価格が上昇したときは、騰貴価格がなお維持され、かつ、債務者が当該価格騰貴を予見すべきであったのであれば、当該騰貴価格によって、賠償されるべき物の価格を算定することができる。ただし、債権者が契約に照らせば債権者が自らに生じた損害の発生または拡大を回避するための措置として代替取引をすべきであったときには、【3.1.1.73】により、賠償額が減額される。

4. 代替取引がなされた場合

　債権者が債務不履行後に代替取引をし、かつその代替取引が合理的な時期にされたときは、代替取引の額が不合理に高額であった場合を除き、代替取引の

額をもって、賠償されるべき物の価格とされます。

　代替取引の額が不合理に高額であったときは、代替取引がされた時点において代替取引に要したであろう合理的な額をもって、賠償されるべき物の価格とされます。

　代替取引が不合理な時期にされたときは、賠償されるべき物の価格の算定は、上記の2および3によります。

【3.1.1.71】（物の価値の算定基準時——代替取引がされた場合）
〈1〉物の価格が賠償されるべき場合において、債権者が債務不履行後に代替取引をし、かつその代替取引が合理的な時期にされたときは、代替取引の額が不合理に高額であった場合を除き、【3.1.1.69】および【3.1.1.70】にかかわらず、代替取引の額をもって、賠償されるべき物の価格とする。
〈2〉代替取引の額が不合理に高額であったときは、代替取引がされた時点において代替取引に要したであろう合理的な額をもって、賠償されるべき物の価格とする。
〈3〉代替取引が不合理な時期にされたとき、賠償されるべき物の価格の算定は、【3.1.1.69】および【3.1.1.70】による。

Q3-8

損害賠償－その4（損害賠償の予定）

損害賠償の予定とは何ですか？

A 債務不履行の場合に債務者が賠償すべき額を、あらかじめ当事者間の契約で定めておくことをいいます。

解説

契約当事者の一方に債務不履行がある場合、その効果として損害賠償請求、解除等が認められます。しかし、いざ損害賠償請求の問題となった場合、当事者間では損害賠償の範囲および金額に争いが起こることが予想されます。

債務不履行の被害者である債権者は、自己に生じた損害を立証しなければならず、立証に失敗すれば結局、損害賠償請求が認められないことにもなりかねません。また、訴訟等の手続きにもつれ込み、紛争が長期化することも考えられます。

そこで、損害賠償に関する立証の負担を軽減するとともに、債務の履行を確保することを目的として、損害賠償の予定という制度が認められたのです（420条1項前段）。

（賠償額の予定）
第420条　当事者は、債務の不履行について損害賠償の額を予定することができる。この場合において、裁判所は、その額を増減することができない。
2　賠償額の予定は、履行の請求又は解除権の行使を妨げない。
3　違約金は、賠償額の予定と推定する。
---

1. 要件

損害賠償の予定は、当事者間の契約によることとなりますが、主たる契約と同時にする必要はありません。また、金銭賠償の場合に限られるのではなく、金銭以外の代替物の一定量、原状回復その他の方法によることも認められます。

すなわち、契約が締結されたあとに、別途合意して損害賠償の予定を追加することもでき、その内容が「債務不履行があった場合には一定量の米を給付する」などという形でも認められることになります。

2. 効果

債権者は、債務不履行の事実さえ立証すれば、損害の発生、損害額の証明をしなくとも損害賠償請求ができます。ただし、債権者の側でもっと損害が大きいことを立証しても増額請求は認められませんし、債務者の側でより損害が小さいことや損害がまったくないことを立証しても、減額請求をしたり免責を受けることはできません。

この点は、たとえ訴訟になっても同様であり、裁判所は損害賠償の予定の金額を増減できないとされています（420条1項）。

当事者は、損害賠償の予定を基本的に自由に定めることができますが、その内容が著しく債務者に酷な場合は、公序良俗違反（90条）としてその全部または一部が無効となる場合がありますし、利息制限法4条は、金銭消費貸借についてのみですが、損害賠償の予定を約定利息（元本10万円未満は2割、元本10万円以上100万円未満は3割6分、元本100万円以上は1割5分）の1.46倍までとしています。

契約には、債務不履行の場合に債務者が債権者に支払うべきことを約した金額として、違約金の定めが置かれる場合がありますが、この違約金は損害賠償の予定と推定されます（420条3項）。

あくまでも推定ですから、当事者が損害賠償の予定ではなく違約罰の趣旨であることを立証すれば、債権者は違約金のほか、実損害額を別途請求できるこ

とになります。

📖 改正試案を読む

　改正試案は現行法の規制を基本的に維持していますが、過大な金額が予定されていた場合には、裁判所がその額を合理的な額にまで減額できるとしています。

【3.1.1.75】（損害賠償額の予定）
〈1〉 当事者は、債務の不履行について損害賠償額を予定することができる。
〈2〉 裁判所は、予定された賠償額が債権者に生じた損害に比して過大であるときには、その額を合理的な額まで減額することができる。
〈3〉 賠償額の予定は、履行の請求または解除権の行使を妨げない。
〈4〉 違約金は、賠償額の予定と推定する。
〈5〉 当事者が金銭でないものを損害の賠償に充てるべき旨を予定した場合にも同様の処理をする。

Q3-9 解除

契約の解除は、どのような場合に認められるのでしょうか？

A 当事者間で契約によって留保された解除権が認められる場合や、債務不履行等法律の規定により解除権が発生する場合に認められます。

解説

1. 解除とは

　解除とは、契約が有効に締結されたあとに、その一方の当事者の意思表示によって契約関係を遡及的に解消し、いまだ履行されていない債務は履行する必要がないものとし、すでに履行されたものがあるときには互いに返還することとして、法律関係を清算する制度をいいます。

　解除は、解除権が認められる場合に、相手方に対する解除の意思表示を行うことにより、なされることになります。

　解除権の発生原因は、当事者が契約により解除権を留保＊する「約定解除権」と、法律の規定による「法定解除権」に分類できます。

　法定解除権には様々なものがありますが、その基本となるのが債務不履行による解除権の発生であり、売り主の担保責任の規定など、債務者に過失がなくとも解除が認められている場合もあります。

＊留保：とっておくこと、残しておくこと。

2. 債務不履行による解除

債務不履行には、履行遅滞、履行不能、不完全履行の３つの場合があります（Q３-４）。

(1) 履行遅滞による解除

履行遅滞による解除が認められるためには、次の要件を満たす必要があります（541条）。

> ① 債務者の責めに帰すべき事由による履行遅滞があること
> ② 債権者が相当の期間を定めて催告すること
> ③ 債務者が催告期間内に履行しないこと

以下、順に説明していきます。

① 債務者の責めに帰すべき事由による履行遅滞があること

履行遅滞となるためには、履行の可能なこと、履行期を徒過したこと、債務者の責めに帰すべき事由によること、履行しないことが違法であること、が必要になります。

ここで問題となるのは、債務者の同時履行の抗弁権（Q３-11）への対応です。債務者が同時履行の抗弁権を有するときには、債権者は自己の負担するほうの債務について履行の提供をしなければ、債務者を遅滞とすることができません。

例えば、自動車の売買契約がなされた場合、買い主は目的物引渡請求権を有し、売り主は代金支払請求権を有することになります。双方の履行期が到来している場合、売り主が自動車を提供することなく一方的に代金の支払いを求めても、買い主は同時履行の抗弁権を有し、履行しないことも正当化されることから、買い主は履行遅滞にはなりません。

具体的にどの程度の提供が必要かについては、判例が以下のような基準を定立してきました。

・確定期限のある債務…債権者がその期限に提供すれば、債権者がその後の催告にあたり提供をすることは必要とされません。

・期限の定めのない債務…債権者は催告と同時に提供すれば足ります。

次に、債務者が履行遅滞にあることは、解除権発生の要件であって催告の要件ではないので、付遅滞＊のための催告と解除権発生のための催告を二重にする必要はなく、一度で足りることになります。

② 債権者が相当の期間を定めて催告すること

債権者は、履行すべき債務を特定し、相当の期間を定めて履行を催告しなければなりません。相当の期間がどれくらいかは、債務の内容により異なることになりますが、債務者はすでに履行遅滞の段階にあることから、すでに履行の準備を終えた債務者が履行をなすに必要な期間であると解されています。

また、仮に定めた催告期間が相当でなかったとしても、そのことにより遅滞にある債務者を利するべきではないことから、客観的に相当の期間が経過すれば、解除権は発生するものとされます。

③ 債務者が催告期間内に履行しないこと

解除権が発生しても、債権者が解除の意思表示をする前に、債務者が本来の給付に遅滞による損害を加えたものを提供したときは、解除権は消滅します。

（履行遅滞等による解除権）
第541条　当事者の一方がその債務を履行しない場合において、相手方が相当の期間を定めてその履行の催告をし、その期間内に履行がないときは、相手方は、契約の解除をすることができる。

(2) 履行不能による解除

履行不能による解除が認められるためには、次の要件を満たすことが必要です（543条）。

① 履行期に履行が不能であること
② 債務者の責めに帰すべき事由によること

＊付遅滞：相手方を履行遅滞にすること。

履行が不能か否かは、取引通念により決せられます。履行遅滞の場合と異なり、履行不能による解除の場合は、催告は不要です。

そもそも履行遅滞の場合に催告が要求されるのは、催告により債務者が翻意して履行することを期待してのことであり、履行不能の場合には、催告を要求する意味がないからです。

（履行不能による解除権）
第543条　履行の全部又は一部が不能となったときは、債権者は、契約の解除をすることができる。ただし、その債務の不履行が債務者の責めに帰することができない事由によるものであるときは、この限りでない。

---

(3) 不完全履行による解除

不完全履行による解除は、明文の規定はなく、以上（1）（2）の2つの場合に準じて考えることになります。

すなわち、不完全履行で追完がなし得ない場合は、履行不能に準じ、解除において催告をすることは不要とされます。追完をなし得る場合には、履行遅滞に準じ、解除には催告を要することになります。

改正試案を読む

現行法では、解除は債務不履行の一効果として、損害賠償請求権と同様、債務者の帰責事由（すなわち故意または過失）を要件としています。これは、解除を、債務不履行を犯した債務者に対し「不履行の責任を追及する手段」として捉えていることによるものです。

これに対し、改正試案では、解除は債務不履行が生じた状況下で「債権者を契約の拘束力から離脱させるための制度」であると捉えており、責任追及のための手段でない以上は、解除の要件として帰責事由を要求すべきではないとの発想に立っています。

この観点からは、解除は、「債務不履行があったときに、債権者がどこまで契約に拘束され続けるのが正当か？」という観点から再構成されるべきであり、

解除要件を「重大な不履行」という点に求めています。
具体的には、「重大な不履行」として解除が認められるのは、次の場合です（3.1.1.77）。

> ①　契約当事者の一方の契約上の義務違反によって、相手方が「契約に対する正当な期待」を失った場合
> ②　契約の性質または当事者の意思表示により、特定の日時または一定の期間内に契約上の義務を履行しなければ契約をした目的を達することができない場合において、当事者の一方が当該義務の履行をしないでその時期を経過したとき
> ③　契約当事者の一方に契約上の義務違反がある場合において、相手方が相当の期間を定めて債務の履行を催告したが、催告に応じないとき

①は、相手方である当事者が契約違反行為を行い、もはや契約が実現されるとは期待しがたい状態になったような場合です。

②は、例えば、祭りで配るためのうちわを発注したところ、履行がなされずに祭りの日が過ぎてしまったような場合がこれに当たります。

③は、現行法における履行遅滞による解除と同様の手続きを経た場合になります。

また改正試案は、事業者間で結ばれた契約においては、契約からの迅速な離脱の機会を保障する観点から、債務不履行の相手方が相当の期間を定めて催告し、その期間内に履行がないときは、重大な不履行と推定する旨の規定を置いています。

「重大な不履行」への一元化を図る改正試案の姿勢は、内容がシンプルであるだけに、具体的にはいかなる場合がこれに当たるかの判断が難しくなる場合も多くなると考えられます。今回の改正の理由の１つである「判例に過度に頼ることによる規範の不明確性への対処」という観点からは、疑問があるところです。

Q3-10

危険負担【事例】

中古住宅の売買契約を締結し、購入したのですが、登記・引渡しを受ける前に、第三者による放火で全焼してしまいました。
こちらとしては、落ち度があるわけでもなく、基本的に代金の支払いをするつもりはないのですが、法的にもそれで大丈夫でしょうか？

A 債務者の帰責事由に基づき、履行がなし得なくなった債務は消滅します。あとは危険負担の問題として、他方の債務が存続するか否かが場面に応じて規定されており、これにより当事者間の利害の調整が図られることになります。

中古住宅の売買の場合は、534条1項で「債権者主義」が規定されており、反対債権*である売買代金債権は存続するものとされています。したがって、代金は原則として支払わなければならないことになります。

解説

1. 危険負担制度

危険負担とは、「双務契約*における一方の債務が、債務者の責めに帰すべき事由によらずに不能となった場合、他方の債務も消滅するか否か？」という問題です。

---

*反対債権：売買など双務契約においては、契約当事者が相互に対価関係に立つ債務を負うことになるが、一方当事者から見て、その相手方の債権を反対債権という。

ここで、「債務者の責めに帰すべき事由」とは、債務者の故意過失*または信義則上これと同視し得べき事由をいいます。「信義則上これと同視し得べき事由」の代表としては、履行補助者の故意過失が挙げられます。

　なお、債務者の履行遅滞が生じたあとに、不可抗力により履行不能となった場合でも、なおその不能は「債務者の責めに帰すべき事由」によるものと解され、危険負担の問題ではなく、債務不履行の問題として処理されます。

　債務が当事者の責めに帰すべき事由により不能となった場合は、債務不履行の一場合として、債務者に損害賠償義務を認め、解除権（Q3-9）の発生が認められて事後処理がなされます。

　例えば、自己の家を売却した売り主が、誤って火災を起こしてしまい、家が全焼してしまった場合には、買い主は損害賠償請求権を取得するとともに、契約目的が達成し得ないことから、契約を解除することもできます。

　これに対し、債務者の責めに帰すべき事由によらずに債務が履行不能となった場合は、法は不可能なことを強いるわけにはいかないことから、当該債務は消滅するものとされています。

　問題は、他方の債務もこれにより消滅するか否かです。

　「他方の債務もともに消滅する」とすれば、最初に履行不能となった債務の債務者が不能による負担を負うことになるので、これを「債務者主義」といいます。一方、「他方の債務は存続する」とすることを「債権者主義」と呼んでいます。

　例えば、売買契約において、売り主の目的物引渡義務が目的物の滅失により債務者の故意過失なく不能となった場合、債務者主義によれば買い主は代金債務を免れることになり、債権者主義によればなお代金の支払いをしなければならないことになります。

---

*双務契約：契約の当事者双方が債務を負い、それが相互に対価関係に立つ契約をいう。売買、賃貸借、請負などがこれに当たる。
*故意過失：故意は「わざと」、過失は「不注意」をいう。

○債権者主義（債権Bは残る）と債務者主義（債権Bも消滅する）

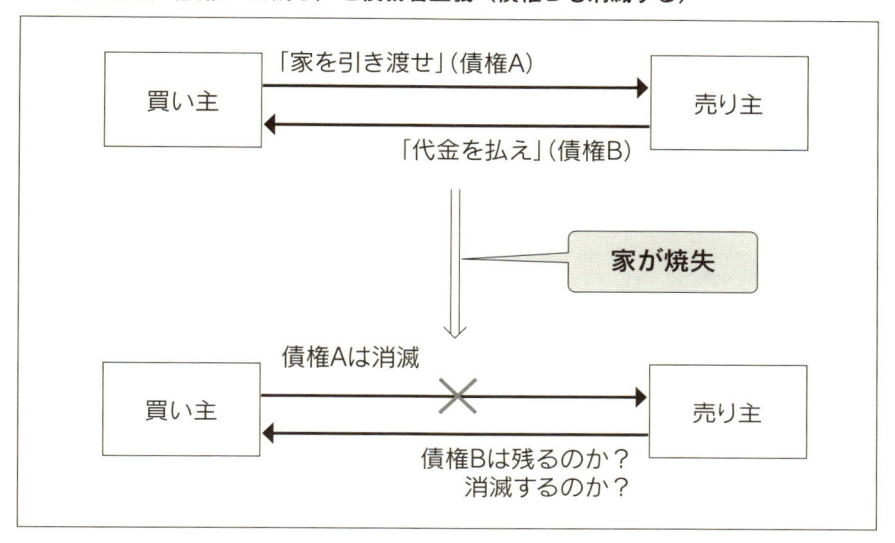

```
買い主  ──「家を引き渡せ」（債権A）──→  売り主
       ←──「代金を払え」（債権B）──

                家が焼失
                  ↓

         債権Aは消滅
買い主  ──────×──────→  売り主
       ←── 債権Bは残るのか？
            消滅するのか？
```

　民法の規定上は、原則として債務者主義がとられます（536条1項）。ただし、特定物に関する物権の設定または移転を目的とする契約の場合（534条1項）、債権者の責めに帰すべき事由により履行不能となった場合（536条2項）には債権者主義が採用され、広範に債権者主義が採用される結果となっています。

（債務者の危険負担等）
第536条　前二条に規定する場合を除き、当事者双方の責めに帰することができない事由によって債務を履行することができなくなったときは、債務者は、反対給付を受ける権利を有しない。
2　債権者の責めに帰すべき事由によって債務を履行することができなくなったときは、債務者は、反対給付を受ける権利を失わない。この場合において、自己の債務を免れたことによって利益を得たときは、これを債権者に償還しなければならない。

　双務契約の双方の債務は相互に対価関係にあることから、一方の債務が消滅すれば他方の債務も消滅するとすることが公平であり、理論的には債務者主義

が妥当であると考えられます。そこで学説上は、534条の債権者主義の規定につき、その適用範囲を限定しようとの試みもなされてきました。

2. 債権者主義

特定物＊に関する物権の設定または移転を目的とする場合には、債権者主義が採用されています（534条1項）。

（債権者の危険負担）
第534条 特定物に関する物権の設定又は移転を双務契約の目的とした場合において、その物が債務者の責めに帰することができない事由によって滅失し、又は損傷したときは、その滅失又は損傷は、債権者の負担に帰する。
2　不特定物に関する契約については、第401条第2項の規定によりその物が確定した時から、前項の規定を適用する。

学説上は、債務者主義が妥当であるとして、534条1項の適用範囲につき、目的物の引渡し、登記のいずれかがなされるか、または所有権の移転そのほか物権変動が生じた場合にのみ534条1項が適用されるなど、限定的に解そうとの試みがなされてきました。しかし、判例はとくに534条1項の適用範囲を限定せず、広く債権者主義の適用を認めています。

なお、不特定物債務については、原則として履行不能は生じませんが、特定＊（401条2項）が生じたあとなど、履行不能となる場合もあり、それが債務者の責めに帰すべき事由によらない場合には、やはり危険負担が問題となります。

（種類債権）
第401条 債権の目的物を種類のみで指定した場合において、法律行為の性質又は当事者の意思によってその品質を定めることができないときは、債務者は、中等

＊特定物：当事者が物の個性に着目している場合を、特定物という。例えば、中古車売買における目的物たる中古車は通常、特定物である。
＊特定：不特定物債務においては、債務者の責任が不当に重くなるおそれがあることから、債務者が、給付に必要な行為を完了したときには、以後その物だけが契約目的物となると考えて良いとされている。これを特定という。

> の品質を有する物を給付しなければならない。
> 2　前項の場合において、債務者が物の給付をするのに必要な行為を完了し、又は債権者の同意を得てその給付すべき物を指定したときは、以後その物を債権の目的物とする。

　このような不特定物に関する債務の場合は、特定を生じたあとに履行不能となった場合には534条1項の債権者主義が適用されることとされています。

　特殊な例としては、他人物売買の例があります。この場合は、買い主が所有権を取得し得るか否かが未確定であることから、引渡しや代金支払いがあったとしても、債権者主義は適用されず、原則に戻って536条1項が適用されます。

　債権者主義がとられる場合には、債権者は反対給付の全部を履行する義務を免れないことになります。ただ、債務者が債務を免れたことにより利益を得たときには、公平の観点から、これを債権者に償還すべきであるとされています。

3.　債務者主義

　条文上は、これが原則とされています。534条1項が適用される場合以外であって、当事者双方の責めに帰すべき事由により履行不能となった場合には、債務者主義がとられています（536条1項）。

　ちなみに、債権者の責めに帰すべき事由により履行不能となった場合には、4の債権者主義の規定によることになります。

　前述の通り、不特定物債権の特定前の不能の場合にも、この条文による処理がなされます。

　債務者主義によるときは、債権者は反対給付の全部を履行する義務を免れることになります。

4.　債権者の責めに帰すべき事由による履行不能

　債務者の責めに帰すべき事由によらずに債務が履行不能となった場合のうち、債権者の責めに帰すべき事由により履行不能が生じたという場合には、債務者がその危険を負担するというのは公平に反することから、債権者主義がと

られています（536条2項）。債権者の受領遅滞中に履行不能となった場合には、534条1項が適用される場合でない限り、536条2項により債権者主義がとられることになります。

例えば、債務者が弁済期に債権者のもとに目的物を持参したにもかかわらず、債権者が受領を拒否したために、債務者がこれを持ち帰って保管していたところ、落雷で目的物が焼失してしまったという場合、債権者主義により代金債権は存続することになります。

この場合、債務者は反対給付の全額を請求をする権利を失わないとされます。もっとも、債務者が自己の債務を免れたことによって何らかの利益を得た場合には、債務者がこれを取得するとかえって利得する結果となり、公平に反することから、債務者は債権者にこれを償還しなければならないとされています（536条2項ただし書）。

改正試案を読む

危険負担の制度は、「契約の拘束力からの解放」を扱う制度という点では解除と同様であり、このような同一の目的に出た制度を、要件効果を異にするまま存置するとすれば、適用面で矛盾を来すおそれがあります。

そこで、改正試案では、解除制度を再構成することで、危険負担制度を廃止することとしています。

【3.1.1.85】（危険負担制度の廃止）
現民法第534条・535条・536条第1項は廃止する。

具体的には、履行不能の場合、債権者は重大な不履行が生じた場合には契約を解除することにより、反対債務から解放されることになります。

ただし、
① 履行不能が債権者の義務違反により生じた場合
② 受領遅滞後に、債務者の義務違反によらない履行不能が生じた場合
には、債権者が解除できないこととしています。

これによると、解除できる場合には債務者主義を、解除できない場合には債権者主義を採用したのと同様の結果となります。

　危険負担という制度は、実務上はほとんど問題とされていないところであり、また、危険負担という考え方によれば、目的物が二重譲渡された場合などの処理に困難な問題が生じ得ることが指摘されており、この点を根本的に改められることは有意義な改正であると見ることができます。

Q3-11 同時履行の抗弁権

契約の相手方の信用状態に重大な疑義が生じている場合でも、本来の履行期にこちらの債務の履行をしなければならないのでしょうか？

A 解釈上認められる「不安の抗弁権」を主張して、履行を拒むことができます。

解説

1. 同時履行の抗弁権とは

同時履行の抗弁権とは、双務契約における双方の債務につき、履行上の牽連関係*を認めようとする制度をいいます。売買契約に代表される双務契約においては、双方の債務が相互に対価関係にあることから、同時にこれらを履行させることが公平といえます。

そこで、一方当事者から履行請求がなされた場合に、他方当事者が一方的に履行するのを拒否し、同時に履行すべきことを主張することができることにしたのです（533条）。

> （同時履行の抗弁）
> 第533条　双務契約の当事者の一方は、相手方がその債務の履行を提供するまでは、自己の債務の履行を拒むことができる。ただし、相手方の債務が弁済期にないときは、この限りでない。

---

*牽連関係：つながりのこと。

○同時履行の抗弁権のイメージ（家を売買した場合の例）

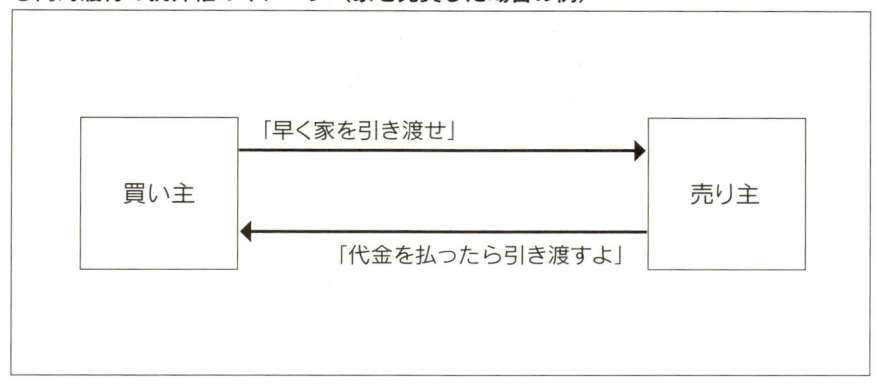

```
┌─────────────────────────────────────────────┐
│                                             │
│              「早く家を引き渡せ」              │
│   ┌─────┐  ──────────────────→  ┌─────┐    │
│   │買い主│                       │売り主│    │
│   └─────┘  ←──────────────────  └─────┘    │
│            「代金を払ったら引き渡すよ」         │
│                                             │
└─────────────────────────────────────────────┘
```

　同じように当事者間の公平の観点から規定された制度に、物と債権の牽連性が認められる場合に、債務の履行がなされるまで当該物を留置できるという留置権（295条（Q3-4））がありますが、「留置権は物権であり、債権と目的物の価値的な公平までは考慮されていない」などの理由により、いくつかの違いが生じます。

　同時履行の抗弁権は、双務契約の相手方以外の第三者には主張し得ませんが、留置権は対抗することができますし、留置権では認められている「代担保」を提供することによる消滅請求の制度（301条）が、同時履行の抗弁権にはありません。

> （担保の供与による留置権の消滅）
> 第301条　債務者は、相当の担保を供して、留置権の消滅を請求することができる。

　両者は双務契約関係において、同時にその要件を満たすことも多いのですが、判例は、このような場合に「当事者はいずれも主張し得る」としています。つまり、同時履行の抗弁権を主張することも、留置権を主張することも、双方を主張することもできるということになります。

　同時履行の抗弁権は、双務契約上の双方の債務について明文で規定されていますが、同様に、同時に履行させたほうが公平といえる場合は多々存在します。

そこで、これ以外にも明文の規定で同時履行関係が規定されているものもあります。

例えば、解除による原状回復義務（546条）、売主の担保責任（571条）、請負人の瑕疵修補義務（634条2項）、負担付贈与（553条）、仮登記担保における清算金の支払いと目的不動産の移転登記引渡し義務（仮登記担保法3条）などがあります。

また、解釈上「同時履行関係にある」と判例が認めているものとして、契約が無効であったり取り消された場合の当事者間の返還義務、弁済と受取証書の交付、建物買取請求権が行使された場合の建物引渡し・移転登記義務と代金支払い義務、造作買取請求権が行使された場合の造作引渡し義務と代金支払い義務があります。

2. 同時履行の抗弁権の要件

次の3つの要件を満たすことが必要になります。

① 同一の双務契約から生ずる両債権の存すること
② 相手方の債務が弁済期にあること
③ 相手方が自己の債務の履行またはその提供をしないで履行を請求すること

以下、順に説明しましょう。
① 同一の双務契約から生ずる両債権の存すること

一方の債権が譲渡されたり、債務引受けの対象となった場合も、債権としての同一性は維持される以上、同時履行の抗弁権は消滅しません。債務が準消費貸借の対象となった場合については、争いはありますが、判例は同時履行の抗弁権が失われないとしています。
② 相手方の債務が弁済期にあること

相手方の債務が弁済期にないにもかかわらず同時履行の抗弁権が主張できるとしたのでは、相手方は弁済期前の履行を強制される結果になってしまいます。そこで、533条ただし書で、相手方の債務が弁済期にあることが要件とされて

います。

　したがって、自らが先履行義務を負う者は、原則として同時履行の抗弁権を主張することができません。しかし、「先履行義務を負うものであっても、自らが履行しないでいる間に相手方の債務の弁済期が到来した場合には、なお同時履行させることが公平である」という同時履行の抗弁権の趣旨が当てはまることから、同時履行の抗弁権が原則として主張できるとされています。

　例えば、売買契約で、売り主が先に目的物を引き渡すべき義務を負い、その1週間後に代金が支払われる契約であった場合、売り主は買い主からの請求に対して、当初は同時履行の抗弁権を主張することができませんが、1週間履行せずにねばって、買い主の債務の履行期も到来した場合、同時履行の抗弁権が主張できるようになります。

③　相手方が自己の債務の履行またはその提供をしないで履行を請求すること
　この点に関して問題となるのが、「相手方が不完全な履行をなしてきた場合に、いかなる範囲で同時履行の抗弁権を主張することができるか？」という点です。

　相手方から請求された債務が可分のものあれば、原則として不完全な部分に相当するだけの範囲で履行を拒むことができますが、不完全な部分が僅少であれば、抗弁権の主張はできず、不完全な部分が重要な部分であれば、全部について同時履行の抗弁権が主張できるとされています。

　一方の当事者が適法な弁済の提供をした場合であっても、その相手方の同時履行の抗弁権が当然に消滅するわけではありません。

　この場合、相手方がそのあと本来の給付を請求する場合には、同時履行の抗弁権を否定するには、相手方の履行の提供が継続されることが必要であり、相手方が契約を解除する場合であれば、相手方は履行の提供を継続する必要はありません。

　契約を解除する場合であれば、債務はこれにより消滅することになり、相手方にとって他方の者の債務の履行がなされるかは大きな問題ではなくなりますが、単純請求をする場合には、なお同時に履行させることが公平という関係が

存続するからです。

3. 同時履行の抗弁権の効果

同時履行の抗弁権が認められれば、相手方が履行の提供をするまで自己の債務の履行を拒絶することができます。訴訟において同時履行の抗弁権が援用された場合には、裁判所は、原告の給付と引換えに給付すべき旨を命ずる判決をなすべきとされています。

また、同時履行の抗弁権を有する者は履行遅滞の責任は負いません。同時履行の抗弁権を有する場合には、履行しないことが正当化されるわけですから、履行遅滞の要件である「履行しないことが違法であること」という要件を満たさないからです。

4. 不安の抗弁権

「不安の抗弁権」とは、明文の規定はないものの、解釈上認められている考え方です。

「先履行義務のある者であっても、契約締結後に相手方の財産状態が甚だしく悪化して先履行を強いることが信義則に反する場合には、相手方が担保を提供するか、そのほか履行が確実に行われることについて何らかの保証を与えない限り、履行を拒むことができる」という考え方です。

先履行義務を負う契約当事者は、先に自らの履行を行い、後に相手方からの給付を受けるべき立場にありますが、相手方の資力が著しく悪化していて、自己が履行しても相手方からの履行は期待できないといった場合、それでもなお先に履行せよ、というのは酷な場合があります。そこで、明文の規定はないものの、先履行義務の履行を拒むことを「不安の抗弁」という形で認めようとするものです。

先履行義務を負っている以上、前述の通り、原則として同時履行の抗弁権の主張はできないのですが、それでは相手方の財産状態が著しく悪化したような場合には、一方的に履行しなければならない可能性の高い状況の中で履行を強

いられることになり、信義則に反する結果となります。

そこで、なお不安の抗弁権を主張することができ、履行を拒絶できるとするのです。

改正試案を読む

同時履行の抗弁権については、基本的に現行法と変わりありません。

> 【3.1.1.54】（履行請求と同時履行の抗弁権）
> 双務契約において、債権者が債務者に対して債務の履行を請求したとき、債務者は、債権者が反対債務の履行を提供するまで、自己の債務の履行を拒むことができる。ただし、反対債務が履行期にない場合は、この限りでない。

ただ、不安の抗弁権については条文化され、

① 債権者の信用不安にともなう資力不足その他両当事者の予期することができなかった事情が契約締結後に生じたために、反対債務の履行を受けることができなくなる具体的な危険が生じた場合

② 債権者の信用不安にともなう資力不足そのほか両当事者の予期することができなかった事情が契約締結時にすでに生じていたが、債務者がこのことを合理的な理由により知ることができなかった場合

には、債務者が自己の債務の履行を拒むことができるとされています。

> 【3.1.1.55】（履行請求と不安の抗弁権）
> 〈1〉双務契約において、債権者が債務者に対して債務の履行を請求したとき、債務者は、債権者の信用不安に伴う資力不足その他両当事者の予期することができなかった事情が契約締結後に生じたために反対債務の履行を受けることができなくなる具体的な危険が生じたことを理由に、自己の債務の履行を拒むことができる。ただし、債権者が弁済の提供をした場合または相当の担保を提供した場合は、この限りでない。
> 〈2〉〈1〉に掲げた事情が契約締結時に既に生じていたが、債務者がこのことを合理的な理由により知ることができなかった場合も、〈1〉と同様とする。

Q3-12

受領遅滞【事例】

知人に中古の機械を売却し、定められた期日に持っていったところ、置くスペースがないとして受領を拒否されました。仕方なく持ち帰って倉庫に保管していましたが、火事により機械が焼失してしまいました。
この場合、私は何か責任を負わなければならないのでしょうか？

A 受領遅滞として、債務者（この場合、質問者）の注意義務の軽減、債権者（同じく、知人）への危険＊の移転等の効果が生じるので、受領遅滞後は重過失がなければ責任を負わないものとされています。

したがって、火災の発生につき質問者の重過失がなければ、債務不履行責任は負いません。危険負担の問題としては、危険が債権者に移るため、売買代金の支払いは受けられることになります。

解説

1. 受領遅滞とは

債務者が、その負う債務に違反した場合が債務不履行（Q3-4）ですが、債権者が、債務者から履行の提供があったにもかかわらず、受領を拒絶した、または受領ができなかったという場合を「受領遅滞」といいます（413条）。

＊危険：目的物が焼失したなどによる損失を負うことをいう。

> （受領遅滞）
> 第413条　債権者が債務の履行を受けることを拒み、又は受けることができないときは、その債権者は、履行の提供があった時から遅滞の責任を負う。

2. 受領遅滞の法的性質

　この受領遅滞については、条文上は、「その債権者は、履行の提供があったときから遅滞の責任を負う」と抽象的な規定しかないことから、その法的性質をどう見るのか、それにともない、受領遅滞の要件効果をどう見るのかについて争いがあります。

　判例および通説は、「債権者は権利を有する者であり、権利は権利であって義務ではなく、債権者に受領義務は認められない」として、受領遅滞は法が特別に規定した「法定責任」であるとします。

　これに対し有力説は、「信義則上、債権者にも受領義務はある」とし、受領遅滞はその義務の不履行であって、受領遅滞の責任は一種の「債務不履行責任」であるとしています。いずれの見解をとるかにより、受領遅滞の要件も異なってきます。

(1) 法定責任説

　法定責任説は、受領遅滞の要件は法に定められている通り、

① 債務者の弁済の提供があること

② 債権者の受領拒絶または受領不能

のみとしています。

　この見解によると、受領遅滞とは結局、履行の提供と同様の状況であるということになり、これを債務者の側から規定したのが履行の提供、債権者の側から規定したのが受領遅滞ということになります。

　この立場からは、受領遅滞と履行の提供の共通の効果として、

① 債務者の注意義務が軽減され、債務者は以後重過失についてのみ責任を負う

② 受領遅滞後の不能については債権者に危険が移転する
③ 増加費用が債権者の負担となる
④ 債務不履行を理由とする損害賠償、遅延利息、違約金の請求を受けず、担保を実行されない
⑤ 約定利息の発生を止める
⑥ 供託できる
⑦ 同時履行の抗弁権が喪失される
⑧ 果実収取義務*の免除

といった点が認められるとしています。

(2) 債務不履行責任説

これに対し、債務不履行責任説からは、要件としては、債務不履行の性質を持つ以上、

① 債務者の弁済の提供があること
② 債権者の受領拒絶または受領不能であること

だけでなく、

③ 受領拒絶・受領不能が債権者の責めに帰すべき事由に基づくこと

が必要とされます。

そして、この③の要件の要否の関係で、受領遅滞と履行の提供とは異なるとします。債権者の帰責事由がなくとも履行の提供は認められるが、帰責事由があれば受領遅滞になる、とするのです。

当然、この立場からは「受領遅滞の効果」と「履行の提供の効果」も区別されるということになり、上記(1)の各種効果のうち、受領遅滞の効果といえるのは、

① 債務者の注意義務が軽減され、債務者は以後重過失についてのみ責任を負う
② 受領遅滞後の不能については債権者に危険が移転する

---

*果実収取義務：目的物が果実（Q3-14）を生じた場合に、これを収取するべき義務。

③　増加費用が債権者の負担となる

のみであって、それ以外は弁済の提供の効果にすぎないとされています。

　すなわち、債務者が履行の提供を行い、債権者がその受領を拒否すれば、履行の提供の効果として、「約定利息の発生を止める」「供託できる」等の効果は発生するが、これはあくまでも履行の提供の効果であり、さらに受領拒否が債権者の故意過失に基づくときには、受領遅滞によるさらに強力な効果として、「注意義務の軽減」「危険の移転」等の効果が認められるということになります。

　さらに、受領遅滞が債務不履行の性質を持つことから、債務不履行の一般的な効果として、債権者の損害賠償責任、債務者の契約解除権が認められるとしています。

　ただ、受領を拒絶等された債務者が、まったく損害賠償責任の追及がなし得ないとすると、あまりにも債務者に酷な場合も生じ得ます。

　そこで、判例は、基本的に法定責任説の立場をとりつつも、一定の場合には信義則等を根拠に債権者に受領義務を認める可能性を示し、具体的妥当性を図ろうとしているものと思われます。

改正試案を読む

　改正試案では、基本的に受領遅滞の効果といわれているところを踏襲しつつ、さらに規定を整備しようとしています。

　まず、受領遅滞の効果と認められているところに対応するものとして、

①　受領遅滞の場合における増加費用の債権者負担の準則を置く

②　物の給付を内容とする債務につき、受領遅滞の場合において債務者の保管義務を軽減する

③　受領遅滞後に生じた履行の不可能・期待不可能で、履行の不可能・期待不可能につき債務者に義務違反がない場合には、債権者は契約を解除できない

としています。

　さらに、受領遅滞による債務者の履行停止権を新設し、受領遅滞をした債権

者は債務者からの反対給付の履行請求を拒絶できない旨の規定を新設するとしています。

【3.1.1.87】（受領遅滞・受領拒絶）
〈1〉債務者が債務の履行を提供したにもかかわらず、債権者がこれを受領しない場合、または債権者の受領拒絶の意思が明確な場合には、債務者は、債権者が受領のために必要な準備を整えた上でこの旨を債務者に対し通知するまでの間、自己の債務の履行を停止することができる。
〈2〉〈1〉の場合において、債権者が履行を受領しないことにより増加した費用は、債権者が負担する。
〈3〉物の給付を内容とする債務にあっては、〈1〉の場合において、債務者の保管義務が軽減される。
〈4〉契約にあっては、〈1〉の場合において、その後に、債務者が契約上の義務を尽くして行動したにもかかわらず、履行が不可能となるか、または履行をすることが契約の趣旨に照らして債務者に合理的に期待できなくなったとき、債権者は、契約を解除することができない。
〈5〉双務契約にあっては、〈1〉の場合において、債権者は、債務者からの反対債務の履行請求を拒むことができない。

また、合意や債権者の誠実行為義務（協力義務）の一内容として、個別具体的な契約において受領義務が生じることがあることを認め、「債権者が受領義務その他誠実行為義務に違反したときには、このことを理由に損害賠償請求権および契約解除権が債務者に与えられる」としています。

【3.1.1.88】（債権者の義務違反を理由とする損害賠償と解除）
債権者が受領義務その他信義に従い誠実に行動する義務を負う場合において、債権者がこの義務に違反したとき、債務者は、債務不履行に関する規律に従い、債権者に対して損害賠償を請求することができ、また、債務を発生させた契約を解除することができる。

そして、契約において債権者が受領することが合意されている場合には、受領強制ができるとのルールを定めることとしています。

【3.1.1.89】（受領強制）
　契約において債権者が履行を受領することを合意していたとき、債務者は、債権者に対して、受領を強制することができる。

Q3-13

贈与契約における権利関係

贈与契約における当事者の権利義務関係には、どのような特徴があるのでしょうか？

A 贈与契約が無償の契約であり、通常、当事者間の好意等により恩恵的になされるものであることを考慮する必要があります。

解説

1. 贈与契約の意義

贈与契約とは、当事者の一方が相手方に無償で財産を与える契約をいいます（549条）。

> （贈与）
> 第549条　贈与は、当事者の一方が自己の財産を無償で相手方に与える意思を表示し、相手方が受諾をすることによって、その効力を生ずる。

贈与契約は、売買契約等と異なり、無償契約等という特徴を持つことから、この点をふまえた解釈を行う必要があります。

まず、贈与は無償であって、贈与者の受贈者に対する好意・感謝等の観念に支えられていることを考慮する必要があります。その契約内容を決めるに際して、主導的な役割を果たすのが贈与者であることにも留意する必要があります。

また、無償契約という特徴から、贈与者が負う義務について類型的に、有償契約よりも、軽減すべきであるということもいえます。

民法の贈与に関する各種の規定を理解するにおいても、このような点の配慮が必要です。

2. 贈与の効力

贈与者は、契約によって負担した債務を履行しなければならず、目的物の引渡し・対抗要件の具備等を行う義務を負います。特定物の贈与者の場合は、善管注意義務＊も負うことになります（400条）。

> （特定物の引渡しの場合の注意義務）
> 第400条　債権の目的が特定物の引渡しであるときは、債務者は、その引渡しをするまで、善良な管理者の注意をもって、その物を保存しなければならない。

贈与のうち、書面によらない贈与については、往々にして不明確な意思に基づくものであり、強い拘束力を認めるべきではないことから、各当事者が撤回できるとされています。ただし、履行の終わった部分については、もはや不明確な意思に基づいてなされたとはいいがたいことから、撤回はできなくなります（550条）。

> （書面によらない贈与の撤回）
> 第550条　書面によらない贈与は、各当事者が撤回することができる。ただし、履行の終わった部分については、この限りでない。

ここでいう書面とは、上記の趣旨に照らし贈与したときの出捐（しゅつえん）意思が書面に表示されたものであれば良く、契約と同時でなく、後日作成したものであっても良いことになります。履行の終わった部分については、撤回ができないことから、「履行が終わった」も意味が問題となります。

当事者の意思が明確といえるためには、動産であれば引渡しがあれば良く、

＊善管注意義務：委任を受けた人が、職業、地位、能力等において、社会通念上、要求される注意義務をいう。これと対になるのが自己の財産におけると同一の注意義務であり、善管注意義務はよりハイレベルの義務をいう。

不動産であれば、引渡しまたは登記のいずれかがあれば良いと解されます。

次に、贈与者の担保責任の問題があります。

原則として贈与者は目的たる物または権利に関し、欠陥があっても、責任は負いません。これは贈与契約が無償契約であることによります。ただ、例外的に贈与者が瑕疵または不存在を知りながら、これを受贈者に知らせなかったときは、担保責任を負うことになります（551条）。

（贈与者の担保責任）
第551条 贈与者は、贈与の目的である物又は権利の瑕疵又は不存在について、その責任を負わない。ただし、贈与者がその瑕疵又は不存在を知りながら受贈者に告げなかったときは、この限りでない。
2 　負担付贈与については、贈与者は、その負担の限度において、売主と同じく担保の責任を負う。

---

3. 特殊の贈与

民法は、このほか特殊な贈与に関していくつかの規定を置いています。

まず「負担付贈与」、すなわち「受贈者に一定の給付をなす債務を負担させる贈与契約」があります。負担付贈与であっても、無償契約であるという点では変わりませんが、負担が存する範囲では、その特殊性を考慮すべきです。

したがって、負担付贈与においては、贈与者はその負担の限度で、売り主と同じ担保責任を負うとされています。また、その性質に反しない限り、双務契約に関する規定、例えば、同時履行の抗弁権（Ｑ３-11）、危険負担（Ｑ３-10）といった規定が準用されます（553条）。

（負担付贈与）
第553条 負担付贈与については、この節に定めるもののほか、その性質に反しない限り、双務契約に関する規定を準用する。

次に「死因贈与」です。死因贈与とは、「贈与者の死亡によって、効力が生ずる贈与契約」をいいます(554条)。死因贈与については、遺贈に関する規定(964

条）が準用されるとされており、遺言の効力、遺言の執行に関する規定等が準用されることは争いがありません。

> (死因贈与)
> **第554条** 贈与者の死亡によって効力を生ずる贈与については、その性質に反しない限り、遺贈に関する規定を準用する。

これに対し、遺言が単独行為*であることに基づく規定、例えば、遺言能力に関する規定、遺言の方式に関する規定等の準用は、ありません。

争いがあるのは、遺言の取消しに関する規定ですが、死因贈与においても、贈与者の最終意思を尊重すべきであることから、書面による贈与でも、履行が終わっていても、取消しし得るとすべきです。判例でも準用を肯定しています（最判昭47.5.25）。

📖 改正試案を読む

改正試案でも、贈与を無償の財産移転型契約として規定しています。贈与が好意等の観念に支えられていること、無償契約であること等の特性をふまえた規定が置かれている点は、現行法と同様です。

> **【3.2.3.01】**（贈与の定義）
> 　贈与は、当事者の一方が財産権を無償で相手方に移転する義務を負う契約である。

まず、書面によらない贈与ですが、贈与契約が書面でなされなかったときは、各当事者が贈与を解除することができ、履行の終わった部分についてはこの限りでない、という現行法と同様の規定を置いています。なお、ここでいう書面には、電子的記録は含まれないとされています。

---

*単独行為：1つの意思表示からなる法律行為をいう。これに対し、2つの意思表示の合致により成立する法律行為が契約である。

> 【3.2.3.03】（書面によらない贈与の解除）
> 〈1〉贈与契約が書面（電子的記録を除く。以下、本章の書面につき同じ。）でなされなかったときは、各当事者は贈与を解除することができる。ただし、履行の終わった部分については、この限りではない。
> 〈2〉負担付贈与契約が書面でなされなかった場合において、受贈者がすでに負担を履行したときは、各当事者は、履行の終わっていない部分についても、贈与を解除することができない。

　通常の贈与の場合であっても、贈与者に契約から解放される途を認めるべき場合があります。

　従来の解釈上、受贈者に重大な忘恩行為*があった場合には、受贈者に贈与による利益を保持させることは道義的に許されないといった観点から、贈与者からの解除を認めるべきである、との見解が唱えられてきました。

　改正試案では、このような議論を踏まえつつ、忘恩行為に対する制裁ではないことから、「背信行為を理由とする解除」という形で規定を整理しています（3.2.3.05）。

　具体的には、

① 受贈者が贈与者に対し、虐待、重大な侮辱その他の著しい非行を行ったとき

② 受贈者が、詐欺または強迫により書面によらない贈与の解除を妨げたとき

③ 贈与者に対し、現民法877条1項により、法律上の扶養義務を負う受贈者が、経済的に困窮する贈与者からの扶養請求を受けたが、扶養義務の履行を拒絶したとき

の3つが規定されています。

　この背信行為を理由とする解除権が認められる場合、当事者間の法律関係を長期にわたり不安定にすることは好ましくないことから、「解除は解除権を行

---

*忘恩行為：恩を受けておきながら、それに反するような非違行為を行うこと。

使し得るときから1年内に」しなければならず、また、「贈与の履行がなされてから10年を経過したあとは、履行の終わった部分についてすることはできない」とされています（3.2.3.06）。

また、贈与者の注意義務についてですが、「贈与者は、自己の財産に対するのと同一の注意をもって、目的物を保管する義務を負う」との明文の規定が設けられています（3.2.3.08）。これも、贈与契約が無償契約であることに基づくものです。

特殊な贈与については、負担付贈与につき、現行法に近い規定を置いた（3.2.3.14）ほか、死因贈与につき成立要件を明定するとともに、遺贈に関する規定のうち、いずれが死因贈与に準用されるかを明確にする規定を置いています（3.2.3.16～3.2.3.19）。

例えば、遺言能力に関する現行法961条は準用されず、遺贈者の死亡に関する現行法944条は準用され、遺言の撤回・取消しに関する規定等は準用されないと規定されています。

（財産分離の請求後の相続人による管理）
第944条　相続人は、単純承認をした後でも、財産分離の請求があったときは、以後、その固有財産におけるのと同一の注意をもって、相続財産の管理をしなければならない。ただし、家庭裁判所が相続財産の管理人を選任したときは、この限りでない。
2　第645条から第647条まで及び第650条第1項及び第2項の規定は、前項の場合について準用する。

（遺言能力）
第961条　15歳に達した者は、遺言をすることができる。

Q3-14

売買契約における売り主の義務と責任

売買契約において、売り主が負う義務、責任には多様なものがあると聞きました。どのようなものがあるのでしょうか？

A 通常の売り主が負う責任として、権利移転義務、登記移転義務、占有移転義務等があります。特殊な責任として、各種の担保責任の規定があります。

解説

1. 売り主の財産移転義務

売買契約における売り主は、「売買の目的である財産権を買い主に移転すべき義務」を負います。

具体的には、権利そのものを移転するほかに、目的物が不動産の場合には対抗要件たる登記を移転し、占有を移転するといった義務を負います。そのほか、目的物に関する証書があればそれを引き渡さなければなりませんし、代金の支払いを受けたあとは果実*の引渡し義務も負うことになります（575条）。

> （果実の帰属及び代金の利息の支払）
> 第575条　まだ引き渡されていない売買の目的物が果実を生じたときは、その果実は、売主に帰属する。
> 2　買主は、引渡しの日から、代金の利息を支払う義務を負う。ただし、代金の支

---

*果実：物をその用法に従って用いたときに生じる物をいう。例えば、牛と子牛、木と果実などがこれに当たる。果実を生じる側の物を元物（げんぶつ）という。

> 払について期限があるときは、その期限が到来するまでは、利息を支払うことを要しない。

　なお、目的物が他人の所有物であった場合も、民法は売買契約を有効とする立場を採用し、売り主はその権利を取得して買い主に移転すべき義務を負うとしています（560条）。

> （他人の権利の売買における売主の義務）
> 第560条　他人の権利を売買の目的としたときは、売主は、その権利を取得して買主に移転する義務を負う。

2. 売り主の担保責任

　このような通常生じる売り主の義務のほか、給付した目的物や権利に瑕疵がある場合については、各種の担保責任*が規定されています。

（1）目的物の権利の全部が他人に属する場合（561条）

　先ほど述べた通り、目的物が他人物の場合にも契約は有効ですが、売り主が目的物の権利を所有者から取得して買い主に移転することができない場合には、担保責任を負うとされています。

　要件は、次の通りです。

> ① 他人の権利の売買がなされたこと
> ② 他人の権利を買い主に移転することが不能であること

　移転することが不能といえるか否かは、社会通念により決することになります。他人物を引き渡したあとに、真の所有者から返還請求を受けた場合なども不能に当たります。

　以上の要件を満たすと、買い主は、善意*悪意*を問わず、契約の解除がで

＊担保責任：有償契約等において、給付した目的物または権利に欠陥がある場合に、契約の一方当事者が負担する損害賠償その他の責任をいう。

きます。売り主の帰責事由が要件となっておらず、無過失責任になります。買い主が善意の場合には、さらに損害賠償請求ができます。

買い主が契約を解除した場合、付随して問題となる点に、「買い主は使用利益の返還をしなければならないか？」ということがありますが、判例はこれを肯定しています（最判昭51.2.13）。

これらの権利については行使期間についてとくに定めはなく、損害賠償請求権は一般の消滅時効の規定に従い10年で消滅することになります。

なお、他人物売買の場合については、売買契約の強い拘束力を認めるのは妥当でないことから、買い主が悪意のときは損害を賠償せずに、善意のときは損害を賠償して契約を解除することができます。

> （他人の権利の売買における売主の担保責任）
> 第561条　前条の場合において、売主がその売却した権利を取得して買主に移転することができないときは、買主は、契約の解除をすることができる。この場合において、契約の時においてその権利が売主に属しないことを知っていたときは、損害賠償の請求をすることができない。

（2）権利の一部が他人に属する場合（563条）

売り主は、売員の目的たる権利の一部が他人に属するときにもこの移転義務を負いますが、売り主がこの部分を買い主に移転することができない場合にも、売り主は（1）と同様の要件で責任を負うことになります。

責任の内容は、次の通りです。

まず、買い主は、善意悪意を問わず、代金減額請求ができます。また、善意の買い主は、移転できる部分だけなら買わなかったであろう場合には、契約全部の解除ができます。さらに、善意の買い主は、損害賠償請求ができます。

この責任については、除斥期間の規定があり、買い主が善意の場合には事実を知ったときから、買い主が悪意のときには契約のときから、それぞれ1年以

＊善意：知らないこと。
＊悪意：知っていること。

内に行使しなければなりません（564条）。この期間内に裁判上もしくは裁判外の権利行使があれば足り、その結果として生じる原状回復請求権、代金減額請求権は10年の消滅時効にかかることになります。

> （権利の一部が他人に属する場合における売主の担保責任）
> 第563条　売買の目的である権利の一部が他人に属することにより、売主がこれを買主に移転することができないときは、買主は、その不足する部分の割合に応じて代金の減額を請求することができる。
> 2　前項の場合において、残存する部分のみであれば買主がこれを買い受けなかったときは、善意の買主は、契約の解除をすることができる。
> 3　代金減額の請求又は契約の解除は、善意の買主が損害賠償の請求をすることを妨げない。

(3) 数量の不足または物の一部滅失の場合（565条）

　数量を指示してした売買において、目的物が不足していた場合および目的物の一部が契約当時すでに滅失していた場合の責任です。

　この規定の趣旨は、570条の瑕疵担保責任の場合と同様に解されています（Q3－15）。

　つまり、特定物売買において、売買の目的物が原始的に不足していたり一部滅失していた場合には、不足なき物を給付することは原始的一部不能であり、売り主は完全物給付義務を負わず、目的物を現状のまま給付すれば足りるということになります。しかし、それでは売買契約の有償性から買い主に酷な結果となることから、法定責任として565条が規定されたというものです。

　これをふまえて要件を整理すると、次の通りとなります。

> ①　数量を指示してした売買であること
> ②　数量の不足または権利の一部滅失があること

　以下、順に検討しましょう。

① 数量を指示してした売買であること

　数量指示売買とは、売り主が一定数量のあることを示し、かつ、これを基礎

に売買代金が定められた場合をいいます。単に一定数量のあることを示しただけでは足りない点、注意が必要です。

単に一定数量のあることを示すだけであれば、目的物を特定する意味でなされるのがむしろ通常であり、565条の規定する代金減額請求という効果にふさわしい契約という観点から、それを基礎に売買代金が決められたという要件が設定されます。

② 数量の不足または権利の一部滅失があること

上記の趣旨から、不足または一部滅失は、契約締結時にすでに存していたことが必要になります。後発的に目的物が不足または一部滅失するに至った場合は、危険負担ないし債務不履行の問題として処理されることになります。

責任の内容ですが、善意の買い主は代金減額請求、損害賠償請求をすることができ、契約当時に存在するものだけでは買わなかったであろう場合には、契約全部の解除ができることになります。

これらの責任については行使期間の制限があり、買い主が事実を知ったときから1年以内に行使しなければならないとする除斥期間の規定があります。

なお、逆に目的物の数量が多かったような場合に、売り主から代金増額請求ができるかについても争われていましたが、565条はあくまでも買い主保護の規定であること、実務上このような場合は「縄延び*」として問題ないものとして処理されていることなどから、判例は否定しています（最判平13.11.27）。

> （数量の不足又は物の一部滅失の場合における売主の担保責任）
> 第565条　前二条の規定は、数量を指示して売買をした物に不足がある場合又は物の一部が契約の時に既に滅失していた場合において、買主がその不足又は滅失を知らなかったときについて準用する。

(4) 目的物に制限物権が設定されている場合（566条）

売買の目的物に、地上権などの制限物権が設定されていれば、買い主は目的

＊縄延び：土地の実測面積が公簿上の登記面積より大きい場合の超過部分の面積をいう。

物の利用に支障が生じます。そこで、担保責任の規定が置かれたのです。

要件として、次のいずれかが必要です。

> ① 売買の目的物が地上権、永小作権、地役権、留置権または質権の目的となっていること
> ② 売買の目的物のために存在するとされた地役権が存在しないこと
> ③ 売買の目的物に対抗力ある賃借権が存在すること

責任の内容は、次の通りです。
 1） 善意の買い主は、損害賠償請求をなし得ます。
 2） 善意の買い主は、契約の目的を達することができない場合には契約の解除もできます。

これらの責任については除斥期間の定めがあり、買い主が事実を知ったときから1年以内に行使することが必要になります。

> （地上権等がある場合等における売主の担保責任）
> 第566条　売買の目的物が地上権、永小作権、地役権、留置権又は質権の目的である場合において、買主がこれを知らず、かつ、そのために契約をした目的を達することができないときは、買主は、契約の解除をすることができる。この場合において、契約の解除をすることができないときは、損害賠償の請求のみをすることができる。
> 2　前項の規定は、売買の目的である不動産のために存すると称した地役権が存しなかった場合及びその不動産について登記をした賃貸借があった場合について準用する。
> 3　前二項の場合において、契約の解除又は損害賠償の請求は、買主が事実を知った時から1年以内にしなければならない。

(5) 目的物に担保物権が設定されていた場合（567条）

要件は次の通りです。

> ① 売買の目的たる不動産の上に先取特権*または抵当権*が存在すること
> ② その行使によって買い主が所有権を失った場合、または買い主が費用を支出してその所有権を保存した場合

133

このような場合には、買い主に損害の発生が観念し得ることから、次のような責任を追及し得ることになります。

買い主の悪意善意を問わず、買い主が所有権を失ったときは、契約の解除、損害賠償請求が、買い主が費用を支出して所有権を保存したときは費用の償還請求、損害賠償請求をなすことができます。

他の担保責任の規定と異なり、この責任については、悪意者も請求し得るものとされています。目的物に担保物権が設定されていても、担保物権が実行されるとは限らないことから、悪意者であってもなお保護に値しないとはいえないからです。

（抵当権等がある場合における売主の担保責任）
第567条　売買の目的である不動産について存した先取特権又は抵当権の行使により買主がその所有権を失ったときは、買主は、契約の解除をすることができる。
2　買主は、費用を支出してその所有権を保存したときは、売主に対し、その費用の償還を請求することができる。
3　前二項の場合において、買主は、損害を受けたときは、その賠償を請求することができる。

---

(6) 目的物に隠れた瑕疵がある場合（570条）

多様な議論がなされており、別項で述べます（Q3-15）。

(7) 強制競売における担保責任（568条）

強制競売＊は、売買とは異なるものですが、類似の状況にあることから、売り主の担保責任と同様の責任が認められるものとされています。

具体的には、次の通りです。

＊先取特権：法定担保物権の一種であって、一定の類型に属する債権を有する者に付与される、債務者の財産について他の債権者に先立って自己の債権の弁済を受ける権利。
＊抵当権：約定担保物権の一種であり、債権の担保として不動産等の価値を把握し、被担保債権の履行がなされない場合には、これを競売にかけ、代金から優先弁済を受け得る権利。
＊強制競売：判決や公正証書の一部など、債務名義に基づいて行われる競売をいう。

① 競落人は、第一次的に債務者に対して契約の解除をし、または代金の減額請求をすることができる
② 債務者が無資力である場合は、競落人は代金の配当を受けた債権者に対して、その代金の全部または一部の返還請求をすることができる
③ 競売の目的物に権利の瑕疵がある場合でも、原則として損害賠償請求は認められない
④ 競売の目的物に隠れた瑕疵があっても担保責任は生じない

（強制競売における担保責任）
第568条　強制競売における買受人は、第561条から前条までの規定により、債務者に対し、契約の解除をし、又は代金の減額を請求することができる。
2　前項の場合において、債務者が無資力であるときは、買受人は、代金の配当を受けた債権者に対し、その代金の全部又は一部の返還を請求することができる。
3　前二項の場合において、債務者が物若しくは権利の不存在を知りながら申し出なかったとき、又は債権者がこれを知りながら競売を請求したときは、買受人は、これらの者に対し、損害賠償の請求をすることができる。

(8) 債権売買における資力担保（569条）

　債権の売買において、当該債権の債務者に資力がなかった場合、売り主は当然に債務者の資力に関して責任を負うものではありません。そこで、特約がある場合にのみ、売り主はその責任を負うものとされました。

（債権の売主の担保責任）
第569条　債権の売主が債務者の資力を担保したときは、契約の時における資力を担保したものと推定する。
2　弁済期に至らない債権の売主が債務者の将来の資力を担保したときは、弁済期における資力を担保したものと推定する。

改正試案を読む

　改正試案では、売り主の義務について、現行法の規定する内容をふまえつつ、より明確性のある形で規定し、要件効果につき再検討して整理し直した規定を

数多く置いています。

> 【3.2.1.06】（対抗要件等を具備させる義務）
> 買主が財産権を確定的に取得するために対抗要件を備えることが必要であるとき、または財産権の行使のために一定の要件を備えることが必要であるときは、売主はこれらの要件を備えさせる義務を負う。

現行法との違いは多岐にわたりますが、次のような点があります（瑕疵担保責任に関する部分を除く。3.2.1.07～3.2.1.H）。

① 他人の物の売り主と権利者の間で相続が起こった場合の処理について、明文の規定を置く。
② 他人物売買における買い主が悪意の場合も、損害賠償責任が生じうるものとする。
③ 権利一部移転不能の場合の1年の期間制限の規定を削除する。
④ 利用を妨げる制限物権が付着していた場合につき、買い主が悪意の場合も損害賠償責任等の追及をなしうるものとする。
⑤ 制限物権が付着していた場合の1年の期間制限の規定を削除する。
⑥ 目的物の原始的一部滅失の場合の規定を削除し、物の瑕疵に関する売り主の責任一般の問題として処理することとする。

現行法では、特定物である目的物に原始的に瑕疵がある場合に、原始的一部不能として、これに対応する責任は「特別の規定がない限り責任を負わない」とする考え方で理解されてきましたが、一方では「特定物のドグマ」として、不特定物の場合の処理との一貫性を欠くことが問題視されてきました。

今回の改正試案では、この点につき一貫性を持った解釈論が展開される素地を作るものとして期待されます。

Q3-15

瑕疵担保責任【事例】

友人から購入した中古住宅に、居住してから半年後、耐震構造上の不具合があることが判明しました。売り主である友人に、何らかの責任追及はできるのでしょうか？

A 売買の目的物に隠れた瑕疵があった場合、買い主は瑕疵担保責任の規定により、損害賠償請求ができます。その瑕疵のために契約の目的を達し得ない場合であれば、解除もできると規定されています。

解説

1. 瑕疵担保責任とは

売買契約においては、売り主は様々な責任を負います。

とくに561条以下において、売り主が給付した目的物や権利に瑕疵がある場合に、売り主がいかなる責任を負うかにつき、詳細な規定が置かれています。これを「売り主の担保責任」といいます。

このうち、売買の目的物に隠れた瑕疵がある場合の責任を「瑕疵担保責任」といい、570条に規定されています。

（売主の瑕疵担保責任）
第570条　売買の目的物に隠れた瑕疵があったときは、第566条の規定を準用する。ただし、強制競売の場合は、この限りでない。

（地上権等がある場合等における売主の担保責任）

> **第566条** 売買の目的物が地上権、永小作権、地役権、留置権又は質権の目的である場合において、買主がこれを知らず、かつ、そのために契約をした目的を達することができないときは、買主は、契約の解除をすることができる。この場合において、契約の解除をすることができないときは、損害賠償の請求のみをすることができる。
> 2　前項の規定は、売買の目的である不動産のために存すると称した地役権が存しなかった場合及びその不動産について登記をした賃貸借があった場合について準用する。
> 3　前二項の場合において、契約の解除又は損害賠償の請求は、買主が事実を知った時から1年以内にしなければならない。

2. 瑕疵担保責任の法的性質

瑕疵担保責任の規定の適用に絡む多くの問題に影響するテーマとして、「瑕疵担保責任の法的性質」という議論があります。

通説は、「法定責任説」と呼ばれ、次のように解してきました。

「特定物債務において、目的物に契約当初から隠れた瑕疵があった場合には、瑕疵のないその物を給付することは原始的不能である。したがって売り主に完全物給付義務はなく、瑕疵のある場合であってもその物を給付すれば債務の本旨に従った履行となる。しかし、それでは売買契約の有償性にかんがみ買い主に酷であることから、買い主保護の観点から、法定責任として570条が解除と損害賠償請求を認めた。」

これに対し、「原始的一部不能として、完全物給付義務はない」という考え方は、一種のドグマにすぎないとして、「特定物売買において原始的瑕疵がある場合にも売り主に完全物給付義務が認められる」として、570条を債務不履行責任の一種であるとする「債務不履行責任説」もあります。

いずれの考え方を採用するかで、種々の問題に対する結論に影響が出てきます。

例えば、法定責任説の立場からは、570条は特定物売買において売り主が完全物給付義務を負わないことを前提とする責任であり、特定物売買にのみ適用

され、不特定物売買はもっぱら415条の債務不履行（Q3-4）の規定により処理されることになります。

また、完全物給付義務が認められないことから、買い主は売り主に対して修補請求をすることはできません。損害賠償の範囲についても、完全物給付義務がないことを前提とする以上、履行を前提とした請求はできず、信頼利益の請求にとどまるのが理論的とされています。

なお、判例は、「不特定物売買であっても、買い主が履行として認容して受領したあとには570条が適用される」としています。

有力説に立った場合は、570条は415条の債務不履行責任の特則であり、特定物売買か不特定物売買かを問わず、売買の目的物に隠れた瑕疵があった場合の規定として適用されることになります。履行利益の損害賠償請求、修補請求も認めるのが理論的です。

3. 瑕疵担保責任の要件

瑕疵担保責任の要件として、次の3つを満たす必要があります。

- ① 目的物に瑕疵があること
- ② 隠れた瑕疵であること
- ③ 売買の目的物が特定物であること

以下、順に問題となる点を検討しておきましょう。

① 目的物に瑕疵があること

ここで瑕疵とは、取引通念から見て目的物に何らかの欠陥があることを意味します。

この瑕疵に物質的な瑕疵のみならず、「法律的瑕疵」も含まれるかについては争いもありますが、判例は、比較的安価になされる競売の場合に、瑕疵担保責任の追及がなされるのは適切ではないことを理由に、法律的瑕疵についても、566条ではなく、570条の瑕疵担保責任の規定によると解しています。

法律的瑕疵の例としては、土地を居宅の敷地として購入したところ、その大

部分が都市計画街路の地域内にあるため、買い主が居宅を建築しても早晩取り壊さなければならない、といった場合等があります。
② 隠れた瑕疵であること
　「隠れた」とは、取引通念上要求される注意義務を尽くしても発見し得ないことをいいます。「買い主が瑕疵の存在につき、善意無過失である」と同義になります。
③ 売買の目的物が特定物であること
　最後に、明文の規定にはありませんが、法定責任説の立場からは、目的物が特定物であることが要件となります。

4．瑕疵担保責任の効果

　瑕疵担保責任の効果には、次の3つがあります。

① 損害賠償請求権
② 契約の目的を達することができない場合、契約の解除
③ 買主が事実を知ったときから1年以内に行使することを要する

　以下それぞれにつき、検討します。
① 損害賠償請求権
　損害賠償の範囲については争いがありますが、法定責任説の立場からは、完全物給付義務が認められないことから、履行利益（瑕疵のないものの給付がなされたならば、債権者が得たであろう利益）ではなく、信頼利益（債務者が瑕疵がないものと信頼したために生じた損害）が対象であると解されています（Q2-8）。
② 契約の解除
　契約の解除ができるのは、契約の目的を達することができない場合に限られます。「契約の目的を達することができない」とは、修補が容易かつ低廉にできない場合をいいます。
　解除の範囲については、判例は「目的物が数量的に可分であり、瑕疵がその一部にだけ存在し、契約の目的が一部についてのみ達成し得ない場合には、瑕

疵のある一部についてだけ解除を認めるべきである」としています。

③　権利行使期間

570条が準用する566条は、権利行使期間を１年と定めています。これは、法律関係の早期解決の観点から規定された除斥期間であると解されています。

改正試案を読む

改正試案では、売買の目的物に瑕疵が認められた場合に、当然に原始的一部不能として、完全物給付義務を否定するのではなく、給付された目的物に瑕疵があった場合、買い主には以下の救済手段が認められるとしています。

【3.2.1.16】（目的物の瑕疵に対する買主の救済手段）
〈１〉買主に給付された目的物に瑕疵があった場合、買主には以下の救済手段が認められる。
　〈ア〉瑕疵のない物の履行請求（代物請求、修補請求等による追完請求）
　〈イ〉代金減額請求
　〈ウ〉契約解除
　〈エ〉損害賠償請求
〈２〉瑕疵の存否に関する判断については【3.2.1.27】に従って危険が移転する時期を基準とする。

ここで、いかなる場合に瑕疵があるといえるかが問題となりますが、改正試案は、瑕疵の定義規定を置きました。物の給付を目的とする契約において、物の瑕疵とは「その物が備えるべき性能、品質、数量を備えていない等、当事者の合意、契約の趣旨および性質（有償、無償等）に照らして、給付された物が契約に適合しないことをいう」としています（3.1.1.05）。

現行法では、瑕疵は隠れたものであることが必要ですが、改正試案では、「瑕疵が隠れたものであるかどうかは売り主の責任に影響が及ぼさない」としています。

Q3-16 商品の検収

商品の検収に関する取扱いについて、現行法ではどのように扱われているのでしょうか？

A 目的物が特定物であれば570条により、不特定物であれば債務不履行の一般原則による処理にゆだねられます。商事売買の場合には、商法に特則が置かれています。

解説

1. 目的物に瑕疵がある場合等の民法上の処理

売買の目的物に瑕疵があった場合の処理については、目的物が特定物である場合と不特定物である場合とで異なります。

まず、目的物が特定物である場合には、570条（Q3-15）により、当該瑕疵が隠れたものであれば、買い主は損害賠償請求と解除をなすことができ、この責任につき瑕疵を知ったときから1年以内との期間制限の規定が設けられています（570条、566条3項）。検収の結果、目的物に瑕疵が存することが判明した場合も、この規定により処理されることになります。

これに対し不特定物売買の場合には、目的物に瑕疵があった場合には、売り主の債務の本旨に従った履行がなされていないことから、債務不履行責任が生じ得ることになります。こちらは、債権の一般的な消滅時効である10年の消滅時効にかかることになります（Q3-28）。

また、目的物に数量の不足等があった場合は、目的物が特定物であれば民法565条の規定により、1年以内の期間制限に服し、不特定物であれば債務不履

行の一般的処理によることになります。

> （権利の一部が他人に属する場合における売主の担保責任）
> 第563条　売買の目的である権利の一部が他人に属することにより、売主がこれを買主に移転することができないときは、買主は、その不足する部分の割合に応じて代金の減額を請求することができる。
> 2　前項の場合において、残存する部分のみであれば買主がこれを買い受けなかったときは、善意の買主は、契約の解除をすることができる。
> 3　代金減額の請求又は契約の解除は、善意の買主が損害賠償の請求をすることを妨げない。
>
> （権利の一部が他人に属する場合における売主の担保責任）
> 第564条　前条の規定による権利は、買主が善意であったときは事実を知った時から、悪意であったときは契約の時から、それぞれ１年以内に行使しなければならない。
>
> （数量の不足又は物の一部滅失の場合における売主の担保責任）
> 第565条　前二条の規定は、数量を指示して売買をした物に不足がある場合又は物の一部が契約の時に既に滅失していた場合において、買主がその不足又は滅失を知らなかったときについて準用する。

2.　商法上の特則

　以上の規定については、商法が商事売買に関する特則を規定しています。商事売買とは、商人間の売買、あるいは当事者双方または一方にとって商行為である売買をいいます。

　商事売買においては、商取引の迅速性にかんがみ法律関係を迅速に処理する必要性が認められることから、次のような特則が定められています（商法526条）。

　まず、商人間の売買においては、買い主は、その売買の目的物を受領したときは、遅滞なく、その物を検査しなければなりません。

　当該検査により売買の目的物に瑕疵があること、またはその数量に不足があることを発見したときは、ただちに売り主に対してその旨の通知を発しなけれ

ば、契約の解除・代金減額請求・損害賠償請求ができなくなります。売買の目的物にただちに発見することのできない瑕疵がある場合において、買い主が6か月以内にその瑕疵を発見したときも、同様です。

また、売り主が悪意の場合には、上記の責任追及はいずれも認められません。

> ＜商法＞
> （買主による目的物の検査及び通知）
> 第526条　商人間の売買において、買主は、その売買の目的物を受領したときは、遅滞なく、その物を検査しなければならない。
> 2　前項に規定する場合において、買主は、同項の規定による検査により売買の目的物に瑕疵があること又はその数量に不足があることを発見したときは、直ちに売主に対してその旨の通知を発しなければ、その瑕疵又は数量の不足を理由として契約の解除又は代金減額若しくは損害賠償の請求をすることができない。売買の目的物に直ちに発見することのできない瑕疵がある場合において、買主が六箇月以内にその瑕疵を発見したときも、同様とする。
> 3　前項の規定は、売主がその瑕疵又は数量の不足につき悪意であった場合には、適用しない。

この商法526条の規定は、目的物が特定物の場合に限らず、不特定物の場合にも適用されるとされています。

改正試案を読む

改正試案では、買い主に次のような形で瑕疵の存在の通知義務を規定しています。

> 【3.2.1.18】（瑕疵の通知義務）
> 〈1〉買主が、目的物の受領時、または受領後に瑕疵を知ったときは、契約の性質に従い合理的な期間内にその瑕疵の存在を売主に通知しなければならない。ただし、売主が目的物の瑕疵について悪意であるときは、この限りでない。
> 〈2〉買主が、〈1〉の通知をしなかったときは、買主は目的物の瑕疵を理由とする救済手段を行使することができない。ただし、通知をしなかったことが買主にとってやむを得ない事由に基づくものであるときは、この限りでない。

この規定によれば、現行法の566条3項（Q3-15）で定められた一律1年といった固定的な形ではなく、契約の趣旨や目的物の種類・性質などに応じて、合理的な期間内に、買い主が瑕疵につき通知義務を負い、これを怠った場合には債務不履行責任を追及できないことになります。
　買い主が事業主である場合については、次のような規定を別途置いています。

> 【3.2.1.19】（事業主買主の検査・通知義務）
> 〈1〉事業者である買主が、その事業の範囲で行った売買契約に基づいて目的物を受領したときは、相当な期間内に瑕疵の有無について検査しなければならない。ただし、売主が目的物の瑕疵について悪意であったときは、この限りでない。
> 〈2〉事業者である買主は、目的物の瑕疵を発見し、または発見すべきであった時から遅滞なく売主に対して瑕疵の存在を通知しなければならない。
> 〈2〉事業者である買主が、〈2〉に規定する通知をしなかったときは、目的物の瑕疵を理由とする救済手段を行使することができない。ただし、通知をしなかったことが買主にとってやむを得ない事由に基づくものであるときは、この限りでない。

　事業主であれば、目的物を検査し、瑕疵を発見すればそれを通知する義務を負うとする規定になります。
　商法526条2項の場合とは異なり、検査義務を尽くしても発見することができなかった瑕疵に基づく売り主の責任については、特別の規定は設けず、売り主は一般原則に従って責任を負うことになります。

Q3-17

債権者代位権【事例】

知人が、その知り合いから購入した土地の転売を受けたのですが、肝心の登記が私の前々者のところにとどまってしまっており、私の前者も積極的に登記の取得に動いてくれないため、困っています。
何か良い方法はないでしょうか？

A 債権者代位権の規定により、前者の前々者に対する登記請求権を代位行使して登記を前者に移し、そのうえで、「自己に登記を移転せよ」と前者に請求していくことが考えられます。

解説

1. 債権者代位権の意義

債権者代位権とは、債務者がその一般財産の減少を放置している場合に、債権者が債務者に代わってその減少を防止する措置を講ずることを認める制度をいいます。

> （債権者代位権）
> 第423条　債権者は、自己の債権を保全するため、債務者に属する権利を行使することができる。ただし、債務者の一身に専属する権利は、この限りでない。
> 2　債権者は、その債権の期限が到来しない間は、裁判上の代位によらなければ、前項の権利を行使することができない。ただし、保存行為は、この限りでない。

債務者が、自己の財産を放置して消極的に財産減少をもたらす場合（例えば、

○**債権者代位権のイメージ**

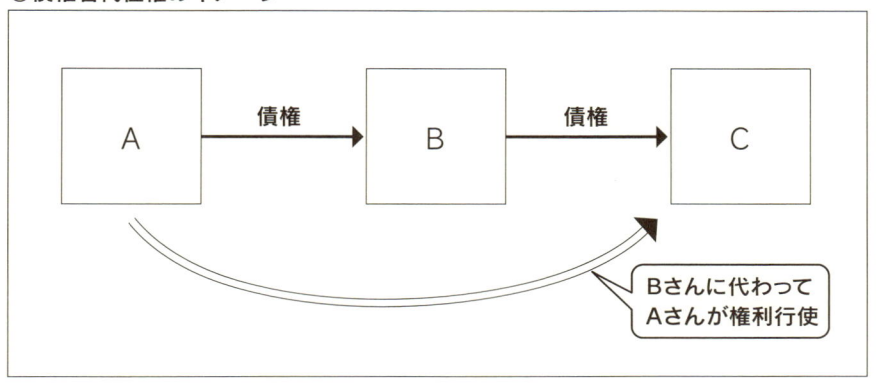

```
   A  ──債権──▶  B  ──債権──▶  C
   └──────────────────────────▲
         Bさんに代わって
         Aさんが権利行使
```

債務者が第三者に対して別の債権を有している場合に、その取立てを行わずに怠っている場合など）に、債権者がこれに介入し、債務者の責任財産*の保全を図ろうとする制度といえます。

2. 債権者代位権の要件

債権者代位権の要件は、次の通りです。

| ① 債権者の債権を保存するため必要であること、すなわち債務者の無資力 |
| ② 債務者自らその権利を行使しないこと |
| ③ 債権が原則として履行期にあること |

以下、順に検討します。

① 債権者の債権を保存するため必要であること、すなわち債務者の無資力

債権者代位権は、債権者が債務者の私的自治に介入する制度である以上、その必要性がある場合に限り認めるべきといえます。そこで、原則として、債務者の無資力が要件とされるわけです。

この点、後述する債権者代位権の転用の場合には、債務者の資力は無関係で

---

*責任財産：債権者の債権の引き当てとなる、すなわち債権者がかかっていくことのできる財産をいう。

あることから、無資力要件は不要とされています。被保全債権とは一般的に、債務者の責任財産により保全される金銭債権が予定されていますが、特定債権であっても転用が認められています。

土地の売り主の共同相続人が、その相続した代金債権を保全するため、買い主に代理して他の共同相続人に対する所有権移転登記手続き請求をしたケースがあります。判例は、金銭債権保全の例でありながら、無資力要件を不要としました。

② 債務者が、自らその権利行使をしないこと

債務者が権利行使している場合には債権者に介入を認める必要はなく、債務者の私的自治に配慮したものです。

③ 債権が原則として、履行期にあること

これも債務者の私的自治に配慮したものです。ただし、裁判上の代位がなされる場合、保存行為に該当する場合は、履行期前でも代位行使が可能とされています。

すなわち、債権者が第三債務者に対して訴訟を提起して債権者代位権を行使する場合や、訴訟外でも、財産の価値を維持する行為である保存行為、例えば時効中断のための履行請求を債権者が代位行使で行う場合は、債権の履行期前でも代位行使が認められます。

3. 債権者代位権の客体

債権者代位権の客体となる権利は、多岐にわたりますが、423条1項ただし書きは、いわゆる一身専属権について、債務者の意思により行使させるべきものとして、代位行使し得ないものと規定しています。

身分上の権利にこれに該当するものが多く見られますが、これ以外でも、債務者の意思のみに行使がゆだねられるべき場合、例えば書面によらない贈与の取消権等も一身専属権と解されています。

また、差押えを許さない権利については、債務者の責任財産とは無関係であることから、代位行使し得ないとされています。

議論されているのは、錯誤無効の主張＊の代位行使ですが、判例はこれを債権者代位権の問題ではなく、錯誤無効の主張権者の問題と捉え、債権保全の必要があり、債務者自身が、錯誤を認めている場合には例外的に債権者固有の主張がなし得るものとしています。

時効援用権の代位行使についても議論がありますが、判例は、これを認めています。

4. 代位行使の方法

債権者代位権は、債務者の権利を行使するもので、債権者取消権（Q3-18）のような強度の介入ではないことから、裁判上の行使を必要としないとされています。

債権者代位権を行使し、相手方から物の引渡しを求める場合、債権者が直接自己へ引き渡せと請求し得るかが問題となります。

判例は「債務者が受領しない場合に、代位権の目的を達成し得なくなってはならない」として、不動産の明け渡し、金銭債権の履行を求める場合等につき、自己に給付せよと請求し得るとしています。

この場合、金銭債権については「債権者が、受領した物等の返還義務と自己の債権とを相殺することにより、事実上優先弁済を受ける結果となる」との批判もありますが、立法の不備であり、やむを得ないと解されています。

これに対し、登記の移転のように、債務者の受領が問題とならない場合については、債権者が直接自己に移転することを要求することはできず、債務者のもとに移転するよう求めることができるにとどまります。

債権者代位権の行使の範囲については、債権の保全に必要な範囲に限られ、基本的に被保全債権の範囲にとどまるとされています。

＊錯誤無効の主張：錯誤すなわち勘違い等による意思表示は、それが意思表示の要素の錯誤といえるほど重大なものであれば、無効となるとされている（95条）。この主張も債権者代位権の対象となる。

5. 債権者代位権の転用

　債権者代位権は、責任財産の保全を目的とすることから、本来、金銭債権を被保全債権として予定していると解されます。

　しかし、被保全債権が特定債権の場合も、転用を認めることにより合理的な結果をおさめ得る場合もあり、債務者に対する干渉の程度も強度ではないことから、一般的に、特定債権を保全するための転用が認められています。

　例えば、不動産が順にＡさん→Ｂさん→Ｃさんと譲渡され、登記がなおＡさんにとどまっている場合、ＣさんはＢさんに代位して移転登記請求をなすことができます。また、土地賃借人は、当該土地を不法占拠としている者に対し、賃借権を被保全権利とし、土地所有者の所有権に基づく妨害排除請求権を代位行使することができます。

　判例上問題になった例として、「家主が建物買取請求権を行使しないとき、賃借人がこれを代位行使し得るか？」という問題があります。

　判例では「代位行使が認められるためには、代位行使により責任財産が確保され、これにより、被保全債権が保全される関係になくてはならない」として、否定説を採用しました（最判昭38.4.23）。

📖改正試案を読む

　債権者代位権については、多様な機能を営んでおり、要件・効果、制度趣旨の透明性が低いという問題があり、これらの機能のうち、維持すべきものとそうでないものとを分けていく必要があるとされています。

　そこで改正試案は、まず債権者代位権につき、「債務者の権利の不行使によって債権者の権利の実現が危殆化される場合に、債権者による債務者の権利の代位行使を認める制度として、債権者代位権を構築する」としたうえで、いわゆる「本来型」と呼ばれる責任財産保全型と、いわゆる「転用型」と呼ばれる個別権利実現準備型の２類型を区別し、それぞれについて法律関係を明確化するとしています。

また、立法の不備とされていた事実上の優先弁済については、これを否定するものとし、被保全債権の弁済期の到来の要件を維持し、他方、裁判上の代位の制度を廃止することにしています。また、相手方・第三債務者の保護のため、これらの者による供託＊を可能としています（改正試案　第3編第2章第1節「前注」参照。3.1.2.01 〜 3.1.2.07）。

　債権者代位権については、強制執行制度とともに併存させる意味があるのかが問題とされ、廃止すべきとの意見も出ていますが、改正試案では、これを存続させ、その類型を明らかにし、これまで立法の不備といわれてきた点につき対処しています。

　この点で、この制度を用いることができる場合の外延が明らかになることは一定のメリットといえるでしょう。ただ、とくに転用の場合に関して、例外的に認められるべきとの考え方が不明確になり、広くこれが認められるようになった結果、債務者の私的自治に対する広範な制限を招くおそれがあると考えられます。

＊供託：債権者が弁済を受領しないなどの場合に、弁済者が弁済の目的物を債権者のために供託所に寄託して債務を免れる制度。

Q3-18

債権者取消権（詐害行為取消権）【事例】

私が1,000万円を融資している相手方が、強制執行を意識してか、唯一の財産といってよい土地を、その知り合いに安く売却してしまいました。ほかにめぼしい財産もなく、1,000万円が回収不能となってしまうのではと不安です。
何か良い方法はないでしょうか？

A 債権者取消権を行使して、土地の返還を請求することが考えられます。債権者取消権は、債務者が積極的に責任財産を減少させる行為をする場合に、債権者がこれを取消しし得るものとして、責任財産の保全を図ろうとしたものです。

解説

1. 債権者取消権の意義

債権者取消権とは、債務者がその責任財産を積極的に減少する行為をする場合に、この効力を否認してその減少を防止する制度をいいます。

> （詐害行為取消権）
> 第424条　債権者は、債務者が債権者を害することを知ってした法律行為の取消しを裁判所に請求することができる。ただし、その行為によって利益を受けた者又は転得者がその行為又は転得の時において債権者を害すべき事実を知らなかったときは、この限りでない。
> 2　前項の規定は、財産権を目的としない法律行為については、適用しない。

債権者取消権は、債権者代位権と同様、責任財産の保全を目的とした制度で

○債権者取消権のイメージ

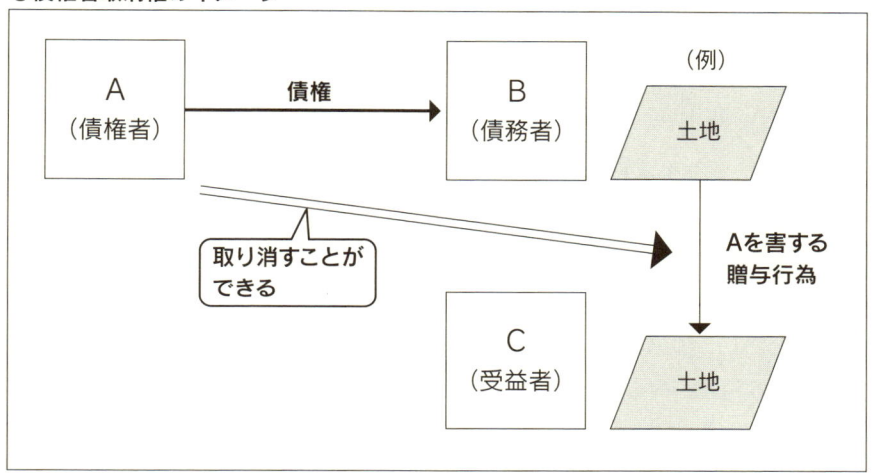

```
A（債権者） ──債権──→ B（債務者）    （例）土地
                                          │
取り消すことが                              │Aを害する
できる                                     │贈与行為
                                          ↓
              C（受益者）                 土地
```

すが、債務者が行った行為の効力を否定する点で、介入の程度ははるかに大きいといえます。したがって、その要件については慎重な配慮が必要です。

2. 債権者取消権の法的性格

　債権者取消権をどのような制度ととらえるかについては争いがあり、これにより、権利行使の方法・取消しの効果等が異なるとされています。

　判例および通説は「折衷説」と呼ばれる見解をとり、債権者取消権とは「詐害行為*の効力を否認する」とともに、「財産を取り戻す」という2つの側面からなる権利としています。

　この見解からは、債権者取消権は、詐害行為の効力を否認する「形成権」という面と、詐害行為によって逸出した財産の取り戻しを目的とする「請求権」の2つの側面を持つことになります。この見解によると、取消し訴訟は、受益者または転得者を相手方とし、取消しの効果については、相対効*ととらえることになります。

＊詐害行為：債権者を害する行為のこと。

3. 債権者取消権の要件

次の2つが要件となります。
(1) 客観的要件：債務者が債権者を害する「詐害行為」をしたこと
(2) 主観的要件：債務者・受益者・転得者が詐害の事実を知っていたこと、すなわち「詐害意思」を有すること

以下、順に検討します。

(1) 客観的要件

① 保全される債権は

債権者取消権の対象は、法律行為であり、単独行為・契約・合同行為といった種類は問いませんが、財産権を目的としない法律行為は含みません。

例えば、婚姻・縁組といった身分行為は、取消しの対象になりません（これに対し、相続の承認・放棄については、財産的側面があることから、詐害行為となる余地を認めるべきとの見解もあります）。

問題となったのは、離婚による財産分与ですが、判例は、「不相当に過大であるときは、財産分与に仮託してなされた財産処分として、取消しの余地がある」との見解をとりました（最判昭58.12.19）。

次に、被保全債権として保全される債権の範囲ですが、詐害行為により害されたといえることが必要であることから、詐害行為より前に成立していることが必要になります。したがって、当該債権の発生前に詐害行為が行われ、登記等対抗要件の具備が債権発生のあとになされた場合、詐害行為には当たらないとするのが判例です（最判昭33.2.21）。

債権者代位権の場合と同様に問題となるのが、「金銭債権ではない特定物債権保全のために、債権者取消権を行使し得るか？」という点です。この点、債権者取消権については、425条が「すべての債権者の利益のために、その効力

＊相対効：債権者取消権による取消しは、取消しを行った債権者との関係で取り消されるというものであり、債務者と受益者との間など、他の者との間では効力は維持されるものとして扱われる。このように、効力を人ごとに考えることを相対効という。

を生ずる」としている（158ページ参照）ことから、債権者代位権と同様の転用は認めることはできません。

しかし、特定物債権であれば保全されないとしたのでは、あまりにもその保護に欠ける結果となりますし、特定物債権も、最終的には金銭債権に姿を変えるものであることから、被保全債権と認めたうえで、ただし「現実に債権者取消権を行使し得るのは、それが損害賠償請求権に転化したあとである」とされています（最判昭36.7.19）。

被保全債権の範囲について、「担保権で保護された債権も被保全債権たり得るか？」という問題もあります。債権者取消権は、責任財産を保全することにより、被保全債権を保護しようとする制度ですから、責任財産が、その債権の引き当て*となっているかがポイントとなります。

したがって、抵当権等の物的担保がついている債権は、「その担保物件の価格が債権額に不足する範囲で、取消権を行使し得る」とされます。また、物上保証等の場合は、その担保物権が存することで、債務者の一般財産が引き当てにならなくなるわけではないので、なお被保全債権たり得ると解すべきです。

② 詐害行為の判断基準

客観的要件の中で最も重要なのが、詐害行為といえるか否かの判断基準です。

この点で判例は、債権者取消権には、「債権者間の平等の確保」という趣旨もあることをふまえ、主観面と客観面を総合的に考慮し、総財産の合計は変わらなくとも、積極財産が減少する場合には、詐害行為となり得る余地を認めています。

例えば、一部の債権者のみに弁済した場合、責任財産の価値は変わりませんが、一部の債権者と通謀して、他の債権者を害するため故意に弁済した場合は、詐害行為となるとされています（最判昭33.9.26）。

代物弁済については、これが債務者の義務ではないことから、詐害行為とされる例が多く見られます。不動産等を相当対価で売却した場合、詐害行為とな

---

*債権の引き当て：債権を実現するために、その財産にかかっていくことができること。

るかは問題がありますが、判例は「金銭になると費消・散逸しやすいことから、共同担保の効力を消滅させることになる」として、原則として詐害行為になるとしています。

しかし、その売買代金が優先権を有する債権者への弁済または公租公課の支払いに当てられたときや、売買代金が有用なものの購入資金とされ、かつそのものが現存するとき、その事実を取消しの相手方が立証すれば、詐害行為にはならないとされています。

（2）主観的要件

債権者取消権を行使するには、「債務者に詐害意思（害意）があること」「受益者・転得者に悪意があること」が必要になります。

現に目的物を有する者が悪意であれば、その者に対し、債権者取消権を行使して目的物の返還を請求することができますが、悪意者のもとに物がない場合には、目的物に代わる価格賠償を請求し得るにとどまることになります。

例えば、債務者に害意があり、受益者が悪意、転得者が善意の場合には、受益者に対し、目的物に代わる価格賠償を請求し得るにとどまることになります。

これに対し、受益者が善意、転得者が悪意の場合には、転得者に対し、債権者取消権を行使して、目的物の返還を求めることができます。この場合、債権者取消権の効果が相対効であることから、転得者は受益者に対し、追奪担保責任*の追及はできません。

例えば、債権者Aさんの債務者Bさんが、自己の唯一の財産である土地を受益者Cさんに不当に安値で譲渡し、さらにそれが転得者Dさんに譲渡されたという場合を考えてみます。

Bさん・Cさん間の譲渡が詐害行為に当たることをCさんは知っていた（悪意）が、Dさんは知らなかった（善意）というのであれば、Aさんは悪意者C

---

*追奪担保責任：他人物売買の売り主がその権利を買い主に移転できない場合は、買い主は契約の解除ができるとされる。売り主が他人の権利であることを知っていた場合は、さらに買い主も他人の権利であることを知らなかった場合であれば、買い主は損害賠償を請求できるとされている（561条（Q3-14））。

○**債権者取消権における主観的要件のイメージ**

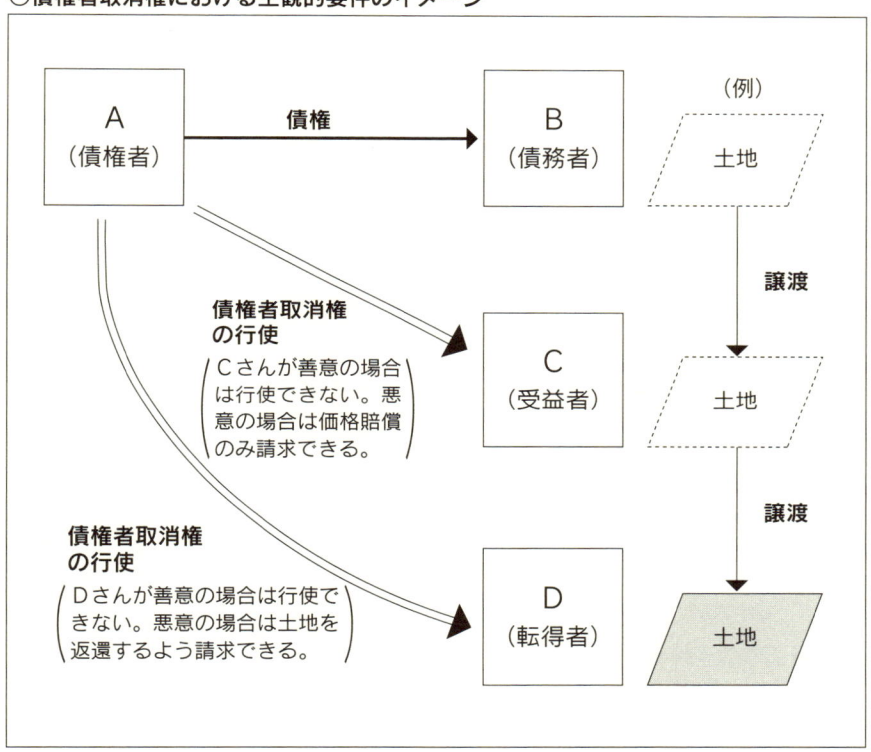

```
A (債権者) ──債権──▶ B (債務者)          (例) 土地
                                              │
   │  債権者取消権の行使                       │譲渡
   │  （Cさんが善意の場合                      ▼
   └─▶ は行使できない。悪    C (受益者)       土地
       意の場合は価格賠償                      │
       のみ請求できる。）                      │譲渡
                                              ▼
   │  債権者取消権の行使
   │  （Dさんが善意の場合は行使で
   └─▶ きない。悪意の場合は土地を   D (転得者)  土地
       返還するよう請求できる。）
```

さんに対しては債権者取消権を行使することはできるものの、Cさんのもとにはもはや土地はないので、土地を返還するよう請求することはできず、その価格を賠償するよう請求できるにとどまります。

　これに対し、Aさんは善意者Dさんには債権者取消権を行使することはできません。Dさんも悪意であれば、行使が認められ、Dさんのもとには土地がありますから、現物である土地を返還するよう請求できることになります。

4. 取消権の行使

　債権者取消権は、債務者に重大な介入をなす行為ですから、訴えによって行

使することを要します。

5. 取消しの効果

　債権者取消権を行使し得る範囲については、債務者に対する介入を最小限にとどめるべく、原則として、被保全債権の範囲内とされています。ただし、目的物が不可分の場合には、全部取消しとするのが判例です（最判昭30.10.11）。

　この点に関して問題となるのが、例えば、「抵当権付きの不動産が代物弁済に供され、これが詐害行為に該当するが、抵当権が消滅している場合、債権者取消権を行使して不動産の現物返還を請求し得るか？」という点です。

　目的物が不動産であることからすると、全体を取り消して不動産を返還請求し得るとも思いますが、それでは抵当権の負担のない不動産が返還されることになり、責任財産の保全という目的を超えた効果が生じてしまいます。

　そこで判例は、「当該不動産の価格から当該不動産が負担すべき抵当権の被担保債権額を控除した残額の限度で取消しの対象となり、その価格による賠償を命ずべきである」としています（最判平4.2.27）。

　取消しの効果は相対的ですが、取消しにより取り戻された財産等が、責任財産を構成することになります。すなわち、すべての債権者の共同の担保となり、取消しの効果は、すべての債権者の利益のために生じることになります（425条）。

> （詐害行為の取消しの効果）
> **第425条**　前条の規定による取消しは、すべての債権者の利益のためにその効力を生ずる。

　「債権者取消権が行使された場合、債権者が自己に引き渡すことを請求し得るか？」という問題もありますが、債務者が受領を拒むと目的を達成し得なくなるのでは不合理であることから、債務者の受領を要する金銭等の場合は、債権者は直接自己に引き渡すことを要求することができます。

　これに対し、登記・登録など債務者の受領が問題とならない場合は、債務者

に返還するよう請求し得るにすぎません。

6. 債権者取消権の期間制限

債権者取消権は、取消しの原因を知ったときから2年、行為のときから20年で消滅するとされています（426条）。「取消しの原因を知ったとき」とは、詐害行為を知ったときをいいます。

> （詐害行為取消権の期間の制限）
> 第426条　第424条の規定による取消権は、債権者が取消しの原因を知った時から2年間行使しないときは、時効によって消滅する。行為の時から20年を経過したときも、同様とする。

📖 改正試案を読む

改正試案では債権者取消権につき、現行法424条をもとに、様々な解釈が展開されていることをふまえ、要件効果を極力明確にするべく規定を整備しています。

> 【3.1.2.08】（詐害行為取消権）
> 債権者は、その債務につきその財産をもって完済することができない状態にある（当該行為によりこの状態となる場合を含む。）債務者が債権者を害することを知ってした行為の取消し（以下「詐害行為取消し」という。）を裁判所に請求することができる。

要件については、弁済等の債務消滅行為、担保供与行為、相当対価処分行為、無償行為について規定を設け、受益者を相手方とする場合と、転得者を相手方とする場合とで、類型・要件を区別するものとしています。

> 【3.1.2.09】（受益者の主観的要件）
> 【3.1.2.08】の詐害行為取消しの請求は、債務者の当該行為によって利益を受けた者（以下「受益者」という。）がその行為の時において債権者を害すべき事実を知らなかったときは、することができない。

【3.1.2.10】（対象行為の要件）
　【3.1.2.08】にかかわらず、次に掲げる行為については、詐害行為取消しを請求することができない。
〔甲案〕
　〈ア〉財産権を目的としない行為
　〈イ〉債務の履行その他の債務の消滅に関する行為。ただし、次の場合を除く。
　　〈ⅰ〉期限前の弁済その他の非義務行為たる債務消滅行為であって、かつ、債務者と受益者たる債権者とが通謀してその債権者だけに優先的に債権の満足を得させる意図で行った場合、または
　　〈ⅱ〉過大な代物弁済の場合
　〈ウ〉担保の供与。ただし、債務者が、既存の債務についてした、債務者の義務に属しない行為であって、かつ、債務者と受益者たる債権者とが通謀してその債権者だけに優先的に債権の満足を得させる意図で行った場合を除く。
〔乙案〕
　〈ア〉財産権を目的としない行為
　〈イ〉債務の履行その他の債務の消滅に関する行為（過大な代物弁済を除く。）
　〈ウ〉担保の供与

【3.1.2.12】（取消債権者の債権の要件）
　【3.1.2.08】の詐害行為取消しの請求は、債権者の有する債権が次に掲げる要件のいずれかに該当する場合には、当該債権を基礎としては、することができない。
　〈ア〉債権が、取消しの対象となる債務者の行為がなされた後に、発生したものであるとき。
　〈イ〉債権が、強制力のない債権であるとき。

　効果については、債権者取消権が認められた場合の、受益者の地位をめぐる法律関係に関する困難な問題が生じていることにかんがみ、受益者のもとでの強制執行を可能とするのではなく、「債務者のもとに財産を回復する制度」として構成するとしています（3.1.2.16）。
　取消しの範囲については、取消債権者の債権額に限定されないものとし、また、受益者の権利行使を明文化し、受益者が反対給付をしているときは、その反対給付分は最優先で回復できるとしています（3.1.2.14）。

また、債権者取消訴訟については受益者等とともに、債務者も被告とするとし（3.1.2.19）、期間制限については、短期は現行法通り2年、長期については、10年としています（3.1.2.20）。

　検討委員会でも議論されているところですが、破産法制が整備されてきている今日において、それと併存させる形で債権者取消権を存続させることの意味があるのかについては、疑問もあるところです。

Q3-19 債権譲渡－その1（債権譲渡の方法）

改正試案では、債権譲渡の方法はどのようになっているのでしょうか？

A 債権譲渡の方法については、現行法も改正試案も基本的に変わりなく、譲渡人と譲受人間の意思表示により行われることになります。

解説

債権譲渡とは、債権をその同一性を変えずに移転することを目的とする契約をいいます（466条）。

> （債権の譲渡性）
> 第466条　債権は、譲り渡すことができる。ただし、その性質がこれを許さないときは、この限りでない。
> 2　前項の規定は、当事者が反対の意思を表示した場合には、適用しない。ただし、その意思表示は、善意の第三者に対抗することができない。

債権譲渡は、譲渡人と譲受人間の合意によって行うことができます。書面等による方法は必要ありません。

債権譲渡は、債権の同一性が維持されたまま移転するものですから、債権に付随する担保権や保証債権等もともに移転します。また、当該債権に付着している同時履行の抗弁権等の各種の抗弁権も、譲渡人に対すると同様、譲受人に対しても対抗されることになります。

債権は基本的に譲渡性を有しますが、

① 債権の性質が譲渡を許さない（譲渡し得ない）ものであるとき

○債権譲渡のイメージ

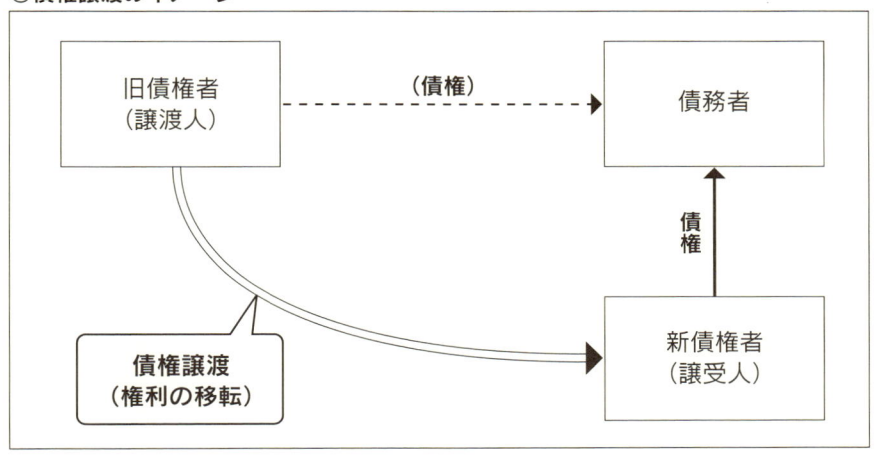

```
┌─────────────────────────────────────────────────┐
│  ┌──────────┐    (債権)      ┌──────────┐      │
│  │ 旧債権者 │ - - - - - - - →│  債務者  │      │
│  │ (譲渡人) │                │          │      │
│  └──────────┘                └──────────┘      │
│      │  \                         ↑            │
│      │   \                        │債          │
│      │    \                       │権          │
│   ┌──────┐ \                      │            │
│   │債権譲渡│ \                 ┌──────────┐   │
│   │(権利の│  →────────────────→│ 新債権者 │   │
│   │ 移転)│                    │ (譲受人) │   │
│   └──────┘                    └──────────┘   │
└─────────────────────────────────────────────────┘
```

　② 当事者が譲渡禁止の意思表示をしたとき
　③ 法律上譲渡禁止される場合
については、譲渡が制限されることになります。

　「性質上譲渡し得ないもの」とは、画家に絵を描かせる債権や、雇用契約における雇い主の債権等があります。「法律上譲渡禁止とされるもの」については、扶養請求権や、恩給請求権等といった例があります。

　実務上重要なのは、当事者が譲渡禁止の意思表示をした場合であり、これを「譲渡禁止特約」といいます。譲渡禁止特約の効力については争いがありますが、判例および通説は、この特約に違反した債権譲渡は無効であり、債権は移転しないものとしています。

　この譲渡禁止特約は、必ずしも外部から容易に知り得るわけでもなく、これを貫くと債権取引の安全を害するおそれがあることから、善意の第三者には対抗し得ないと規定されています（466条2項ただし書）。この「善意」とは善意無重過失を意味するというのが判例および通説です。

　また、譲渡禁止特約は債務者の利益のために認められたものであることから、債務者が承諾する場合には、無効を貫く必要はありません。

したがって、譲渡禁止特約ある債権が譲渡され、債務者がこれを承諾した場合には、譲渡は承諾により遡及的に有効になるとされています（116条類推適用。最判昭52.3.17）。ただし、これにより第三者を害することはできません（116条ただし書き）。

> （無権代理行為の追認）
> 第116条　追認は、別段の意思表示がないときは、契約の時にさかのぼってその効力を生ずる。ただし、第三者の権利を害することはできない。

また、譲渡禁止特約に関する規定は、差押え・添付命令といった強制執行手続きに適用されるかも問題となりますが、この適用を認めると、当事者の意思表示により容易に強制執行を免れることが可能となり、不当であることから、466条2項の適用はないとされています。

改正試案を読む

改正試案では、債権譲渡が原則として可能であり、ただ、その性質がこれを許さないときはこの限りでないとして、基本的に現行法の考え方を踏襲しています（3.1.4.01）。

譲渡禁止特約についても規定を設け、債権譲渡を促進すべきであるとの要請と、譲渡禁止特約をした当事者合意の尊重の調和という観点から、譲渡当事者・第三者関係と対債務者関係を区別し、「譲渡禁止特約違反の譲渡であっても譲渡当事者・第三者関係では有効である」としつつ、一定の事由がない限り「債務者はそのような譲渡をなかったものとして行動して良い」としています。

> 【3.1.4.03】（債権譲渡禁止特約の効力）
> 〈1〉債権者および債務者が特約により債権の譲渡を許さない旨を定めていた場合であっても、当該特約に反してなされた譲渡の効力は妨げられない。ただし、債務者は、この特約をもって譲受人に対抗することができる。
> 〈2〉〈1〉ただし書にかかわらず、債務者は、次に掲げる場合には、〈1〉の特約をもって譲受人に対抗することができない。

〈ア〉債務者が、譲渡人または譲受人に対し、当該譲渡を承認したとき
〈イ〉譲受人が、〈1〉の特約につき善意であり、かつ、重大な過失がないとき
〈ウ〉第三者対抗要件が備えられている場合で、譲渡人について倒産手続の開始決定があったとき
〈3〉〈1〉の特約のある債権が差し押さえられたときは、債務者は、差押債権者に対して〈1〉の特約をもって対抗することができない。

　また、将来債権の譲渡につき、これが可能である旨の明文の規定を設けています。

【3.1.4.02】（将来債権の譲渡）
〈1〉将来発生すべき債権（以下、将来債権という）についても、譲渡することができ、【3.1.4.04】に従って対抗要件を備えることができる旨の規定を置くこととする。
〈2〉将来債権が譲渡された場合には、その後、当該将来債権を生じさせる譲渡人の契約上の地位を承継した者に対しても、その譲渡の効力を対抗することができる。

　この点に関しては、将来債権の担保化の要請が実務上認められることから、その要請に資するものと評価できますが、公序良俗違反となる場合に規制をかけるという枠組みでは、将来債権の包括的譲渡も原則的に広く行い得ることとなります。これにともなう危険性が考慮されず、規制が困難になるおそれがあると考えられます。

Q3-20

債権譲渡－その２（債権譲渡の対抗要件）

[債権譲渡の対抗要件とは、何を具備すれば良いのでしょうか？]

A 対債務者と、対第三者の対抗要件を考える必要がありますが、民法上は、譲渡人から債務者に対する通知または債務者の承諾が基本となります。

解説

1. 債権譲渡の債務者に対する対抗要件

　債権譲渡は、譲渡人・譲受人間の合意のみによって、債務者と無関係に行われます。そこで、債務者を保護すべく、債務者に対する対抗要件として、債務者への通知または債務者の承諾が必要とされます。

　債権譲渡の通知は、譲渡人から譲受人に譲渡がなされたという事実を債務者に知らせる行為であり、観念の通知*になります。通知をするのは譲渡人でなければならず、譲受人が行ったのでは虚偽のおそれが大きいことから、有効な通知にはなりません。

　同様の観点から、譲受人が、譲渡人に代位して債権譲渡の通知を行うことも認められません。

　通知は、譲渡と同時に行われなくても構いませんが、事前の通知は、譲渡時期を不明確にするものであって、債務者に不利益を及ぼすおそれがあることか

---

*観念の通知：意思表示が効果意思を表明するものであるのに対して、一定の事実を伝えることをいう。

ら、有効な対抗要件とは認められません。ただ、一定の条件のもとに、「将来、当然に発生する債権を譲渡したときは、その旨の通知で足り、条件が成就したときに重ねて通知する必要はない」とされます（大判昭9.12.28）。

　債権譲渡の承諾は、債務者が、債権の譲渡された事実について認識を表明することであり、やはり観念の通知になります。承諾の相手方は、譲渡人・譲受人のいずれでも良く、通知と異なり、事前に承諾することも有効とされます。

　これは、債務者の側からこのような行為を行う以上、債務者にとって二重弁済等の不利益が生じるおそれが乏しいことによります。

2. 債務者以外の第三者に対する対抗要件

　譲受人が債権譲渡を債務者以外の第三者に対抗するためには、確定日付ある証書による通知または承諾が必要になります（467条2項）。これは、通知行為または承諾行為について確定日付を必要とするというものであり、実務上は、内容証明郵便での通知が広く行われています。

（指名債権の譲渡の対抗要件）
第467条　指名債権の譲渡は、譲渡人が債務者に通知をし、又は債務者が承諾をしなければ、債務者その他の第三者に対抗することができない。
2　前項の通知又は承諾は、確定日付のある証書によってしなければ、債務者以外の第三者に対抗することができない。

　第三者に対する対抗要件を、債務者に対する「通知または承諾」としたのは、債権を譲り受けようとした者が、債務者に問い合わせを行い、債権の有無・所在等を問い合わせるのが通常であることから、債権譲渡に関する債務者の認識を通じて第三者に対する公示を図ろうとしたものになります。

　ここでいう第三者とは、債権譲渡の当事者以外のものを広く含むのではなく、譲渡された債権そのものに対し、法律上の利益を有するものに限定されます。例えば、債権の二重譲受人、譲渡債権を差し押さえた譲渡人の債権者は第三者に当たりますが、譲渡された債権の保証人等は第三者に当たりません。

　債務者以外の第三者に対する対抗要件について問題となるのは、通知承諾が

2つ以上ある場合です。まず、確定日付ある証書による通知・承諾が2つ以上ある場合は、債務者の認識を通じて第三者に対する債権譲渡の公示を図ろうとした467条1項の趣旨にかんがみ、確定日付ある通知が債務者に到達したとき、または確定日付ある債務者の承諾の日時の先後によって決定されることになります（到達時説）。

通知が内容証明郵便等の方法によることから、2つの確定日付ある通知が、同時到達するといった事態も考えられます。この場合、判例は、各譲受人が互いに債権者であることを主張することができ、債務者に対する請求も可能としています。債務者はいずれかの債権者に弁済をすれば、免責されることになります。

債権譲渡の目的たる債権に抵当権がついていた場合、抵当権登記と債権譲渡の確定日付の通知のいずれが優先するかも問題となります。抵当権は、付従性があり、その一環として、債権が移転すれば、抵当権も随伴するものであることから、債権移転があった場合、抵当権の帰属も債権譲渡の対抗要件の具備の先後によって、決せられるべきといえます。

改正試案を読む

改正試案では、債務者以外の第三者に対する対抗要件と、債務者に対する権利行使要件という形で規定を置いています。

まず、債務者以外の第三者に対する対抗要件ですが、従前の債務者の認識をもって公示をするという方法については、例えば、債務者が問い合わせに対し真実を述べることの担保が存在せず不備な点が少なくない、といった批判が展開されてきました。

そこで改正試案は、金銭債権の譲渡については、現行法上、動産・債権譲渡特例法（動産及び債権の譲渡の対抗要件に関する民法の特例等に関する法律）において用いられている債権譲渡登記の方式を導入し、「債権譲渡の登記なくして、債務者以外の第三者に対抗することができない」としました。これに対し、金銭債権ほど頻繁に譲渡の対象とされない非金銭債権の譲渡については、「譲渡

契約書に確定日付を得なければ、債務者以外の第三者に対抗することができない」とされています。

> 【3.1.4.04】（債権譲渡における債務者以外の第三者に対する対抗要件）
> 〈１〉 金銭債権の譲渡は、これについて債権譲渡の登記をしなければ、債務者以外の第三者に対抗することができない。
> 〈２〉 非金銭債権の譲渡は、その譲渡契約書に確定日付を得なければ、債務者以外の第三者に対抗することができない。

　債務者に対する権利行使要件ですが、現行法の「対抗要件」という表現ではなく、「権利行使要件」という用語で規定されています。

　具体的な権利行使要件としては、「厳重な方法」として、登記事項証明書または確定日付ある譲渡契約書の写しを債務者に交付しての通知を、「簡易な方法」として、債務者に対する無方式の通知の２つを規定しています。

　債権譲渡の対抗要件について、大きくその内容が改められることは、実務上の混乱を招くことが予想されますし、登記により公示される内容によっては、個人情報との関係で問題も生じ得ます。また、登記制度を広く導入することは、実務的には、コスト的に不合理な結果になるおそれもあり、具体的な制度のつめが重要であると考えられます。

Q3-21 債権債務の当事者が複数いる場合

債権債務の一方当事者が複数いる場合には、どのような扱いになるのでしょうか？ 例えば、全員に対して全額の請求ができるのか、頭割りといった形になるのか、そのあたりの基準を教えてください。

①債権者（ら）・債務者（ら）間の対外的関係、②債権者ら・債務者ら相互間の対内的関係、③一部の者が履行または受領した場合の求償関係の３つが問題となります。

民法は不可分債務、連帯債務といったいくつかの類型を規定し、それぞれについて、上記の３つの問題がどのように処理されるのかを取り決めた規定を置いています。

解説

1．多数当事者間の債権債務関係

１個の債権関係について数人の債権者がある場合、または数人の債務者がある場合を「多数当事者間の債権債務関係」といいます。

多数当事者間の債権債務関係においては、
① 対外的関係：債権者・債務者間において、どのような請求がなしえ、どのように弁済すべきかという問題
② 対内的関係：債権者または債務者の１人に生じた事由が、他の債権者または債務者にどのように影響を及ぼすかという問題
③ 内部関係：一部の者が弁済を受けまたは一部の者が弁済をしたという場

合に、他の債権者にどのように分与がなされ、他の債務者にどのように求償をなし得るかという問題

の3つの問題があります。

この点について民法は、いくつかの類型を規定し、そのいずれに該当するかにより、上記の3つの問題をどのように処理するのかについて規定を置いています。

2. 分割債権債務の原則

民法は多数当事者間の債権債務関係につき、原則として各当事者間に、平等の割合で分割されるという分割債権債務の原則を採用しています（427条）。

> （分割債権及び分割債務）
> 第427条　数人の債権者又は債務者がある場合において、別段の意思表示がないときは、各債権者又は各債務者は、それぞれ等しい割合で権利を有し、又は義務を負う。

分割債権債務においては、各債権債務が独立していることから、対外的関係については、「それぞれの請求・履行が、単独でほかに影響をすることなくなし得る」とされます。

対内的関係については、各債権債務が独立のものであることから、ある債権者・債務者間に生じた事由が他に影響を及ぼす絶対効は認められません。

内部関係については、基本的に債権者または債務者の相互の契約によって処理され、これがない場合には、平等の割合と推定されています。

3. 不可分債権

不可分債権とは、1個の不可分的給付について数人の債権者がいる場合をいいます。この中には、債務の目的が性質上不可分である場合と、当事者の意思表示によって不可分とされる場合があります。

例えば、共有地を共同所有者から購入した買い主は、性質上不可分である不可分債権を取得することになります。また、多量の鉄鉱石を共同で購入した者

が、輸送の都合などを考えて「分割給付はしない」と特約を置いた場合などは、意思表示による不可分債権を取得することになります。

不可分債権の対外的効力については、「各債権者が単独で全部の履行をなし得、債務者は各債権者に対して、全部の履行をなし得る」とされています。絶対効については、原則として認められず、ただ、履行と請求、具体的には、これらによって生じる時効中断・履行遅滞・受領遅滞・供託についても絶対効が認められます。

内部関係ですが、履行を受けた債権者は、他の債権者に対して、内部関係の割合に応じて分与すべきであるとされています。

4. 不可分債務

不可分債務とは、1個の不可分的給付について数人の債務者がいる場合であり、給付が性質上不可分である場合と、当事者の意思表示によって不可分である場合とがあります。

判例上問題となった例としては、共同賃借人の賃料債務がありますが、金銭債務とはいえ、これを分割債務としたのでは、各賃借人が目的物から不可分的に利益を受けていることに照らし不公平であり、このように、不可分的給付の対価としての給付は、不可分でなければならないとして、不可分債務とされています。

不可分債務の対外的効力ですが、債権者が1人の債務者に対して、または総債務者に対して、同時にもしくは順次に全部の請求をすることができます。絶対効については、本来の意味での債権の満足を目的とする事由は、他の債務者に影響を及ぼすとされます。具体的には、弁済・代物弁済・相殺・供託・受領遅滞等がこれに当たります。

内部関係については、履行した債務者は他の債務者に対して、内部の負担部分の割合に応じて、求償をなし得ることになります。

5. 連帯債務

連帯債務については、後述します（Ｑ３−22）。

📖 改正試案を読む

改正試案では、基本的に現行法の方針を維持し、理解しやすいよう、多数の債権者がいる場合と、多数の債務者がいる場合につき、規定を分けて設けています。

債権に関しては、現行法にある類型のほかに、連帯債権について規定を置いたり、不可分債権が後発的に可分となったときに、分割債権となることを基本としつつ、債権者と債務者間の合意があれば連帯債権となり得る旨の規定を置いています。

【3.1.6.01】（分割債権・連帯債権・不可分債権）

〈１〉同一の債権につき、数人の債権者があるときは、次に定めるところに従い、分割債権、連帯債権、または、不可分債権を有する。

　〈ア〉債権がその性質上可分である場合で、連帯債権とならないとき　　分割債権

　〈イ〉債権がその性質上可分である場合で、債権者と債務者との間に連帯債権とする合意のあるとき、または、法律上、【3.1.6.03】の効力が生じるとき　　連帯債権

　〈ウ〉債権がその性質上不可分であるとき　　不可分債権

〈２〉不可分債権は、債権が可分となったときは、分割債権となる。ただし、債権者と債務者との間であらかじめ反対の合意をしていれば、連帯債権となる。

連帯債務

Q3-22

連帯債務とは、どのような場合をいうものでしょうか？

A 数人の債務者が、同一内容の給付について、各自が独立に全部の給付をなすべき債務を負い、しかもそのうちの1人が給付すれば、他の債務者も債務を免れる多数当事者の債務をいいます。

解説

1. 連帯債務の意義

連帯債務とは、数人の債務者が、同一内容の給付について、各自が独立に全部の給付をなすべき債務を負い、しかもそのうちの1人が給付すれば、他の債務者も債務を免れる多数当事者の債務をいいます。

（履行の請求）
第432条　数人が連帯債務を負担するときは、債権者は、その連帯債務者の一人に対し、又は同時に若しくは順次にすべての連帯債務者に対し、全部又は一部の履行を請求することができる。

（連帯債務者の一人についての法律行為の無効等）
第433条　連帯債務者の一人について法律行為の無効又は取消しの原因があっても、他の連帯債務者の債務は、その効力を妨げられない。

（連帯債務者の一人に対する履行の請求）
第434条　連帯債務者の一人に対する履行の請求は、他の連帯債務者に対しても、その効力を生ずる。

> （連帯債務者の一人との間の更改）
> 第435条　連帯債務者の一人と債権者との間に更改があったときは、債権は、すべての連帯債務者の利益のために消滅する。

　連帯債務は、日常家事債務についての夫婦間の責任（761条）や商法上の規定など、「法律の規定によって生じる場合」と、「当事者の意思表示によって成立する場合」とがあります。

2.　連帯債務の効力

　対外的効力については、債権者は債務者に対し、同時もしくは順次に全部または一部の請求ができます。

　絶対効*が生じる範囲については、連帯債務がそれぞれ独立した債務であることから、原則として債務者の一人に生じた事由は相対効にとどまる（基本的に、債務者の一人に生じた事由は他の債務者に影響しない）ことになります。例えば、債務者の一人が債務の承認をして時効が中断しても、他の債務者には時効中断効は及ばないということになります。

　ただ、連帯債務は、同一の目的を有する債務ですから、弁済等の目的を達成させる事由に絶対効が生じるのは当然ですし、各債務者間に密接な関係があることから、広い範囲で絶対効が生じるものとされています。

　絶対効が生じる事由は、弁済、代物弁済、供託、受領遅滞、相殺、履行の請求およびこれを理由とする履行遅滞・時効中断・更改、免除、混同、時効になります。

　これらのうち、「債権全体について絶対効が生じるもの」と、「負担部分のみについて絶対効が生じるもの」とがあり、他の連帯債務者の反対債権での相殺、免除、時効については、負担部分の範囲で絶対効を生じることになります。

　例えば、連帯債務者Aさん、Bさん、Cさんが90万円の連帯債務を負ってお

＊絶対効：1人の債務者について生じた事由が他の債務者にも効力が及ぶ場合、「絶対効がある」という。

り、それぞれの負担部分が３分の１という場合を考えます。債権者がＡさんに対して請求をした場合の時効中断効は、Ｂさん、Ｃさんについても90万円全額について及びますが、債権者がＡさんに対して免除をしても、それはＡさんの負担部分である30万円の範囲でしか他の債務者には及ばないので、Ｂさん、Ｃさんはなお90万円－30万円＝60万円の債務を負うことになります。

次に求償関係では、連帯債務においては、各債務者が密接な関係があることから、内部的に負担部分が定まっています。負担部分は、債務者間の特約で決められることになりますが、特殊事情がない限り、平等の割合と解すべきとされています。

ここで注意すべきなのは、負担部分は割合であって固定した金額ではないということです。したがって、連帯債務者の１人が自己の財産を提供し、共同の免責を受けた場合、それが自己の負担部分を超える弁済でなくとも、負担部分の割合に応じた求償をなし得ることになります。

この求償権については、通知を要件とする旨の規定があります。すなわち、各連帯債務者は、共同免責のための弁済等を行うに当たり、他の債務者に対し、事前および事後の通知をしなければならないとされています。

事前の通知がなかった場合には、他の債務者が債権者に対抗できる事由を有したとき、その事由をもって求償者に対抗できます。事後の通知がなかった場合は、これを知らない他の連帯債務者が弁済をなした場合、その者は自己の弁済を有効なものとみなすことができるとされます。

双方の通知がいずれも欠けた場合については、通常要求される443条の規定の適用はなく、「第一の弁済のみが有効となる」とするのが判例です（最判昭57.12.17）。

改正試案を読む

改正試案では、連帯債務の規定が置かれていますが、それは、現行法における連帯債務とは異なるものとされ、相対的効力事由を中心とし、連帯債務者間に一定の関係があるときに、個別的な例外を認めるというものになっています。

また、連帯債務の発生原因についても規定が整備され、「債務者が共同で債務を負ったとき、債権者と債務者との間に連帯債務とする合意のあるとき」が発生原因として規定されています。

【3.1.6.06】（分割債務・連帯債務・不可分債務）
〈1〉同一の債務につき、数人の債務者があるときは、次に定めるところに従い、分割債務、連帯債務、または、不可分債務を負う。
　〈ア〉債務がその性質上可分である場合で、連帯債務とならないとき　　分割債務
　〈イ〉債務がその性質上可分である場合で、債務者が共同で債務を負ったとき、債権者と債務者との間に連帯債務とする合意のあるとき、または、法律の規定があるとき　　連帯債務
　〈ウ〉債務がその性質上不可分であるとき　　不可分債務
〈2〉不可分の利益の償還または対価の支払については、その債務がその性質上可分であるときは、連帯債務とする。ただし、反対の合意があるときは、この限りでない。
〈3〉同一の損害について複数の債務者がそれぞれ賠償する責任を負うときも、〈2〉と同様とする。ただし、共同不法行為の場合は、〈5〉を適用する。
〈4〉不可分債務は、債務が可分となったときは、分割債務となる。ただし、債権者と債務者との間であらかじめ反対の合意をしていれば、連帯債務となる。
〈5〉不法行為については、さしあたって現行法を維持し、かつ、連帯債務となるときはこの提案による連帯債務の規定を適用する。

Q3-23

保証契約【事例】

　ある人に融資をするにあたり、保証人をつけてもらうことにしました。保証人をつけてもらう場合、そしてつけてもらったあとに、保証契約に関して注意すべき点がありますか？

A　2004（平成16）年の民法改正により、保証契約は、書面でしなければ効力が認められない「要式行為」とされました。書面によらない口頭の約束では効力は認められないので注意が必要です。

　また、債権管理という側面からすれば、主債務者との間に生じた事由はすべて絶対的効力を有することから、主債務者に対する債権が消滅時効にかかった場合には、保証債務もともに消滅することとなります。したがって、主債務者に対する債権管理にも意を用いる必要があります。

解説

1. 保証債務の意義

　保証債務とは、主たる債務者が債務を履行しない場合に、これに代わって履行するため、保証人が負担する債務をいいます。

　例えば、債権者をＡさん、債務者をＢさん、保証人をＣさんとすると、Ａさんはお Ｂさんに請求できることはもちろんですが、Ｂさんが弁済をしないときには、保証人Ｃさんに対して請求することができ、より確実な履行を期待することができます。

○保証債務のイメージ

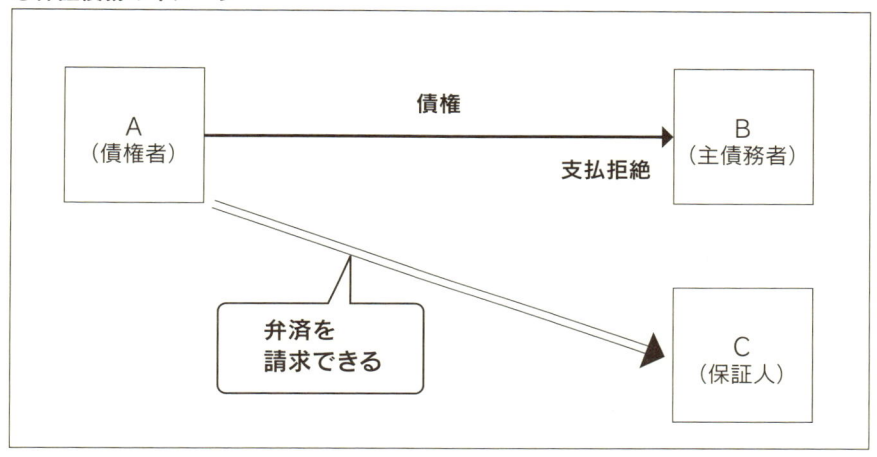

```
A（債権者） ──債権──→ B（主債務者）
             支払拒絶
       ＼
        ＼→ C（保証人）
弁済を請求できる
```

> （保証人の責任等）
> 第446条　保証人は、主たる債務者がその債務を履行しないときに、その履行をする責任を負う。
> 2　保証契約は、書面でしなければ、その効力を生じない。
> 3　保証契約がその内容を記録した電磁的記録（電子的方式、磁気的方式その他人の知覚によっては認識することができない方式で作られる記録であって、電子計算機による情報処理の用に供されるものをいう。）によってされたときは、その保証契約は、書面によってされたものとみなして、前項の規定を適用する。

　保証債務も多数当事者間の債権債務（Ｑ３−21）の一類型になりますが、主債務者の債務との関係で、主従の関係がある点が他の類型とは異なります。
　このように、保証債務は、主債務との間で主従の関係があることから、付従性を有するのが大きな特徴です。

2.　保証債務の付従性

　まず、保証債務は、主たる債務の存在を前提とし、主債務が不成立・無効・取り消されたときには保証債務は効力を生じないことになります。これを「成立における付従性」といいます。

この点、特定物の売り主の債務を保証した場合の効力が議論されますが、特定物の売買の場合も、保証人はその目的物を売り主から取得し、履行することが可能である以上、保証契約として有効と認められます。

つまり、特定物の売り主は当該目的物の引渡債務を負うことになり、付従性から、保証人も同様の責任を負うことになりますが、「当該特定物は売り主自身しか持っていないので、保証人はこれを引き渡すことはそもそも不能であり、原始的不能として保証債務は無効となってしまうのではないか？」という問題です。

これについては、「売り主から当該目的物を取得して引き渡すことも可能である以上、このような場合の保証債務も有効である」と解されているのです。

この場合保証人は、履行すること自体を保証するとともに、それが不能な場合には、それに代わる損害賠償責任を負担すると解することになります。保証債務の付従性の１つの表れとして、主債務者が、同時履行の抗弁権といった抗弁を有する場合には、これを行使することもでき、また、主債務が移転すれば、これについて保証債務も移転することになります。これを「存続における付従性」といいます。

最後に、主債務が弁済・取消し・更改等により消滅した場合、保証債務も当然に消滅することになります。これを「消滅における付従性」といいます。

3. 保証契約の方式と効力

保証債務は、債権者と保証人との間の保証契約により成立します。保証人となる資格に、とくに制限はありません。

保証契約は、かつては通常の契約と同様、口頭でも意思表示の合致が認められれば成立するものとされていましたが、2004（平成16）年の民法改正により、書面でしなければその効力を生じない要式行為とされました。したがって、書面によらない保証契約は無効ということになります。

なお、電磁的記録による場合も書面によるものと見なされます。保証債務の内容は、保証債務の付従性・保証契約によって決まることになります。

「保証債務の範囲」については447条に規定があり、保証債務は主債務の元本のほか、原則として利息、違約金、損害賠償その他すべての主債務に従たるものを包含します。

> （保証債務の範囲）
> 第447条　保証債務は、主たる債務に関する利息、違約金、損害賠償その他その債務に従たるすべてのものを包含する。
> 2　保証人は、その保証債務についてのみ、違約金又は損害賠償の額を約定することができる。

契約が解除された場合の、原状回復義務および損害賠償債務に保証人の責任が及ぶかが問題となります。

このような場合、当該契約をめぐり生じる一切の債務を保証し、相手方に損失を被らせないとするのが、保証人の通常の意思であることから、「不当利得返還請求権としての性質を有する原状回復義務についても、保証人の責任は及ぶ」と見ることができ、損害賠償債務についても、契約上の債務との同一性が認められることから、同様に保証債務が及ぶとされています。

保証債務が付従性を有することから、主債務が制限行為能力を理由に取り消し得べきものである場合、取消しにより、保証債務も消滅するはずですが、保証人が契約当時それを知っていたときは、後に主債務の不履行または取消しがあっても、保証人は主債務と同一目的を有する独立の債務を負担するものと推定されます。

つまり、本来は、主債務が消滅すればそれとともに保証債務も消滅するというのが筋ですが、保証人が主債務について取消しできるものであることを知りつつ、あえて保証契約を締結した場合には、保証債務の消滅を認めてその保護を図る必要はありませんし、保証債務の履行を期待する債権者を保護する必要性があることから、なお保証債務は存続する、としたのです。

4. 保証人の権利

保証人は、催告の抗弁権、検索の抗弁権、主債務者の抗弁権を行使すること

もできます。

催告の抗弁権とは、保証人が、債権者に対し、まず債務者に対して請求をするよう主張して、履行を拒むことができることをいいます。検索の抗弁権は、保証人が、主たる債務者に弁済の資力があることを立証した場合に、債権者は主債務者の財産について強制執行しなければ、保証人に対する請求ができないとするものです（452条、453条）。

> （催告の抗弁）
> **第452条** 債権者が保証人に債務の履行を請求したときは、保証人は、まず主たる債務者に催告をすべき旨を請求することができる。ただし、主たる債務者が破産手続開始の決定を受けたとき、又はその行方が知れないときは、この限りでない。
>
> （検索の抗弁）
> **第453条** 債権者が前条の規定に従い主たる債務者に催告をした後であっても、保証人が主たる債務者に弁済をする資力があり、かつ、執行が容易であることを証明したときは、債権者は、まず主たる債務者の財産について執行をしなければならない。

このほか、保証債務の付従性に基づき、主債務者の抗弁については行使することができます。

5. 保証債務の効力

まず、対外的効力ですが、債権者は、保証人に対し、全額の請求をすることができます。ただし保証人は、催告の抗弁、検索の抗弁を主張し得るにとどまることになります。

絶対効が生じる範囲については、付従性を理由として、主債務者について生じた事由は原則としてすべて保証人につき効力を及ぼすものとされます。例えば、主債務者に対する時効中断は、保証人に対しても効力を生じることになります。逆に、保証人について生じた事由は主債務者に対して影響を及ぼすものではありません。

債権者からすれば、債権管理の一環として時効を中断しておこうと考えたと

きに、主債務者に対して請求すれば、主債務の消滅時効が中断されるとともに、その効果が保証人にも及ぶため、あらためて保証人に対して請求をすることはしなくて済みます。ただし、保証人に対してなした請求は、保証債務の時効を中断するのみで、その効果は主債務者に及ばないので、別途、主債務者に対しても請求をしなければならないことになるのです。

保証人が債務を履行した場合の求償権に関しては、通常の保証人にはもともと自己負担部分がないことから、主債務者に対して求償権を有するということになります。

求償権は、保証人が自己の出捐によって主たる債務を消滅させた場合に発生し、求償権の範囲については、委託*を受けた保証人か否かによって、扱いが異なります。

委託を受けた保証人においては、主たる債務を消滅させた財産額と免責のあった日以後の法定利息および避けることもできなかった費用その他の損害賠償を請求することできます（459条）。

つまり、頼まれて保証人になった以上、その保証債務を履行した場合の求償関係では、強く保護されるべきであり、支払いをした金額はもとより、支払いをした日以後の利息分や、例えば振込手数料などの費用等についても、求償し得るとしたのです。

（委託を受けた保証人の求償権）
第459条　保証人が主たる債務者の委託を受けて保証をした場合において、過失なく債権者に弁済をすべき旨の裁判の言渡しを受け、又は主たる債務者に代わって弁済をし、その他自己の財産をもって債務を消滅させるべき行為をしたときは、その保証人は、主たる債務者に対して求償権を有する。
2　第442条第2項の規定は、前項の場合について準用する。

これに対し委託を受けない保証人は、保証したことが主債務者の意思に反しないときは、免責のための財産提供行為をした当時、主たる債務者が利益を受

＊委託：頼まれて保証人になった場合をいう。

けた限度で求償することができます。

そして、保証が主たる債務者の意思に反する場合には、求償のときに主たる債務者が現に利益を受ける限度で求償し得るにとどまります。

頼まれもしないのに保証人になって、支払いをしても、強く保護する必要はないので、保証債務を履行して主債務者の責任をその範囲で免れさせても、求償し得るのはその金額のみであり、利息や費用等の請求はできないということです。

改正試案を読む

改正試案では、基本的に現行法およびこれに基づく実務に沿った規定を置いていますが、「検索の抗弁権」については、他国にあまり例がなく、効力も弱いとして、削除するとしています（3.1.7.05）。

また、従来と同様の保証契約のほかに、債務者と保証人の間で締結される「保証引受契約」という類型を定め、これに関する規律をしています。

【3.1.7.01】（保証の意義）
〈1〉本章において「保証」とは、保証人が債権者に対して、債務者の負う債務につき、その履行（損害の賠償を含む。）をする義務を負うことをいう。
〈2〉保証は、次に掲げる方法のいずれかによってする。
　〈ア〉債権者と保証人との間で契約（以下、「保証契約」という。）を締結すること
　〈イ〉債務者と保証人との間で契約（以下、「保証引受契約」という。）を締結すること
〈3〉〈2〉〈イ〉による保証引受契約においては、債権者の権利は、債権者が保証人に対して同意の意思を表示した時に発生する。ただし、保証引受契約の存在を債権者に対して表示した時に発生する旨の慣習があるときは、それに従う。
〈4〉〈3〉により債権者の権利が発生した後は、債務者または保証人は、これを変更し、または、消滅させることができない。
〈5〉〈2〉〈イ〉による保証引受契約によって債務を負担した保証人は、債務者との間の契約に基づき債務者に対して主張しうる抗弁をもって、債権者に対抗することができる。

Q3-24 第三者のためにする契約

「第三者のためにする契約」とは、どのような契約をいうのでしょうか？

A 契約当事者の一方が第三者に対して直接に債務を負担することを相手方に約束する契約をいいます。

解説

1. 第三者のためにする契約の意義

第三者のためにする契約とは、契約当事者の一方が第三者に対して、直接に債務を負担することを相手方に約束する契約をいいます（537条1項）。

例えば、売買契約がなされた場合に、売り主が買い主に対して「代金は自分が借金をしている債権者に直接支払ってほしい」とする場合などが考えられます。

これにより、契約から生じる権利を、契約当事者以外の第三者に直接帰属させることができます。第三者に対する履行を請求する側を要約者、その相手方を諾約者、第三者を受益者といいます。

> （第三者のためにする契約）
> 第537条　契約により当事者の一方が第三者に対してある給付をすることを約したときは、その第三者は、債務者に対して直接にその給付を請求する権利を有する。
> 2　前項の場合において、第三者の権利は、その第三者が債務者に対して同項の契約の利益を享受する意思を表示した時に発生する。

○第三者のためにする契約のイメージ

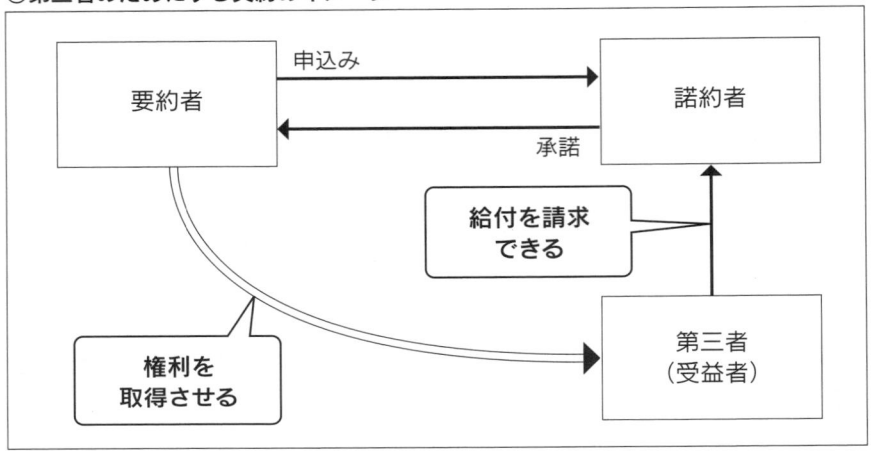

[図：要約者と諾約者の間で申込み・承諾がなされ、要約者から第三者（受益者）に権利を取得させ、第三者は諾約者に給付を請求できる関係を示す]

2. 第三者のためにする契約の要件

契約の要件として、次の2点が必要です。

① 要約者と諾約者の間に有効な契約が成立していること
② 第三者に直接に権利を取得させる趣旨が契約の内容とされること

以下、それぞれ説明します。
① 要約者と諾約者の間に有効な契約が成立していること
　契約が有効に成立するとともに、要約者と諾約者の関係である補償関係についても、有効に成立することが必要になります。
② 第三者に直接に権利を取得させる趣旨が契約の内容とされること
　第三者に直接権利を取得させることが契約の内容とされねばならず、単に第三者に事実上の利益を取得させる趣旨では足りません。
　いずれに該当するかは、個々の契約の解釈によって決すべきことになります。例えば、判例上問題になった例として、電信送金契約があります。特別の事情がない限り、第三者たる送金受取人のためにする契約とはいえず、第三者のた

めにする契約には当たらず、送金受取人は銀行に対し、送金支払請求権を有しないことになります。

これに対し、重畳的債務引受*は、債務者・引受人間でなされる場合には、第三者のためにする契約に該当するとされています。つまり、債務者Bさんと引受人Cさんとの間で重畳的な債務引受契約がなされた場合、これにより債権者Aさんが引受人に対する債権を取得することから、第三者のためにする契約の形に当てはまるわけです。

3. 第三者のためにする契約の効果

第三者の権利は、第三者が諾約者に対して、契約の利益を享受する意思を表示したときに発生します。この受益の意思表示は、第三者の権利の発生要件であり、契約の成立要件ではありません。第三者がこの意思表示により権利を取得したあとは、契約当事者は第三者の取得した権利の内容を変更したり、消滅させたりすることはできなくなります（538条）。

第三者の権利を、発生させた契約に基づく抗弁は、債務者はこれをもって第三者に対抗することができるとされています（539条）。

（第三者の権利の確定）
第538条　前条の規定により第三者の権利が発生した後は、当事者は、これを変更し、又は消滅させることができない。

（債務者の抗弁）
第539条　債務者は、第537条第1項の契約に基づく抗弁をもって、その契約の利益を受ける第三者に対抗することができる。

要約者は、諾約者に対し、第三者に対する履行をなすべきことを請求する権利があります。この権利は、第三者が受益の意思表示をしたか否かにかかわら

---

*重畳的債務引受：債務引受により引受人が債務を負うが、従来の債務者も引き続き債務を負い、両者が併存する場合をいう。

ず認められる権利です。

改正試案を読む

現行法は、第三者のためにする契約の条文がわずか3条にとどまり、詳細が明確ではありませんでした。そこで改正試案は、裁判例上または学説上、第三者のためにする契約の法理の適用が肯定されている事例は、原則として適用対象として取り込むものとし、債権取得型、負担付債権取得型、契約成立型、債務免除型、条項援用型、の各規定を置いています（3.2.16.01～3.2.16.06）。

【3.2.16.01】（第三者のためにする契約の類型）
　契約当事者は、以下の態様において、その一方（諾約者）が第三者（受益者）に対して一定の権利または利益を与えることを他方当事者（要約者）と約定することができるものとする。
　〈ア〉受益者に諾約者に対する債権を取得させること（債権取得型）
　〈イ〉〈ア〉の場合において受益者に付随的な負担が伴うこと（負担付債権取得型）
　〈ウ〉受益者が、諾約者から財産権の移転または役務の提供を受ける債権を取得するのに対し、反対給付の債務を負う契約を成立させること（契約成立型）
　〈エ〉受益者が諾約者に対して負担する債務を免除すること（債務免除型）
　〈オ〉要約者と諾約者の間で合意された、受益者の諾約者に対する責任の制限や免除に関する条項を受益者が援用できるようにすること（条項援用型）

Q 3-25 不真正連帯債務

不真正連帯債務とは、どのような債務ですか？

A ２人以上の債務者が同じ目的を持った同一内容の債務の給付義務を負う場合のうち、債務者間に主観的共同関係のない場合です。債務者間に絶対効を生じる事由が少ないという特徴があります。

解説

債務者が複数いるという場合の中には、民法の明文の規定がなく、解釈により認められてきたものもあります。その代表的なものが、不真正連帯債務です。

不真正連帯債務とは、２人以上の債務者が同じ目的を持った同一内容の債務の給付義務を負う場合のうち、債務者間に主観的共同関係のない場合をいいます。

例えば、ＡさんとＢさんが交通事故を起こし、通行人Ｃさんに怪我を負わせたとします。ＡさんとＢさんは意思を通じ合って車をぶつけたわけではないので、主観的共同関係は認められませんが、Ａさん、Ｂさんの負う債務はいずれもＣさんに発生した損害を塡補するという同一の目的を対象としているので、不真正連帯債務である、ということになります。

不真正連帯債務は、各債務者が同一内容の給付について全部履行すべき義務を負い、債務者の１人が履行すれば他の債務者も債務を免れるという点では、相互のつながりはあるのですが、債務者間に主観的共同関係がない点が大きな特徴となります。

したがって、債務者のうち１人に生じた事由は弁済、供託等債権を満足させ

るもの以外は他の債務者に影響を及ぼさず（すなわち絶対効がなく）、内部的には負担部分がないため、弁済をした者は他の債務者に求償ができないことになります。

　もっとも、債務者の1人が弁済をしても他の者に求償ができないというのでは、たまたま弁済をした者がすべての負担をしなければならないことになり、非常に不公平な結果になります。そこで、不真正連帯債務においても、公平の見地から、なお求償を認めるべきとされる場合が出てきました。

　例えば、「共同不法行為」（719条）の場合（Q5-5）、各加害者が被害者に対して負う債務は不真正連帯債務とされていますが、このような場合には、各加害者の過失の程度等に応じて、内部的にはなお負担部分を観念することができるとして、共同不法行為者相互間では求償が認められた例があります（最判昭41.11.18）。

Q3-26 債権の消滅原因

債権の消滅原因には、どのようなものがありますか？

A 時効などの権利一般の消滅原因と、弁済などの債権に特有の消滅原因があります。

解説

1. 債権の消滅原因

債権は、時効などの権利一般の消滅原因により、また、契約の解除など債権発生の基本となった法律関係の消滅により、消滅します。

このほかにも、債権に特有の消滅原因として、債権の目的の到達である弁済やこれに準じる代物弁済、相殺、更改、免除、混同などによっても消滅します。

混同とは、債務者の地位と債権者の地位が同一人に帰属することをいい、債権を存続させる必要性がなくなるため、原則として債権が消滅します。

2. 弁済

(1) 弁済の意義

弁済とは、債務の内容たる給付を実現させる債務者その他の者の行為をいいます。

例えば、Aさんから100万円を借りて、100万円の返還債務を負っているBさんが、この100万円をAさんに返還することです。

（2）第三者の弁済

　弁済は、本来債務者によってなされるものですが、一定の要件を満たせば、債務者以外の第三者が、他人の債務として弁済することも認められています（474条）。

> （第三者の弁済）
> **第474条**　債務の弁済は、第三者もすることができる。ただし、その債務の性質がこれを許さないとき、又は当事者が反対の意思を表示したときは、この限りでない。
> 2　利害関係を有しない第三者は、債務者の意思に反して弁済をすることができない。

　第三者の弁済は原則として有効ですが、次の場合には認められません。

①　債務の性質がこれを許さないとき
②　当事者が反対の意思を表示したとき
③　利害関係のない者の弁済で、債務者の意思に反するとき

　利害関係を有する第三者としては、物上保証人、担保の負担付不動産の第三取得者などがあります。

3. 代物弁済

　代物弁済とは、本来の給付と異なる他の給付を現実になすことによって、本来の債権を消滅させる債権者と弁済者との契約をいいます（482条）。

　例えば、売買契約に基づき100万円の代金支払債務を負っているＡさんが、債権者Ｂさんとの合意に基づき、お金の代わりに自分の持っている車を渡す、などといった場合です。

> （代物弁済）
> **第482条**　債務者が、債権者の承諾を得て、その負担した給付に代えて他の給付をしたときは、その給付は、弁済と同一の効力を有する。

代物弁済は要物契約であり、本来の給付と異なる給付を現実になすことによって債権が消滅します。目的物が不動産であれば、登記手続の完了を待って債権が消滅することになります。

　具体的な要件は、以下の通りです。

> ① 債務の存在
> ② 本来の給付と異なる給付をすること
> ③ 弁済に代えてなされること
> ④ 当事者間の契約があること

4. 弁済の提供

　弁済の提供とは、債務者が、単独で完了することのできない給付について、その給付の実現に必要な準備をして債権者の協力を求めることをいいます。

　例えば、Aさんにみかんを売った売り主Bさんは、みかんを債権者であるAさんに受領してもらわなければ債務の弁済を完了することができません。そこで、みかんをAさんの住所地まで持っていき、受け取りを促すことになります。これが弁済の提供です。

　弁済の提供の方法については、原則として現実の提供を要します。ただ、債権者があらかじめ受領を拒んだとき、または債務の履行につき債権者の行為を要するときは、例外的に口頭の提供で足りるとされます（493条）。

> （弁済の提供の方法）
> 第493条　弁済の提供は、債務の本旨に従って現実にしなければならない。ただし、債権者があらかじめその受領を拒み、又は債務の履行について債権者の行為を要するときは、弁済の準備をしたことを通知してその受領の催告をすれば足りる。

　まず、「現実の提供」とは、弁済のため債権者の協力を要する場合に、債務者が、債権者に対して、受領その他の協力さえすれば弁済が完了する程度の状態を作り出すことをいいます。

　金銭債務でいえば、現実の提供と認められるためには、原則として債務の全

額であることを要し、ただ、金額に僅少の不足があっても、信義則上、なお有効な提供と認められます。また、金銭を債権者住所地に持参した場合、支払いをなすべき旨を述べれば良く、金銭を債権者の面前に呈示する必要はありません。

次に、「口頭の提供」ですが、債権者があらかじめ受領を拒むか、債務の履行につき債権者の行為を要する場合に、債務者が、債権者に弁済の準備をしたことを通知してその受領を促すことをいいます。取立債務の場合などがこの代表例といえます。

債権者の受領拒絶の意思が明確な場合にまで、口頭の提供が必要かが問題ですが、このような場合には、口頭の提供を要求してもまったく無意味であることから、不要であると解されています。

5. 供託

供託とは、弁済者が弁済の目的物を債権者のために供託所に寄託して債務を免れる制度です。

> （供託）
> **第494条** 債権者が弁済の受領を拒み、又はこれを受領することができないときは、弁済をすることができる者（以下この目において「弁済者」という。）は、債権者のために弁済の目的物を供託してその債務を免れることができる。弁済者が過失なく債権者を確知することができないときも、同様とする。

供託をなすには、供託原因があることが必要であり、

① 債権者側の受領拒絶または受領不能

② 弁済者の過失なくして誰が債権者であるかを確知し得ないこと

が要件となります。

債務者は原則として債務履行地の供託所に供託を行い、これにより債務が消滅します。債権者は、供託所または供託物保管者に対し、供託物の交付を請求する権利を取得します。

📖 改正試案を読む

　改正試案では、現行法の方針を基本的に維持しています。
　ただし、例えば第三者の弁済について、「利害関係を有しない第三者につき、債務者の意思に反して弁済をできない」という現行法の規定の代わりに、「弁済をするについて正当な利益を有する者以外のもの」は、債務者の意思に反して弁済できるが、弁済者は債務者に対して求償権を有しないとしています。

【3.1.3.02】（債務者以外の者による弁済）
〈1〉債務者以外の第三者は、弁済をすることができる。ただし、債務の性質がこれを許さないとき、または、両当事者がこれを許さない旨の合意をしたときは、この限りではない。
〈2〉〈1〉ただし書に該当しない場合において、第三者が弁済したとき、第三者は債務者に対して、委任、事務管理、または、不当利得その他の規律に基づいて、求償権を取得する。
〈3〉〈2〉にかかわらず、〈1〉ただし書に該当しない場合において、［保証人、］物上保証人、または、第三取得者などの弁済をするについて正当な利益を有する者以外のものが、債務者の意思に反して弁済をしたとき、第三者は債務者に対して求償権を取得しない。

　代物弁済についてはこれを諾成契約とし、代物弁済の合意により、債権者は債務者に対して代物給付請求権を取得し、そのうえで、さらに代物が給付されることで、本来の債務が消滅する（3.1.3.05）などの変更をしています。

【3.1.3.05】（代物弁済）
〈1〉債務者が債権者との間で、その負担した給付に代えて他の給付をすることで、債務を消滅させる旨を合意した場合において、債務者が当該他の給付をしたとき、債務は消滅する。
〈2〉〈1〉の合意をした場合、債権者は債務者に対して、他の給付の履行を求めることができるとともに、当初負担した給付の履行を求めることができる。
〈3〉〈1〉の合意をした場合において、債務者が当初負担した給付をしたとき、債権者は債務者に対して、他の給付の履行を求めることができない。

〈4〉債務者以外の第三者と債権者との間で、債務者が負担した給付に代えて他の給付をすることで、債務を消滅させる旨を合意した場合において、第三者が当該他の給付をしたときは、【3.1.3.02】（債務者以外の者による弁済）〈1〉ただし書に該当しないときに限り、債務は消滅する。この場合には、〈2〉〈3〉と同様の規律が妥当する。

Q3-27 債権の準占有者

債権の準占有者とは何ですか？

A 債権者のような外観を有する者をいい、一定の要件を満たせば、そのような者に対する弁済も有効とされます。

解説

1. 債権の準占有者に対する弁済

民法には、債権の準占有者に対する弁済に関する規定があります。債権の準占有者とは、取引通念上、債権者のような外観を有する者をいい、弁済者がこれに対して善意無過失で弁済をしたときには、弁済が有効とされます（478条）。

例えば、通帳と印鑑を盗んだ者が、銀行窓口に行って預金の引出しを行い、銀行がその者を債権者と信じて引出しに応じてしまった場合、本来は無権利者に対する弁済として効力は生じないはずですが、銀行が善意無過失であれば弁済が有効とされ、銀行はその範囲で預金債務を免れることになります。

> （債権の準占有者に対する弁済）
> 第478条　債権の準占有者に対してした弁済は、その弁済をした者が善意であり、かつ、過失がなかったときに限り、その効力を有する。

外観法理に基づくものであり、弁済取引の安全を図ろうとした規定です。

2. 準占有者への弁済が有効となる要件

準占有者への弁済が有効となるには、次の要件を満たすことが必要です。

① 債権の準占有者に対してなされたこと
② 弁済者の善意無過失

債権者の帰責事由が必要か否かについては争われますが、不要です。弁済が義務としてなされることから、弁済者の保護の必要性が高いことによります。

まず、債権の準占有者とは、取引通念上、債権者のような外観を有する者をいいます。このような者に対しては、弁済者が誤って弁済を行ってしまうのも無理からぬことから、弁済取引の安全を図るべく、弁済を有効としたのです。

準占有者の例としては、無効な債権譲渡の譲受人、預金証書等の債券証書と弁済受領に必要な印を有する者などがあります。詐称代理人が準占有者に当たるかは争いもありましたが、判例はこれを認めています（最判昭37.8.21）。

指名債権が二重譲渡された場合の劣後譲受人＊についても同様です（最判昭61.4.11）。

3. 準占有者に対する弁済の効果

弁済は有効となり、債権は消滅します。真の債権者は準占有者に対し、不当利得返還請求、不法行為損害賠償請求などをしていくことになります。なお、弁済者自身が準占有者に対して返還請求することは認められません（大判大7.12.7）。

債権の準占有者に関連して、実務上最も問題となったのは、銀行が預金者とは別の者に対して誤って預金担保貸付を行い、相殺の意思表示をしたという事案です。「478条により、銀行が相殺をもって真の権利者に対抗し得るか？」と

＊劣後譲受人：債権の二重譲渡が行われた場合、その優劣は確定日付ある通知・承諾によるが（467条）、これにより劣後する譲受人をいう。

いう点です。

判例は、「預金担保貸付を行い、被担保債権の弁済がないときには預金債権と相殺するという銀行の一連の行為は、経済的機能では預金債権に対する期限前払戻に近いものであり、弁済と同視することができる」として、478条の類推適用を肯定しました。

改正試案を読む

現行法では、債権の準占有者に対する弁済について、弁済者が善意・無過失の場合にその効力を認めています。480条では、受取証書の持参人に対する弁済については原則として効力を認め、例外的に、弁済者が悪意か過失のある場合には、その効力を否定しています。

> (受取証書の持参人に対する弁済)
> 第480条　受取証書の持参人は、弁済を受領する権限があるものとみなす。ただし、弁済をした者がその権限がないことを知っていたとき、又は過失によって知らなかったときは、この限りでない。

改正試案では、両者に適用される規定を一本化し、合理人＊を基準として債権者の外形を有していると判断される者に対して、正当な理由に基づいて債権者であると信じた場合の弁済を有効な弁済と規定しています。

> 【3.1.3.03】(債権者以外の者に対する履行)
> 〈1〉債権者が第三者に受領権限を与えた場合、または、法律に基づき第三者が受領権限を有する場合、その第三者(この提案では、債権者以外の者で受領権限を有するものという)に対する履行は、弁済となる。
> 〈2〉免責証券を所持する者に対してした履行は、その者が債権者または債権者以外の者で受領権限を有する者でなかった場合であっても、有効な弁済となる。ただし、履行をした者が、履行をするとき、悪意または重大な過失があるときは、この限りではない。
> 〈3〉履行をする者が、合理人を基準として債権者の外形を有していると判断され

＊合理人：合理的な感覚を有する人をいう。

る者を、正当な理由に基づいて債権者であると信じて、その者に対して履行をした場合、履行は有効な弁済となる。
〈4〉履行をする者が、合理人を基準として債権者以外の者で受領権限を有するものの外形を有していると判断される者を、正当な理由に基づいて受領権限を有すると信じて、その者に対して履行をした場合、履行は有効な弁済となる。
〈5〉免責証券を所持する者に対してした履行が、〈3〉または〈4〉にも該当する場合は、〈2〉のみが適用され、〈3〉または〈4〉は適用されない。

Q3-28

債権の消滅時効【事例】

請負契約に基づき、数多くの仕事をしてきましたが、報酬が未収のものが多数あります。何年くらい時効にかからずに請求することができるのでしょうか？

A 民法は、債権の消滅時効を10年としていますが、この特則として、短期消滅時効の定めを置いており、請負人の報酬の場合も、消滅時効を3年とする規定を置いています。したがって、3年を経過した分については報酬債権は消滅時効にかかってしまっていることになります。

改正試案では、時効期間を一律に整備するとともに、時効中断等の概念を整理しました。

解説

1. 時効の意義

時効とは、一定の事実状態が継続する場合に、それが真の権利関係と一致するか否かを問わず、その事実状態をそのまま尊重して権利関係として認めようとする制度をいいます。

時効には、一定期間の事実の継続をもって権利取得を認める「取得時効」と、権利消滅を認める「消滅時効」がありますが、ここでは、債権と密接な関連を有する消滅時効を中心に説明します。

> （消滅時効の進行等）
> 第166条　消滅時効は、権利を行使することができる時から進行する。
> 2　前項の規定は、始期付権利又は停止条件付権利の目的物を占有する第三者のために、その占有の開始の時から取得時効が進行することを妨げない。ただし、権利者は、その時効を中断するため、いつでも占有者の承認を求めることができる。

2. 時効の要件・効果

(1) 時効の期間

　消滅時効が成立するためには、一定の期間、法律上の障害がないのに、債権を行使しないことが必要です。そのような場合には、「権利のうえに眠る者は保護に値しない」として、債権の消滅が認められることになります。

　この期間については、債権については10年と定められ、債権と所有権以外の財産権は20年とされています。

> （債権等の消滅時効）
> 第167条　債権は、10年間行使しないときは、消滅する。
> 2　債権又は所有権以外の財産権は、20年間行使しないときは、消滅する。

　その他にも種々の短期消滅時効の規定があります。短期の規定があるときには、これが優先されます。具体的には、次のようなものがあります。

短期消滅時効の例	期間
商行為によって生じた債権	5年
医師、助産婦または薬剤師の診療、助産または調剤に関する債権、技師、棟梁、請負人の工事に関する債権	3年
生産者、卸売商人、小売商が売却した産物および商品の代価	2年
自己の技能を用い、注文を受け、物を製作しまたは自己の仕事場で他人のために仕事をすることを業とする者の仕事に関する債権など	2年
月またはこれより短い時期によって定めた使用人の給料に関する債権	1年
旅館、料理店、飲食店、貸席、娯楽場の宿泊料、飲食料、席料、入場料、消費物代価ならびに立替金に係る債権	1年

そのほか、手形法・小切手法にも短期消滅時効の規定があります。

短期消滅時効の例	期間
手形振出人に対する手形上の権利	満期の日から３年
小切手所持人の裏書人、振出人その他の債務者に対する訴求権	呈示期間経過後６か月
小切手の支払保証をした支払人に対する権利	呈示期間経過後１年

(2) 時効の援用と放棄

時効期間が完成しても、それだけで当然に時効の効果が発生するわけではありません。

民法は、時効につき「援用」という制度を設けています。援用とは、時効の利益を享受する旨の意思表示をいいます。時効が、他人の権利を取得し、あるいは他人の権利を消滅させるという性質を持ち、倫理に反する面があることから、「時効による利益を受けることを潔しとしない」と当事者の意思を尊重しようとしたものです。

例えば、債権の消滅時効期間が経過しても、それだけで当然に債権の消滅という効果が認められるわけではなく、債務者が時効による効果を主張することがさらに必要である、ということになります。

> (時効の援用)
> 第145条　時効は、当事者が援用しなければ、裁判所がこれによって裁判をすることができない。

この時効の援用権者の範囲については争いがありますが、判例は、「時効により直接に利益を受ける者およびその承継人に限られる」としています。ただし、直接利益を受けるとされる者の範囲は広く解されています。

時効を援用するのとは反対に、当事者は時効利益を放棄することもできます。「時効利益の放棄は、時効完成前には認められない」とされています。これは債権者が、時効援用権を濫用するするおそれがあることによります。

例えば、時効完成前に時効による利益を放棄できるとすると、他人に金を貸

そうとする者が、「あらかじめ時効による利益を放棄しなければ貸してやらない」などとすることが考えられるのです。

　時効が完成し、援用されると権利変動が認められることになりますが、時効の効果については、遡及効*の定めがあり、「永続した事実状態の尊重」という趣旨からすると当然といって良いでしょう。

3. 時効の中断

　時効の中断とは、時効の進行中に時効を覆すような事情が発生した場合に、それまでの時効期間の経過をまったく無意味にすることをいいます。すなわち、時効が中断すれば、再度ゼロからカウントし直すことになります。

　いかなる事由が時効中断事由となるかですが、「請求」「承認」「差押え・仮差押・仮処分」という法定中断事由が定められています。

```
（時効の中断事由）
第147条　時効は、次に掲げる事由によって中断する。
　一　請求
　二　差押え、仮差押え又は仮処分
　三　承認
```

　このうち請求については、裁判所の請求には確定的な中断効がありますが、訴訟外の請求である催告については、6か月以内の期間に訴訟等の手段をとらなければ、時効の中断が認められない暫定的な中断とされています。

　したがって、債務者に対して手紙で請求などをしても、とりあえず時効は中断するものの、それから6か月以内に訴訟等の正式な請求手続をとらないと、結局、手紙による請求の時効中断は生じなかったことになります。「6か月ごとに手紙で請求しておけば大丈夫」と勘違いしている人が多いところであり、要注意です。

　この時効の中断と似て非なる概念として、「時効の停止」という概念があり

＊遡及効：効果がさかのぼって生じること。

ます。時効の停止とは、権利者の時効中断を不可能ないし著しく困難ならしめる事情が発生した場合に、その一定期間だけ時効期間に算入しないことをいいます。

改正試案を読む

改正試案では、一般の時効とは別に、「債権時効」という項目を設け、時効期間の統一、起算点の見直し、時効障害の合理化といった基本的な考え方に基づいて種々の規定を置いています。

債権時効の起算点を、次のいずれかとしています。

① 債権を行使することができるときから10年
② 債権者が債権発生の原因および債務者を知ったときは、そのときまたは債権を行使することができるときのいずれか後に到来したときから、3年、4年または5年で消滅する

【3.1.3.44】（債権時効の起算点と時効期間の原則）
〈1〉債権時効の期間は、民法その他の法律に別段の定めがある場合を除き、債権を行使することができる時から［10年］を経過することによって満了する。
〈2〉〈1〉の期間が経過する前であっても、債権者（債権者が未成年者または成年被後見人である場合は、その法定代理人）が債権発生の原因および債務者を知ったときは、その知った時または債権を行使することができる時のいずれか後に到来した時から［3年／4年／5年］の経過により、債権時効の期間は満了する。
【〈2〉の時効期間を3年とする場合】
〈3〉〈1〉にもかかわらず、債権者（債権者が未成年者または成年被後見人である場合は、その法定代理人）が債権を行使することができる時から［10年］以内に債権発生の原因および債務者を知ったときは、その知った時から［3年］が経過するまで、債権時効の期間は満了しない。

短期消滅時効の規定については、削除すべきものとし、時効期間の統一を図っています。ただし、人格的利益等の侵害による損害賠償債権については、より長期の時効期間を定めています。

【3.1.3.49】（人格的利益等の侵害による損害賠償の債権時効期間）
　［生命、身体、名誉その他の人格的利益］に対する侵害による損害賠償債権における【3.1.3.44】の規定の適用については、次のとおりとする。
　〈ア〉【3.1.3.44】〈１〉の期間は［30年］とする。
　〈イ〉【3.1.3.44】〈２〉の期間は［５年／10年］とする。
　〈ウ〉【3.1.3.44】〈３〉は適用しない。

　次に、時効障害については、「中断」「停止」という現行法の規定の代わりに、「更新」「進行の停止」「満了の延期」の３つの概念を設定しています。
　更新とは、一定の事由の発生により、それまでの時効期間の進行が終了し、新たな時効期間の進行が開始することをいい、現行法の中断におおむね相当するものです。
　進行の停止とは、一定の事由の発生により時効期間の進行が一時的に停止し、当該事由の終了により時効期間の進行が開始することをいいます。
　満了の延期とは、現行法の停止におおむね相当するものです。

【3.1.3.51】（債権時効に係る時効障害の種類と定義）
　債権時効に係る時効障害を、時効期間の更新、時効期間の進行の停止、時効期間の満了の延期の三種類とする。
　〈ア〉時効期間の更新とは、一定の事由の発生によりそれまでの時効期間が進行を終了し、新たな時効期間の進行が開始することをいう。
　〈イ〉時効期間の進行の停止とは、一定の事由の発生により時効期間の進行が一時的に停止し、当該事由の終了後に時効期間の進行が再開し、残存期間の経過により時効期間が満了することをいう。
　〈ウ〉時効期間の満了の延期とは、一定の事由がある場合に、時効期間の満了がその事由の終了または消滅の時から一定の期間が経過するまで延期されることをいう。

Q3-29 債権の相殺

相殺が認められない場合には、どのような場合がありますか？

A 性質上相殺ができない場合、当事者が相殺しない旨を定めた場合、法律上相殺が禁止される場合の３つがあります。

解説

1. 相殺とは

　相殺とは、債務者がその債権者に対して、自分もまた同種の債権を有する場合に、その債権と債務とを対当額において消滅させる意思表示をいいます（505条）。

　例えば、ＡさんとＢさんがそれぞれ相手方に対して50万円、30万円の支払請求権を有しているときに、これをお互いに支払いし合うというのは面倒です。そこで、一方から相殺する旨の意思表示をすることによって、対立し合っている30万円の範囲で双方の債権が消滅することを認めるのです。これにより、単にＢが残りの20万円の支払いをするだけで済むことになります。

（相殺の要件等）
第505条　二人が互いに同種の目的を有する債務を負担する場合において、双方の債務が弁済期にあるときは、各債務者は、その対当額について相殺によってその債務を免れることができる。ただし、債務の性質がこれを許さないときは、この限りでない。
2　前項の規定は、当事者が反対の意思を表示した場合には、適用しない。ただし、

○相殺のイメージ

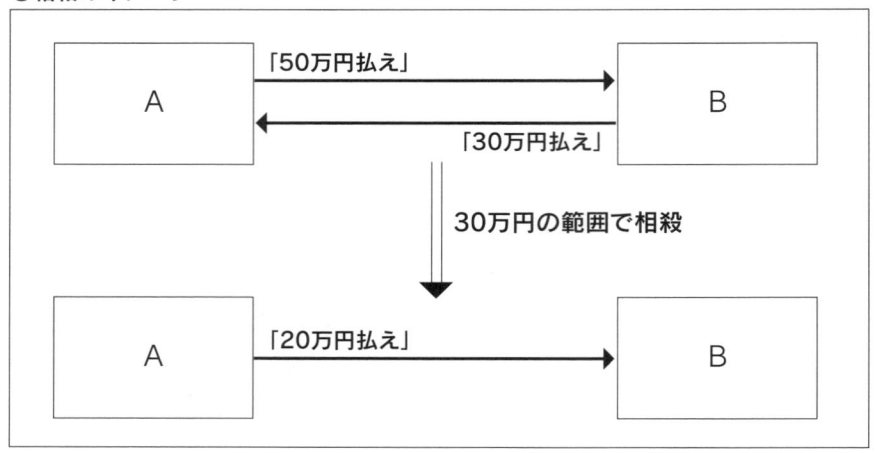

```
   ┌─────┐  「50万円払え」  ┌─────┐
   │  A  │ ───────────→ │  B  │
   │     │ ←─────────── │     │
   └─────┘  「30万円払え」  └─────┘

            30万円の範囲で相殺
                  ↓

   ┌─────┐  「20万円払え」  ┌─────┐
   │  A  │ ───────────→ │  B  │
   └─────┘              └─────┘
```

> その意思表示は、善意の第三者に対抗することができない。

　相殺の意思表示をする者の債権を「自働債権」、その相手方の債権を「受働債権」といいます。

　相殺という債権消滅原因が規定されたのは、簡易な決済と当事者間の公平を図ることを趣旨としていますが、今日においては、その担保的機能が重要であるとされています。

　すなわち、相殺という手段をとることによって、債権者は債権の確実な回収を図ることができるのです。

2. 相殺の要件

　相殺をなすためには、次の内容の要件を満たすことが必要です。このような状態を「相殺適状」といいます。

① 債権が対立していること
② 対立する両債権が同種の目的を有すること
③ 両債権がともに弁済期にあること

④　債権の性質が相殺を許さないものでないこと

　以下、順に検討します。
①　債権が対立していること
　自働債権は原則として、相殺者自身が、被相殺者に対して有する債権であることが必要です。
　もっとも、相殺者が連帯債務を負う場合や、相殺者が保証債務を負う場合等、例外的に第三者が被相殺者に対して有する債権で相殺することができる場合があります（436条2項、457条2項）。また、相殺者が第三者に対して有する債権で相殺し得る場合があります。

> （連帯債務者の一人による相殺等）
> 第436条　連帯債務者の一人が債権者に対して債権を有する場合において、その連帯債務者が相殺を援用したときは、債権は、すべての連帯債務者の利益のために消滅する。
> 2　前項の債権を有する連帯債務者が相殺を援用しない間は、その連帯債務者の負担部分についてのみ他の連帯債務者が相殺を援用することができる。
> （主たる債務者について生じた事由の効力）
> 第457条　主たる債務者に対する履行の請求その他の事由による時効の中断は、保証人に対しても、その効力を生ずる。
> 2　保証人は、主たる債務者の債権による相殺をもって債権者に対抗することができる。

　なお、自働債権が時効で消滅した場合、その消滅以前に相殺適状にあった場合は、相殺できます。相殺による回収を信頼した当事者を保護する趣旨によるものです。
　例えば、AさんとBさんが互いに他方に対して100万円の債権を有していたとします。弁済期も到来していつでも相殺できる状況にあったが、相殺の意思表示を忘れて一方の債権が消滅時効にかかってしまったという場合、もはや2本の債権が対立しているわけではないので、相殺はできないようにも思えます。

このような状況にあったときには、AさんもBさんも相殺により相互に決済することを期待しているはずなので、その期待を保護し、なお相殺を認めよう、というのです。

条文上は時効と規定していますが、除斥期間の場合も、この508条の類推適用が認められるとしています。

> （時効により消滅した債権を自働債権とする相殺）
> 第508条　時効によって消滅した債権がその消滅以前に相殺に適するようになっていた場合には、その債権者は、相殺をすることができる。

② 対立する両債権が同種の目的を有すること
③ 両債権がともに弁済期にあること

自働債権は弁済期にある必要があります。受働債権は必ずしも弁済期にある必要はありません。

④ 債権の性質が相殺を許さないものでないこと

性質上、相殺できない場合として、なす債務・不作為債務、自働債権に抗弁権が付着している場合等があります。

また、法律上相殺が禁止されている場合として、
1）受働債権が不法行為によって生じたとき
2）受働債権が差押禁止債権のとき
3）受働債権が支払いの差止めを受けたとき
4）自働債権が株金払込債権のとき

が規定されています。

3. 相殺の効果

相殺の意思表示がなされると、受働債権と自働債権は対当額で消滅します。相殺は相殺適状時にさかのぼって効力を生じるとされ、相殺適状を生じた以降は利息は発生しないことになります。

この点、自働債権の不履行により契約が解除された場合、解除前に相殺適状

にあったことを理由に相殺をし、その遡及効により解除の無効を主張しうるかが争われましたが、判例はそのような主張は認められないとしています。

4. 法律により相殺が禁止される場合

相殺が禁止される場合としては、次の3つがあります。

> （1）不法行為債権を受働債権とする場合
> （2）差押禁止債権を受働債権とする場合
> （3）支払差止債権を受働債権とする場合

以下、順に検討していきます。

（1）不法行為債権を受働債権とする相殺の禁止

不法行為（Q5-4）によって生じた債権を受働債権とする相殺は、禁止されています。このような相殺を認めると、債権者が自力救済*によって債権を実現し、これにより生じた債務と元の債権とを相殺するという自力救済を誘発する結果になるおそれがあるからです。また、被害者に現実の賠償をさせてその保護を図ろうという趣旨もあります（509条）。

例えば、AさんがBさんに対して100万円の債権を持っているが、Bさんが任意に履行してこないという場合に、AさんがBさんのところに押しかけて100万円を奪ってきたとします。この場合、Aさんの不法行為により発生する損害賠償債務と、元からあるAさんの債権を相殺すれば済むというのでは、自力救済の横行を防止できないことになりますし、債務者Bさんが害されてしまいます。

> （不法行為により生じた債権を受働債権とする相殺の禁止）
> 第509条　債務が不法行為によって生じたときは、その債務者は、相殺をもって債権者に対抗することができない。

＊自力救済：債権の履行が任意にされない場合に、裁判所等の国家機関の手続きによるのではなく、債権者自らが債務者のところから目的物を取ってきてしまうなど、自己の力で債権を実現することをいう。法治国家においては、原則として違法である。

問題となるのは、双方の債権がともに不法行為によって生じた場合です。双方の不法行為債権が別個に発生した場合、相殺が認められないのは問題ありませんが、同一事故から発生した場合には、相殺を認めても良いのではないかが議論されます。

このような場合には、自力救済のおそれはないとして認めるものもありますが、判例はなお相殺を否定しています。

(2) 差押禁止債権を受働債権とする相殺の禁止

差押禁止債権を受働債権とする相殺は禁止されます。これは差押えを禁止される債権が扶養料、賃金等であり、相殺せず債権者に受領させる必要性が高いことによります（510条）。

> （差押禁止債権を受働債権とする相殺の禁止）
> 第510条　債権が差押えを禁じたものであるときは、その債務者は、相殺をもって債権者に対抗することができない。

(3) 支払差止債権を受働債権とする相殺の禁止

支払いの差止めを受けた債権、すなわち差押えまたは仮差押を受けた債権の第三債務者は、その後に取得した債権により相殺し、差押債権者に対抗することはできません（511条）。

> （支払の差止めを受けた債権を受働債権とする相殺の禁止）
> 第511条　支払の差止めを受けた第三債務者は、その後に取得した債権による相殺をもって差押債権者に対抗することができない。

これは、債務者の相殺に対する「合理的期待＊」を保護しようとしたものです。

条文通り、「差押え前に取得した債権であれば相殺が認められ、差押え後に取得した債権であれば相殺はできない」ということで良いのかが問題となります。判例では、相殺に対する合理的期待を保護する観点から、条文をとくに制

＊合理的期待：当事者が抱くのも合理的といえる期待。「保護に値する期待」ともいえる。

限しない「無制限説」を採用しています。

　すなわち、差押え前に反対債権を取得していた場合であれば、差押えを受けた債務者は、第三債務者に対する債権をもって相殺を主張することが認められます。

　これと同様に、相殺が認められるかどうかという問題が生じる例として、相殺と債権譲渡の問題があります。相殺に対する合理的期待を保護するという観点からは、債権譲渡前に、両債権が対立しているのであれば、なお相殺を認めるべきであり、判例もそのように解する無制限説を採用しています。

改正試案を読む

　改正試案は、相殺の要件を整理し、自働債権に抗弁権が付着していないこと（すなわち、自働債権に対抗できる抗弁権を相手方が有していないこと）を相殺適状の要件とするとともに、受働債権については、その弁済期到来を相殺適状の要件とはしないものとしています。

【3.1.3.21】（相殺の意義）
　債権者に対し目的の種類を同じくする債権を有する場合において、その債権が弁済期にあるときは、債務者は、双方の債務の対当額について、相殺によってその債務を消滅させることができるものとする。ただし、その債権の行使を阻止する事由が存するときまたは債権の性質が相殺を許さないときは、この限りでないものとする。

　また、第三者のする弁済の例により、債権者に対し債権を有する第三者も相殺をなし得るとしています（3.1.3.23）。

　また、相殺の効果ですが、遡及効を否定し、双方の債務は相殺の意思表示時に消滅するものとしています。

【3.1.3.25】（相殺の効力）
〈1〉相殺の意思表示が効力を生じたときは、その意思表示をした者および相手方が互いに負担する債務は、その時に対当額について消滅するものとする。
〈2〉債務者でないものが相殺をする場合において、その意思表示をした者に対し

第3章　契約の基礎知識（2）―債権にはどのような効力が認められるのか

> 債権者が負担する債務および債務者が債権者に対し負担する債務は、その時に対当額について消滅するものとする。

　不法行為に基づく損害賠償請求権を受働債権とする相殺の禁止については、害意*をもってする不法行為または債務不履行による損害賠償請求権を受働債権とする場合とし、不法行為および債務不履行により侵害されたのが生命・身体である場合にも同様に相殺を禁止しています（3.1.3.28）。

　また、支払差止めを受けた債権を受働債権とする相殺の禁止についても、要件をより詳細に規定しています。

【3.1.3.30】（弁済を禁止された債権を受働債権とする相殺等の禁止）
〈1〉弁済を禁止された第三債務者は、債務者に対し有する債権による相殺をもって差押債権者または仮差押債権者に対抗することができるものとする。
〈2〉〈1〉にかかわらず、弁済を禁止された第三債務者は、その後に取得した債権による相殺をもって差押債権者または仮差押債権者に対抗することができないものとする。
〈3〉〈1〉にかかわらず、弁済を禁止された第三債務者は、差押えまたは仮差押えの申立てがあった後に債権を取得した場合であって、その取得の当時、それらの申立てがあったことを知っていたときには、その債権による相殺をもって差押債権者または仮差押債権者に対抗することができないものとする。
〈4〉差押えまたは仮差押えの申立てがあったこと、差押命令または仮差押命令が発せられたことその他債権の差押えまたは仮差押えの手続を開始させる事由に関する事実が生じたことをもって債権を相殺に適するようにする旨の当事者の意思表示により相殺をすることができる場合において、その債権をもってする相殺は、その債権および差押えまたは仮差押えに係る債権の双方が当事者の特定の継続的取引によって生ずるものであるときに限り、これをもって差押債権者または仮差押債権者に対抗することができるものとする。債権の差押えまたは仮差押えの手続を開始させる事由に関する事実が生じたことをもって相殺が効力を生ずるものとする旨の当事者の意思表示も、同様とするものとする。
〈5〉債権の取立てその他の処分を禁止された者に対し債権を有する者で第三債務者でないものが、その後にその債権による相殺の意思表示をした場合において、

＊害意：害する意思。

第三債務者は、この相殺をもって差押債権者または仮差押債権者に対抗することができないものとする。差押えまたは仮差押えの申立があったことを知ってした相殺の意思表示も、同様とするものとする。

第 4 章
契約の13類型と改正試案における追加・変更

第4章　契約の13類型と改正試案における追加・変更

Q4-1

契約の類型

典型契約、無名契約とは何ですか？

A 典型契約とは、典型的な契約として民法に定められた13の契約類型をいい、有名契約ともいいます。これら典型契約以外の契約を、無名契約といいます。

解説

　民法は、契約につき、贈与、売買、賃貸借など、13の類型を規定しています。これらは、実務上、典型的な契約類型としてよく見られるものをまとめたもので、「有名契約」ともいいます。これらに関して規定を置くことにより、各種の契約における標準的な規律のあり方が示されています。

　現行法が典型契約として規定しているのは、贈与、売買、交換、消費貸借、使用貸借、賃貸借、雇用、請負、委任、寄託、組合、終身定期金、和解の13個です。

　私的自治の原則に基づき、世間では様々な契約が締結され、行われていますから、そのすべてがこれら13個の典型契約に当てはまるわけではありません。しかし、そのような非典型契約（「無名契約」ともいいます）でも、ときには2つ以上の典型契約が混合したり、ある典型契約の要素と他の非典型契約の要素が混合したりして成立していることもあります。このような契約に関する解釈に当たっては、典型契約の規律が1つの指針としての機能を果たすことになります。

　現行法の規定する典型契約は、法律制定当時の社会状況を前提としていることから、時代の変転にともない、典型的に見られる契約にも、現行法に規定の

○民法に規定されている契約の類型

呼称	契約の類型
典型契約 (有名契約)	贈　与
	売　買
	交　換
	消費貸借
	使用貸借
	賃貸借
	雇　用
	請　負
	委　任
	寄　託
	組　合
	終身定期金
	和　解
非典型契約 (無名契約)	典型契約以外の契約

改正試案で提案されている契約の類型
ファイナンス・リース ＋ 役務提供

ない様々な類型が生まれてきています。

　現状では、それらの契約についても、民法の現在有する規定をもとに解釈を行い、規律しているわけですが、それにも限界がありますし、解釈による対応では不明確性もあることから、時代状況に即した規制のあり方が望まれています。

改正試案を読む

　このような状況を踏まえ、改正試案では、これまでなかった「ファイナンス・リース契約」など、新しい典型契約に関する規定を多く取り入れています。

　次項以降で、その主なところを見ていくことにしましょう。

Q4-2 ファイナンス・リース契約

改正試案の規定する、ファイナンス・リース契約の規定の概要について教えてください。

A ファイナンス・リース契約は、従来は典型契約とされず、判例や類似する契約の規定等の解釈により処理されてきました。改正試案では、実務上の重要性もふまえ、定義や当事者間にどのような権利義務関係が生じるのかについて、規定が置かれています。

解説

1. ファイナンス・リース契約の意義

ファイナンス・リース契約については、従来、典型契約としては規定されていませんでした。しかし、現代の取引においてファイナンス・リース契約が重要であることはいうまでもありません。他方、既存の典型契約では解消し得ない独自性を有しています。

そこで改正試案では、ファイナンス・リース契約を典型契約の1つとして、民法典の中に規定しようとしています。

まず、ファイナンス・リース契約の定義ですが、提案の条文では次のように規定されています。

【3.2.7.01】（ファイナンス・リースの定義）
　ファイナンス・リースは、リース提供者が、ある物（以下、「目的物」という。）

> の所有権を第三者（以下、「供給者」という。）から取得し、目的物を利用者に引き渡し、利用者がその物を一定期間（以下、「リース期間」という。）利用することを忍容する義務を負い、利用者が、その調達費用等を元に計算された特定の金額（以下、「リース料」という。）を、当該リース期間中に分割した金額（以下、「各期リース料」という。）によって支払う義務を負う契約をいう。

　リース提供者の義務は、目的物を利用者に引き渡すまでと、引渡し後利用者の使用収益を忍容*するという2段階に分かれます。

　また、利用者の支払うリース料は、目的物の使用収益の対価ではなく、目的物の調達費用等を元に計算された特定の金額です。この点で、賃貸借契約（Q4－4）とは決定的に異なることになります。

2. ファイナンス・リース契約の効力

　まず、当初の段階における当事者の義務として、「利用者は目的物が引き渡されたあと、ただちに目的物を検査確認するとともに、それを踏まえた通知義務を提供者に対して負う」ものとしています。

> 【3.2.7.02】（リース期間の開始）
> 〈1〉利用者は、目的物が供給者またはリース提供者から引き渡された後、ただちに目的物の検査を行い、瑕疵のない物であることを確認したときは、それをリース提供者に通知しなければならない。
> 〈2〉〈1〉の通知をなした時からリース期間が開始するものとする。
> 〈3〉通知後に目的物の瑕疵が明らかになった場合においても、〈2〉の効力は妨げられない。

　他方、利用者は、目的物の使用および収益に関しては「契約およびその目的物の性質によって定まった用法に従わなければならない」とされ、提供者の承諾を得なければ、目的物を第三者に使用収益させることはできないとされています（3.2.7.03）。

＊忍容：認めて受け入れること。

リース提供者は、修繕費、目的物について維持管理する義務も負いません（3.2.7.04）。

そのほか改正試案では、リースの目的物に損傷・減失が生じた場合や、瑕疵があった場合の処理（3.2.7.07）、ファイナンス・リース契約の解除について規定を置いています（3.2.7.10）。

【3.2.7.06】（目的物の損傷および減失）
〈1〉リース期間開始後に、目的物が損傷したことにより、目的物の利用が一時的に不可能となり、または制限された場合において、その損傷がリース提供者の義務違反によるものではないときは、利用者は、当該期間における各期リース料の債務を免れないものとする。
〈2〉目的物が減失した場合において、その減失がリース提供者の義務違反によるものではないときは、利用者は、残リース期間におけるリース料の債務を免れないものとする。目的物が利用者の義務違反によって減失した場合は、利用者は期限の利益を失う。

Q4-3 役務提供契約

> 改正試案で定められている役務提供契約の規定とは、どのような意味を持つものですか？

> **A** 請負、委任、寄託、雇用に関する総則的な規定であるとともに、そのいずれにも該当しない契約の一般的な受け皿となる規定として適用されるものです。

解説

1. 役務提供契約の規制とは

改正試案では、典型契約における請負、委任、寄託、雇用に関する各規定の前に、「役務提供」と題する一連の規定を置いています。

まず、その定義ですが、「役務提供は、当事者の一方（役務提供者）が相手方（役務受領者）から報酬を受けて、または、報酬を受けないで、役務を提供する義務を負う契約である」とされています（3.2.8.01）。

このような規定を置く意味ですが、1つには、請負・委任・寄託・雇用の総則規定としての意味があります。これらの類型においては、まずこの役務提供に関する規定が適用され、これを補充ないし修正する規律として請負・委任・寄託・雇用が適用されるということになります。

また、請負・委任・寄託・雇用のいずれにも当てはまらない役務提供契約において、一般的な受け皿となる規定としても位置づけられます。

> 【3.2.8.03】（役務提供契約の総則性）
> 　第８章の規定は、この法律その他の法令に別段の定めがある場合を除き、請負、委任、寄託、雇用その他すべての役務提供契約に適用される。

2. 役務提供者の基本的義務

　当事者が、契約で定めた目的または結果を実現することを約した場合には、役務提供者はその目的または結果そのものを実現する「結果債務」を負うことになります。

> 【3.2.8.02】（役務提供者の基本的義務の内容）
> 〈１〉当事者が契約で定めた目的または結果を実現することを約した場合には、役務提供者は、それを実現する義務を負う。
> 〈２〉〈１〉の合意が認められない場合には、役務提供者は、契約で定めた目的または結果［の実現］に向けて、善良な役務提供者に通常期待される注意を尽くして役務の提供を行う義務を負う。ただし、役務提供が報酬を受けないでなされる場合には、事業者がその事業の範囲内で役務の提供を行う場合を除き、無償であることを考慮して、役務提供者は相当程度に軽減された注意［自己のためにするのと同一の注意］をもって、役務の提供を行う義務を負う。

　このような合意が認められない場合には、役務提供者は、契約で定めた一定の目的または結果の実現に向かって、善良な役務提供者に通常期待される注意を尽くして役務提供を行う「手段債務」を負います。

　ただし、無償役務提供契約の場合は、役務提供者は相当程度に軽減された注意（自己のためにするのと同一の注意）をもって役務提供を行う義務を負います。

3. 報酬請求権

　まず、事業者の報酬請求権が規定されています。すなわち、事業者が経済事業の範囲内において相手方のために役務を提供することを約したときは、相手方は相当な報酬を支払うことを訳したものと推定されます。

これは、現行法では商法512条の規定につき、事業者概念を用いて一般化したものとされています。

> ＜商法＞
> （報酬請求権）
> 第512条　商人がその営業の範囲内において他人のために行為をしたときは、相当な報酬を請求することができる。

　役務提供と具体的な報酬請求権との関係ですが、役務提供者は、役務の提供をしなければそれに対する報酬を請求することができません。また、役務受領者が報酬を前払いした場合には、役務提供者が役務の全部または一部を提供することができないとき（提供しないことが確定したとき）は、提供しなかった役務に対する報酬額を役務受領者に返還しなければなりません（3.2.8.06）。
　報酬の支払時期については、後払いの原則が採用されています。

> 【3.2.8.07】（報酬の支払時期）
> 〈1〉成果完成型の報酬支払の役務提供契約においては、役務提供者は、その役務提供によって成果を完成した後でなければ、報酬を請求することができない。
> 〈2〉履行割合型の報酬支払の役務提供契約においては、役務提供者は、その役務を提供した後でなければ、報酬を請求することができない。ただし、期間によって報酬を定めたときは、その期間を経過した後に、報酬を請求することができる。

4.　役務提供の終了

　役務受領者の任意解除権の定めがあり、役務提供を完了しない間は、役務受領者はいつでも契約の解除ができます。
　このとき、役務提供者は、当該契約に合理的に期待される利益を得る機会を一方的に奪われるおそれがあることから、役務提供者は解除によって生じた一定の損害賠償義務を負うものとされています。

> 【3.2.8.10】（役務受領者の任意解除権）
> 〈1〉役務提供者がその役務の提供を完了しない間は、役務受領者は、いつでも契

約の解除をすることができる。
〈2〉〈1〉の場合において、役務提供者は、解除によって生じた損害の賠償として、次の各号に掲げる額を請求することができる。
〈ア〉成果完成型の役務提供契約においては、約定の報酬から解除によって支出を免れた費用［自己の債務を免れることによって得た利益］を控除した額
〈イ〉履行割合型の役務提供契約においては、既に行った役務提供の履行の割合に応じた報酬およびその中に含まれていない費用

役務提供者についても、任意解除権の規定があります。

【3.2.8.11】（役務提供者の任意解除権）
〈1〉有償役務提供契約における任意解除権
〔甲案〕有償役務提供契約については、役務提供者の任意解除権を定めない。
〔乙案〕役務提供者が報酬を受ける場合であっても、役務提供者は、やむを得ない事由があるときは、直ちに契約を解除することができる。
〈2〉無償役務提供契約における任意解除権
　役務提供者は、いつでも契約の解除をすることができる。ただし、役務受領者に不利な時期に解除がなされ、かつ、その解除が当事者の信義に反すると認められるときは、役務提供者は、契約の解除によって役務受領者が被った損害を賠償しなければならない。

ただし、無償役務提供契約の場合にこれを認めることは原則として良いといえますが、有償役務提供契約につき、役務提供者の側からの任意解除権を認めるべきかについては争いがあります。

Q4-4

賃貸借契約－その1（概要）

> 賃貸借契約については、改正試案ではどのような変更がなされているのでしょうか？

A おおむね現行法のもとでの規制が維持されていますが、賃借権の存続期間の変更、目的物が滅失した場合の契約終了の規定が置かれたこと、損害賠償請求権の期間制限の規定が置かれたことなどの修正点があります。

解説

1. 賃貸借契約とは

　賃貸借とは、賃貸人が賃借人に者を使用収益させ、これに対して賃借人が使用収益の対価である賃料を支払う契約をいいます（601条）。

（賃貸借）
第601条　賃貸借は、当事者の一方がある物の使用及び収益を相手方にさせることを約し、相手方がこれに対してその賃料を支払うことを約することによって、その効力を生ずる。

　賃貸借については、民法上、多くの規定が置かれていますが、賃貸借契約が不動産についてなされた場合には、賃借人の生活の基盤となることから、これを保護すべく、特別法である「借地借家法」によってその効力を強化する規定が置かれています。
　したがって、不動産賃貸借の問題を検討するにあたっては、民法だけではなく、借地借家法の規定も考慮することが不可欠になります。

2. 賃貸借の存続期間

　民法は賃貸借の存続期間につき制限を設け、20年を超えることはできないとしています。仮に20年より長い期間を設定しても、その期間は20年に短縮されることになります（604条）。

（賃貸借の存続期間）
第604条　賃貸借の存続期間は、20年を超えることができない。契約でこれより長い期間を定めたときであっても、その期間は、20年とする。
2　賃貸借の存続期間は、更新することができる。ただし、その期間は、更新の時から20年を超えることができない。

　この点、借地借家法では、まず借地権については建物の堅固・非堅固を問わず、借地権の存続期間は30年とし、これより長い期間を当事者が定めた場合は、その期間が有効とされます。借地借家法上の借家権については、1年未満の契約は許されないものとされています。

＜借地借家法＞
（借地権の存続期間）
第3条　借地権の存続期間は、30年とする。ただし、契約でこれより長い期間を定めたときは、その期間とする。

（借地権の更新後の期間）
第4条　当事者が借地契約を更新する場合においては、その期間は、更新の日から10年（借地権の設定後の最初の更新にあっては、20年）とする。ただし、当事者がこれより長い期間を定めたときは、その期間とする。

　また、借地借家法は、定期借地権・定期借家権の制度を規定しています。定期借地権とは、存続期間を50年以上として借地権を設定する場合に、契約の更新等をしないとする特約を書面にて行うことができるとするものです。

　定期借家権とは、契約の更新がなく期間の満了により建物賃貸借が終了するもので、契約締結にあたっては、賃貸人から賃借人に書面を交付したうえで説明をしなければなりません。

> <借地借家法>
> (定期借地権)
> 第22条　存続期間を50年以上として借地権を設定する場合においては、第9条及び第16条の規定にかかわらず、契約の更新(更新の請求及び土地の使用の継続によるものを含む。次条第1項において同じ。)及び建物の築造による存続期間の延長がなく、並びに第13条の規定による買取りの請求をしないこととする旨を定めることができる。この場合においては、その特約は、公正証書による等書面によってしなければならない。

3. 不動産賃借権の対抗力

不動産賃借権の強化の一環として、民法は、不動産賃借権を登記したときは、以後その不動産について、物権を取得した者に対しても効力を生じるとしています（605条）。

> (不動産賃貸借の対抗力)
> 第605条　不動産の賃貸借は、これを登記したときは、その後その不動産について物権を取得した者に対しても、その効力を生ずる。

借地借家法はこのほかにも、土地の上に借地権者が登記されている建物を所有するとき、借地権を対抗することができ、建物の引渡しがあったときには、建物賃借権の対抗力があるものとしています。

対抗力を有する賃借権は、その後、目的別につき不動産を取得したものに対しても対抗することができ、「売買は賃貸借を破る」の重大な例外をなすことになります。

例えば、土地所有権者AさんからBさんが土地を借りて、その賃借権を登記した場合、Aさんから土地を譲り受けたCさんは土地賃借権を対抗され、Bさんを土地から追い出すことができません。したがって、土地が売買されても賃借人はなおその土地を使い続けられるので、「売買は賃貸借を破らない」ということになります。

土地賃借権に対抗力がない場合には、賃借人は賃借権を債務者である賃貸人Aさんに対してしか主張し得ず、Cさんに対しては主張し得ないので、Cさんから立ち退きを請求されれば、出て行かなければなりません。これが原則である「売買は賃貸借を破る」という事態です。

4. 賃貸人の義務

　賃貸人は、賃借人に目的物を使用収益させる義務を負います。この一環として、第三者が賃貸物の使用収益を妨害するときは、賃貸人はこれを排除すべき義務を負いますし、賃貸人は、目的物の使用収益に必要な修繕をなす義務を負います。

　なお、賃貸人が賃貸物保存に必要な行為をしようとするときは、賃借人はこれを拒むことができません。

　次に、賃貸人は、費用償還義務を負います。これは、賃借人が必要費を支出した場合、賃貸人はただちにこれを償還しなければならず、賃借人が有益費を支出した場合には、賃貸借終了のときにおいて、目的地の価格の増加が現存している限り、支出した費用または増加額のいずれかを償還しなけばならないというものです（608条）。

（賃借人による費用の償還請求）
第608条　賃借人は、賃借物について賃貸人の負担に属する必要費を支出したときは、賃貸人に対し、直ちにその償還を請求することができる。
2　賃借人が賃借物について有益費を支出したときは、賃貸人は、賃貸借の終了の時に、第196条第2項の規定に従い、その償還をしなければならない。ただし、裁判所は、賃貸人の請求により、その償還について相当の期限を許与することができる。

　ただし、有益費については、裁判所は、賃貸人の請求により、相当の期限を許与することができます。この費用償還請求権の行使期間は、貸主が目的物の返還を受けたときから1年間とされています。

5. 賃借人の義務

　賃借人は、賃貸人に賃料を支払う義務を負います。賃借物が一部滅失した場合の処理については問題がありますが、これは別項で述べることとします（Q4-5）。

　次に賃借人は、賃貸人の承諾なく賃借権を譲渡し、また目的物を転貸することができません。これに反した場合、賃貸人は契約の解除をなすことができます。判例がこれに対する制限をかけていますが、これも別項を参照してください（Q4-8）。

　賃借人は、賃貸借終了後まで善管注意義務をもって目的物を保管しなければなりません。そして賃貸借が終了すると、賃借物を賃貸人に返還しなければなりません。

6. 賃貸借の終了原因

　期間の定めのない賃貸借においては、各当事者はいつでも解約申入れができます。申入れのあと、土地については1年、建物については3か月、貸席＊または動産については、1日の経過をもって契約は終了することになります。

（短期賃貸借の更新）
第603条　前条に定める期間は、更新することができる。ただし、その期間満了前、土地については1年以内、建物については3箇月以内、動産については1箇月以内に、その更新をしなければならない。

　もっとも、借地借家法はこれを修正する規定を置いており、宅地の賃貸借においては、期間の定めがなければ、存続期間の最短期を30年としており、解約により賃貸借が終了する余地はありません。

　それ以外の場合も借地借家法は、賃貸人から解約を申し出る場合、6か月の猶予期間も必要とし、さらにその解約をするには、「正当事由がなければなら

＊貸席：料金を取って時間決めで貸す座敷のこと。

ない」としています。

　つまり、賃貸人が6か月の猶予期間をおいて賃貸借契約の解除の意思表示をしても、当然に賃貸借契約を終了させることできるわけではなく、さらに賃貸人の側で自ら目的物を利用する高度の必要性がある、賃借人に酷な結果とならない、などの事情が必要ということになります。

　賃貸借のうち、期間の定めがあるものについては、期間の満了によって終了が認められます。ただし、賃貸借の期間が満了したあと、賃借人が目的物の使用収益を継続する場合において、賃貸人がこれを知りながら異議を述べないときは、同一条件をもってさらに賃貸借を継続したものと推定されます。これを「黙示の更新」といいます。

　これについても借地借家法が特別な規定を受けており、借地権については、借地権の存続期間が満了しても、「建物があれば、借地人は契約の更新を請求できる」とする請求による更新の規定を置いています。これを拒絶する場合には、地主に正当事由が必要です。

　また、期間満了後に借地人が使用を継続する場合、土地所有者が、遅滞なく異議を述べなければ、更新したものとみなされ、反対の意思があったことを主張することはできなくなります。また、建物がある場合には、正当な事由がなければ、遅滞なく異議を述べても更新されることになります（Q2-3）。

<借地借家法>
（借地契約の更新請求等）
第5条　借地権の存続期間が満了する場合において、借地権者が契約の更新を請求したときは、建物がある場合に限り、前条の規定によるもののほか、従前の契約と同一の条件で契約を更新したものとみなす。ただし、借地権設定者が遅滞なく異議を述べたときは、この限りでない。
2　借地権の存続期間が満了した後、借地権者が土地の使用を継続するときも、建物がある場合に限り、前項と同様とする。
3　転借地権が設定されている場合においては、転借地権者がする土地の使用の継続を借地権者がする土地の使用の継続とみなして、借地権者と借地権設定者との間について前項の規定を適用する。

借家権については、期間の定めがある賃貸借において、家主のほうからあらかじめ（満了6か月ないし1年前）更新を拒否する旨の通知をしないと、期間満了の際、借家関係は当然更新されたものとみなされ、更新拒絶は正当の事由がなければできないとされます。

　あらかじめ更新拒絶の旨を通知した場合でも、期間満了後も借家人が使用を継続するときは、これに対して家主が遅滞なく異議を述べないと、更新したものとみなされます。

　賃貸借は、解除によっても消滅します。賃貸借の解除については、将来効が規定されています（620条）。解除の事由のうち最も重要なのは、無断譲渡・無断転貸を理由とする解除ですが、これは別項で説明します（Q4-8）。

（賃貸借の解除の効力）
第620条　賃貸借の解除をした場合には、その解除は、将来に向かってのみその効力を生ずる。この場合において、当事者の一方に過失があったときは、その者に対する損害賠償の請求を妨げない。

改正試案を読む

　賃貸借については、おおむね現行法の規定内容が維持されており、賃借権に基づく妨害排除請求権が明文で規定されるなど、現行法の規定およびそこにおいて展開されてきた判例の見解等をふまえる方向で、条文が整理されています。

　具体的な違いとして挙げておくべきところとしては、目的物が滅失した場合に賃貸借契約が終了する旨の規定が置かれています。これは、危険負担制度が廃止されることによるものです（Q3-10）。

【3.2.4.25】（目的物の滅失等による賃貸借の終了）
〈1〉目的物の滅失によって、賃貸人の債務を履行することができなくなった場合には、賃貸借契約は終了する。
〈2〉目的物の所有者から賃借人に対して目的物の返還請求がなされる等、目的物の滅失以外の理由によって、目的物を利用することがもはや不可能であることが確定した場合も、〈1〉と同様とする。

また、用法に反する使用収益に基づく損害賠償請求権は、目的物返還のときから1年で時効にかかるものとし、他方、費用償還請求権については、1年の期間制限の規定を廃止し、一般の債権の消滅時効によるものと規定しています。

　例えば、目的物を合意した方法とは違った使用の仕方をして損害を発生させた場合、その賃貸人の損害賠償請求権は目的物が返還されてから1年という短期の消滅時効にかかりますが、賃借人が目的物を修繕したことによる必要費の返還請求など、費用償還請求権については、とくに短期消滅時効は規定されず、通常の時効の規定によって処理されることになります。

【3.2.4.27】（損害賠償請求権についての期間の制限）
〔甲案〕〈1〉契約またはその目的物の性質によって定まった用法に反する使用または収益によって目的物に生じた損傷等が目的物の返還時になお残っていた場合には、それに関する損害賠償請求権については、目的物が返還された時から、［1年］を経過するまで、債権時効期間は満了しない。
〈2〉賃貸人が、目的物の返還後に、目的物に生じた損傷等を知った場合には、それに関する賠償請求権については、【3.1.3.44】〈1〉の期間は、目的物が返還された時から起算し、【3.1.3.44】〈2〉の期間は、目的物の損傷を知った時から起算する。
〔乙案〕損害賠償請求権の期間制限について、〔甲案〕によって規定される債権時効についての規律に加えて、以下の規定を置く。
〈3〉賃貸人が、目的物の返還を受けた際、または返還後に目的物に損傷等があることを知ったときは、契約の性質に従い合理的な期間内に、その損傷等の存在を賃借人に通知しなければならない。
〈4〉〈3〉の場合において、賃貸人が事業者である場合には、賃貸人は、目的物に損傷等があることを知り、または知ることができた時から契約の性質に従い合理的な期間内に、その損傷等の存在を賃借人に通知しなければならない。
〈5〉賃貸人が、〈3〉〈4〉の通知をしなかったときは、その損傷等を理由とする救済手段を行使することができない。ただし、〈3〉〈4〉に定められた期間内に通知をしなかったことが、賃貸人にとってやむを得ない事由に基づくものであるときは、この限りでない。
〈6〉賃借人が目的物の損傷等を知っていたときは、〈3〉〈4〉〈5〉の規定を適用しない。

Q4-5

賃貸借契約－その２（目的物の一部滅失）

賃貸借契約において、目的物が一部滅失した場合、契約関係はどうなるのでしょうか？

A 賃借人の過失によらずに滅失した場合は、賃借人は賃料減額請求ができます。

解説

賃借物の一部が賃借人の過失によらないで滅失した場合、賃借人は滅失部分の割合に応じて、賃料の減額を請求することができます。残存部分だけでは賃借の目的を達することができないときは、契約の解除もできます（611条）。

（賃借物の一部滅失による賃料の減額請求等）
第611条　賃借物の一部が賃借人の過失によらないで滅失したときは、賃借人は、その滅失した部分の割合に応じて、賃料の減額を請求することができる。
2　前項の場合において、残存する部分のみでは賃借人が賃借をした目的を達することができないときは、賃借人は、契約の解除をすることができる。

本来、このような事態は、危険負担の問題として処理されるべきですが、611条は、当然に賃料の支払いを免れるのではなく、賃借人の減額請求を待って免れるとしたものです。

一部滅失が、賃貸人の責にすべき事由による場合は、611条が危険負担に関する536条の規定（Ｑ３-10）の特則であることから、611条は適用されず、「賃借人は、債務不履行を理由とする損害賠償を請求し得るとともに、その請求額と賃料とを相殺することができる」と解すべきです。

これに対し、賃借人の責に帰すべき事由による場合は、危険負担の問題にはならず、賃料債権への影響はありません。

改正試案を読む

改正試案では、目的物の一部滅失の場合につき、その理由を問題とせずに、利用できない部分の割合に応じて、賃料債権が生じないものとしています。

そのうえで、賃貸人の義務違反で一部が利用できない場合には、債務不履行による損害賠償請求をなし得る旨を規定し、さらに、目的物の一部が利用できないことにより契約の目的を達成することができない場合には、契約の解除をなし得るとしています。

> 【3.2.4.14】（目的物の一部が利用できないことによる賃料の減額等）
> 〈1〉目的物の一部が利用できない場合には、利用できない部分の割合に応じて、賃料債権は生じない。
> 〈2〉〈1〉の規定は、賃貸人の義務違反を理由とする損害賠償を請求することを妨げない。
> 〈3〉目的物の一部を利用することができない場合において、以下のいずれかに該当する場合には、賃借人は、契約の解除をすることができる。
> 　〈ア〉目的物の一部を利用することができないことによって、契約の目的を達成することができない場合
> 　〈イ〉目的物の一部が利用できないことを理由とする賃借人からの修繕の請求に対して、賃貸人が修繕義務を履行しないことにより、契約の目的を達成することができない場合

Q4-6

賃貸借契約－その3（目的物の全部滅失）

> 賃貸借契約において、目的物が全部滅失した場合、契約関係はどうなりますか？

A 理由のいかんにかかわらず、賃貸借契約は終了するものと解されます。

解説

　まず、両当事者の責めに帰すことができない事由によって全部不能となった場合は、536条1項により（Q3-10）、賃料債権は消滅し、賃貸借契約は終了します。

　これに対し、賃貸人の責めに帰すべき事由による場合は、損害賠償債務が発生するとともに、賃料債権がこれに対立し、この状態が継続するとも思われますが、法律関係をいたずらに複雑にするもので不当です。したがって、この場合にも賃料債権は発生しなくなり、解除しなくとも賃貸借契約は終了し、損害賠償の問題だけが残ると解すべきです。

　さらに、賃借人の責めに帰すべき事由による場合は、危険負担の536条2項によって賃料債権が発生し、賃貸人は利益償還義務を負うと思われますが、やはり法律関係を複雑にするもので妥当ではありません。したがって、この場合も賃料債務は発生しなくなり、解除を待たずに賃貸借契約は終了し、損害賠償の問題として処理がなされるべきです。

改正試案を読む

　改正試案では、目的物の一部滅失の場合と同様の規定を、目的物が一時的に利用できなくなった場合についても置いています。賃料債権が生じないものとしたうえで、損害賠償請求、解除の規定を置いています。

> 【3.2.4.15】（目的物が一時的に使用できないことによる賃料の減額等）
> 〈1〉目的物が一時的に利用できなくなった場合には、利用できなかった当該期間については、賃料債権は生じない。
> 〈2〉〈1〉の規定は、賃貸人の義務違反を理由とする損害賠償を請求することを妨げない。
> 〈3〉目的物を一時的に利用することができない場合において、以下のいずれかに該当する場合には、賃借人は、契約の解除をすることができる。
> 　〈ア〉目的物を一時的に利用できないことによって、契約の目的を達成することができない場合
> 　〈イ〉目的物が利用できないことを理由とする賃借人からの修繕の要求に対して、賃貸人が修繕義務を履行しないことにより、契約の目的を達成することができない場合

Q4-7 賃貸借契約－その4（賃料の引き上げ）

マンションの賃料を引き上げたいと考えているのですが、どのような方法がありますか？

A 借地借家法に、地代等増減請求権、借賃増減請求権の規定があります。

解説

賃貸借契約は継続的な契約ですから、それが長期にわたった場合、例えば不動産賃貸借の場合には、地価等の変遷により、当該契約で定めた賃料が周辺地域の相場からかけ離れたものになってしまった、といったことはあり得るところです。

民法自体は、賃料のこのような場合の増額・減額の制度を設けてはいませんが、特別法である借地借家法では、次のような地代等増減額請求権・借賃増減請求権の規定を置いています。

＜地代等増減請求権の規定＞

＜借地借家法＞
第11条　地代又は土地の借賃（以下この条及び次条において「地代等」という。）が、土地に対する租税その他の公課の増減により、土地の価格の上昇若しくは低下その他の経済事情の変動により、又は近傍類似の土地の地代等に比較して不相当となったときは、契約の条件にかかわらず、当事者は、将来に向かって地代等の額の増減を請求することができる。ただし、一定の期間地代等を増額しない旨の特約がある場合には、その定めに従う。

> 2 地代等の増額について当事者間に協議が調わないときは、その請求を受けた者は、増額を正当とする裁判が確定するまでは、相当と認める額の地代等を支払うことをもって足りる。ただし、その裁判が確定した場合において、既に支払った額に不足があるときは、その不足額に年1割の割合による支払期後の利息を付してこれを支払わなければならない。
> 3 地代等の減額について当事者間に協議が調わないときは、その請求を受けた者は、減額を正当とする裁判が確定するまでは、相当と認める額の地代等の支払を請求することができる。ただし、その裁判が確定した場合において、既に支払を受けた額が正当とされた地代等の額を超えるときは、その超過額に年1割の割合による受領の時からの利息を付してこれを返還しなければならない。

＜借賃増減請求権の規定＞

> ＜借地借家法＞
> 第32条 建物の借賃が、土地若しくは建物に対する租税その他の負担の増減により、土地若しくは建物の価格の上昇若しくは低下その他の経済事情の変動により、又は近傍同種の建物の借賃に比較して不相当となったときは、契約の条件にかかわらず、当事者は、将来に向かって建物の借賃の額の増減を請求することができる。ただし、一定の期間建物の借賃を増額しない旨の特約がある場合には、その定めに従う。
> 2 建物の借賃の増額について当事者間に協議が調わないときは、その請求を受けた者は、増額を正当とする裁判が確定するまでは、相当と認める額の建物の借賃を支払うことをもって足りる。ただし、その裁判が確定した場合において、既に支払った額に不足があるときは、その不足額に年1割の割合による支払期後の利息を付してこれを支払わなければならない。
> 3 建物の借賃の減額について当事者間に協議が調わないときは、その請求を受けた者は、減額を正当とする裁判が確定するまでは、相当と認める額の建物の借賃の支払を請求することができる。ただし、その裁判が確定した場合において、既に支払を受けた額が正当とされた建物の借賃の額を超えるときは、その超過額に年1割の割合による受領の時からの利息を付してこれを返還しなければならない。

賃貸借契約が継続した場合、賃料が経済情勢に照らし不相当になることもあり得ます。このような場合、借地借家法は、当事者に賃料の増減額請求権を認

めたのです。

この場合に考慮されるファクターとして、条文は、
- 土地もしくは建物に対する租税その他の負担の増減
- 土地もしくは建物の価格の上昇もしくは低下その他の経済事情の変動
- 近傍同種の建物の借賃に比較して不相当となったとき

などを規定しています。

この賃料等減額請求権は、形成権とされ、当事者が当該請求の意思を表示したとき、ただちに契約関係が変更されることになります。

もっとも、相当と認められる賃料の額につき、当事者間で協議が整わないときもあり得ます。そこで、借地借家法は、当事者間で協議が整わない場合、相当額を定める裁判が確定するまでの間、

① 増額請求を受けた賃借人は、自己が相当と認める額の賃料支払えば足り
② 減額請求を受けた賃貸人は、自己が相当と認める額の賃料を請求することができる

としています。

改正試案を読む

改正試案では、上記の制度は変更を受けませんが、これとは別に、事情変更による賃料増減額請求権の規定を設けています。

「賃料算定の基礎となる事情の変動があった場合」を要件とし、この規定は特約により排除できる任意規定*とされています。この意味で、上記の借地借家法上の各制度が、強行規定*として機能するのとは異なることになります。

【3.2.4.13】（事情変更による賃料の増減額請求権）
〈1〉賃料算定の基礎となる事情の変動があった場合には、賃貸借契約の当事者は、賃料の増減額を請求することができることを規定する。

---

*任意規定：当事者の合意により排除できる規定
*強行規定：当事者の合意があっても排除できない規定

〈2〉〈1〉の賃料の増減額請求権に関する規定は任意規定であり、特約によって排除することが可能であることを規定する。
〈3〉賃料増減額請求権を行使した場合の法律関係について、以下の点について規定する。
　〈ア〉賃料増減額請求権を行使したが適正な増減額の金額が決まらない場合に、それを定める手続
　〈イ〉〈ア〉の決定までに賃貸人が請求できる賃料額と賃借人が支払うべき賃料額
　〈ウ〉〈ア〉によって決まった増減額の金額と〈イ〉で支払われた金額が異なる場合の処理
〈4〉減収による賃料の減額請求・解除を規定する現民法609条・610条の規定は削除する。

Q4-8

賃貸借契約－その5（賃借権の無断譲渡など）

> 賃借権の無断譲渡・転貸がなされた場合の効果はどうなるのでしょうか？

A 原則として、賃貸人は契約を解除することができるとされています。
ただし、当該譲渡・転貸が、背信的行為と認めるに足りない特段の事情がある場合には、解除は認められません。

解説

1. 612条の規定内容

　民法612条は、賃借人は賃貸人の承諾なく賃貸の目的物を第三者に譲渡または賃貸することができず、「承諾なくこれらの行為を行った場合には、契約を解除することができる」と規定しています。

（賃借権の譲渡及び転貸の制限）
第612条　賃借人は、賃貸人の承諾を得なければ、その賃借権を譲り渡し、又は賃借物を転貸することができない。
2　賃借人が前項の規定に違反して第三者に賃借物の使用又は収益をさせたときは、賃貸人は、契約の解除をすることができる。

　ここで「賃借権の譲渡」とは、賃借権が従来の賃借人から離れて譲受人に帰属する場合であって、「賃借物の転貸」とは、賃借権はなお従来の賃借人に帰属し、それを基礎として転借権が成立している状態をいいます。
　賃貸借契約は、継続的契約であって、当事者間の高度の信頼関係に基づくこ

とから、賃貸人の承諾なく他の者に対して譲渡等を行うことができないとしたのです。

ここでいう無断転貸とは、解除権を発生させるほどの場合ですから、転借人が目的物の全部または一部について独立の用益者といえる地位を取得する程度のものでなければなりません。したがって、借地上の建物の賃貸は、土地の転貸には該当しません。

ちなみに、借地上の建物が譲渡された場合には、借地権が従たる権利として移転することから、借地権の譲渡に当たることになります。

2. 賃貸人の承諾がなかった場合

賃貸人の承諾なく譲渡・転貸が行われた場合には、新たな賃借人・転借人は、自己の賃借権を賃貸人に対抗することはできません。賃貸人と賃借人間では、612条の規定に基づき「契約を解除することができる」とされているためです（612条2項）。

問題は「常に解除ができるか？」ということですが、譲渡・転貸により賃借人は投下資本の回収を図ることができ、一定程度これを認めるべき必要性は否定できません。

そもそも、612条2項が無断譲渡・転貸の場合に解除を認めたのは、通常、これが当事者間の背信的行為として信頼関係を破壊することによるものです。とすると、無断譲渡・転貸がなされた場合でも、背信的行為と認めるに足りない特段の事情がある場合には、「解除はできない」と解するべきです（最判昭28.9.25）。

この信頼関係の破壊の有無の判断にあたっては、物的な要素のみならず人的要素も加味して、多様な事情が総合的に判断されます。

3. 賃貸人の承諾がある場合

賃貸人の承諾のもとで、賃借権譲渡がなされた場合には、譲渡の場合には譲渡人は法律関係から離脱し、譲受人が賃借人となります。

この際、「敷金返還請求権も当然に移転するか？」ということが議論されていますが、もし移転するとすると、旧賃借人が新賃借人のために敷金を負担しておくべきということになり、旧賃借人にとって酷な結果になります。賃貸人としては、承諾を与える際に新賃借人に敷金を入れさせることも可能であることから、移転はしないと解すべきです。

転貸の場合には、「転借人は賃貸人に対して直接義務を負う」とされています（613条1項）。これは、賃貸人保護のために片面的に認められたもので、賃貸人が直接転借人に義務を負うものではありません。

> （転貸の効果）
> 第613条　賃借人が適法に賃借物を転貸したときは、転借人は、賃貸人に対して直接に義務を負う。この場合においては、賃料の前払をもって賃貸人に対抗することができない。
> 2　前項の規定は、賃貸人が賃借人に対してその権利を行使することを妨げない。

なお、承諾なく譲渡・転貸が行われたが、612条による解除が認められない場合には、結局賃貸人は新賃借人・転借人を排除することができず、承諾により適法な譲渡・転貸がなされたのと同様の結果になります。

4. 転貸がなされた場合の賃貸借契約の消滅

転貸がなされている状況で、賃貸人と賃借人が賃貸借契約を合意解除した場合、これを転借人に対抗できるかという問題があります。

これは、「期間満了まで目的物を使用収益できる」という転借人の期待を害する結果になりますし、賃貸人・賃借人の一方的な意思で第三者たる転借人に不利益を与え得るとするのも不合理です。したがって、合意解除を転借人に対抗することはできません。

これに対し、賃借人の債務不履行があり、これを理由に賃貸人が解除を為す場合は、賃貸人の保護の要請にも配慮する必要があります。この場合は、転貸借の基礎となっている賃貸借が解除により消滅する以上、転借人にも対抗は可能です。この場合、「転借人に対する催告が必要か」ということが問題となり

ますが、判例は、これを要しないとしています（最判昭37.3.29）。

改正試案を読む

　改正試案でも、現行法612条の規制はほぼ受け継がれており、譲渡・転貸が賃貸人の承諾なく行われた場合につき、原則解除を認めています。ただ、判例で認められてきた「信頼関係破壊理論」が明文の規定に取り込まれ、条文自体が例外的に解除ができないことを規定しています。

【3.2.4.18】（賃借権の譲渡および転貸の制限）
〈1〉賃借人は、賃貸人の承諾を得なければ、その賃借権を譲り渡し、または賃借物を転貸することができない。
〈2〉〈1〉賃借人が〈1〉の規定に違反して第三者に賃借物の使用または収益をさせたときは、賃貸人は、契約の解除をすることができる。ただし、その無断転貸等が、その当事者間の信頼関係を破壊するに至らないものである場合には、この限りではない。
〈3〉〈2〉において、賃貸人からの解除が認められない場合には、〈1〉の適法な転貸借等がなされたものとみなす。

Q4-9 委任契約

委任契約とは、どのような契約でしょうか？

A 委任契約とは、当事者の一方が、法律行為をなすことを相手方に委託する契約をいいます。

解説

1. 委任契約の意義

委任とは、当事者の一方が、法律行為をなすことを相手方に委託する契約をいいます（643条）。

例えば、Aさんが不動産の購入をしようと考え、詳しい知識を有する友人にその買い入れ手続を依頼した場合などがあります。

> （委任）
> 第643条 委任は、当事者の一方が法律行為をすることを相手方に委託し、相手方がこれを承諾することによって、その効力を生ずる。

もっとも、委託する内容が法律行為でない場合にも委任の規定が準用されています（準委任）から、一定の事務処理を他の者に委託する契約といっても良いでしょう。

請負と似た点もありますが、請負では仕事の完成に重点があるのに対して、委任では事務処理自体、すなわちその過程に重点があります。また、雇用と異なり、受任者には裁量が認められます。

2. 委任契約当事者の義務

（1）受任者の義務

受任者の義務は、次の通りです。

まず、受任者は善管注意義務を負い、委任の本旨に従い、善良な管理者の注意をもって委任事務を処理しなければなりません（644条）。委任契約は原則として無償とされていますが、無償の場合でも、善管注意義務という厳しい義務を負うことになります。

> （受任者の注意義務）
> **第644条** 受任者は、委任の本旨に従い、善良な管理者の注意をもって、委任事務を処理する義務を負う。

これは、委任契約が当事者間の高度の信頼関係に基づいていることによります。同様に、信頼関係が基礎にあることから、受任者は原則として自ら委任事務処理をしなければなりません。

また、受任者は、委任者の求めに応じていつでも事務処理の状況を報告しなければならず、委任終了後遅滞なくその経過および結果を報告しなければなりません。

次に、受任者は、委任事務を処理するにあたって受け取った物および収取した果実を委任者に引き渡さなければならず、受任者が委任者のため自分の名義で権利を取得した場合には、この権利を委任者に移転しなければなりません（646条）。

> （受任者による受取物の引渡し等）
> **第646条** 受任者は、委任事務を処理するに当たって受け取った金銭その他の物を委任者に引き渡さなければならない。その収取した果実についても、同様とする。
> 2 受任者は、委任者のために自己の名で取得した権利を委任者に移転しなければならない。

受任者が委任者に引き渡すべき金銭を自己のために消費した場合は、受任者

は、消費した以後の遅延利息を支払い、損害も賠償しなければなりません。

(2) 委任者の義務

他方、委任者の義務は次の通りとなります。

まず、委任契約は原則として無償ですが、特約がある場合には委任者は報酬支払義務を負います。ちなみに、商法上は、商人の委任契約は原則として有償とされています。

報酬は特約のない限り後払いであり、委任が受任者の責めに帰することのできない事由により途中で終了したときは、受任者は、すでにした履行の割合に応じて報酬を請求し得ることになります（648条）。

（受任者の報酬）

第648条　受任者は、特約がなければ、委任者に対して報酬を請求することができない。

2　受任者は、報酬を受けるべき場合には、委任事務を履行した後でなければ、これを請求することができない。ただし、期間によって報酬を定めたときは、第624条第2項の規定を準用する。

3　委任が受任者の責めに帰することができない事由によって履行の中途で終了したときは、受任者は、既にした履行の割合に応じて報酬を請求することができる。

次に、委任者は、委任事務処理に必要な費用を、受任者の請求があれば前払いしなければならず、受任者が支払った費用は、支出日以後の利息を含めて償還しなければなりません。

また、受任者が委任者のために自己の名で債務を負担したときは、受任者は、委任者に対して債務の弁済または担保の供与を請求することができます。受任者が委任事務処理のために過失なく損害を受けたときは、受任者は、委任者に対して損害賠償を請求することができます。

3. 委任契約の終了

委任契約は、相互解除の自由が認められ、各当事者はいつでも解除すること

ができるとされています（651条1項）。これも、委任契約が人的な信頼関係に基づくものであることから、信頼関係が破壊されたあとも存続させる意味がないことによります。この解除は理由が不要で、将来効を生じることになります。

> （委任の解除）
> **第651条** 委任は、各当事者がいつでもその解除をすることができる。
> 2 当事者の一方が相手方に不利な時期に委任の解除をしたときは、その当事者の一方は、相手方の損害を賠償しなければならない。ただし、やむを得ない事由があったときは、この限りでない。

もっとも、まったく自由に解除ができるという扱いを徹底すると、相手方に酷な場合も生じ得ます。そこで判例には、「委任事務処理が受任者の利益でもあるときは、委任者は自由に解除はできない」としたものもあります（大判大9.4.24）。

また、相手方に不利な時期に解除をした場合には、損害賠償義務が生じます（651条2項）。ただし、解除にやむを得ない事由があれば、損害賠償義務は発生しません。

また、委任契約は、委任者もしくは受任者の死亡または破産手続開始の決定、受任者が後見開始の審判を受けたときには終了します（653条）。

委任が終了することにより、委任者に損害が発生するおそれもあることから、「急迫の事情があるときには、受任者は、委任者の側で事務処理ができるようになるまで必要な処分をしなければならない」とされています。

> （委任の終了事由）
> **第653条** 委任は、次に掲げる事由によって終了する。
> 一　委任者又は受任者の死亡
> 二　委任者又は受任者が破産手続開始の決定を受けたこと。
> 三　受任者が後見開始の審判を受けたこと。

改正試案を読む

改正試案では、基本的な規定は維持しつつ、受任者の忠実義務を規定し（3.2.10.04）、代理のところに規定されていた復委任に関する規定を移して整備する（3.2.10.05）など、当事者間の権利義務関係に関する規定を調整しています。

【3.2.10.04】（受任者の忠実義務）
　受任者は、委任者のため忠実に委任事務を処理しなければならない。

【3.2.10.05】（受任者の自己執行義務）
〈1〉受任者は、第三者に対し、委任事務の処理を委託することはできない。ただし、委任者の許諾を得たとき、または受任者に自ら委任事務を処理するのが相当でないときは、この限りでない。
〈2〉受任者が報酬を受けない委任において、受任者は、〈1〉により復受任者を選任したときは、自ら委任事務を処理する義務を免れ、復受任者の選任および監督についてのみ義務を負う。
〈3〉受任者は、委任者の指名に従って復受任者を選任したときは、復受任者の選任および監督について責任を負わない。ただし、受任者が、復受任者が不適任または不誠実であることを知りながら、その旨を委任者に通知しまたは復委任契約を解除することを怠ったときは、この限りでない。

Q4-10 寄託契約

寄託契約とは、どのような契約でしょうか？

A 当事者の一方が、相手方のために物の保管をなす契約をいいます。

解説

1. 寄託契約の意義

寄託契約とは、当事者の一方が相手方のために物の保管をなす契約をいいます。要物契約であり、当事者の一方が相手方のために保管することを約して、ある物を受け取ることにより成立します（657条）。

平たくいえば、一方当事者が他方当事者に物を預かってもらう場合です。

> （寄託）
> 第657条　寄託は、当事者の一方が相手方のために保管をすることを約してある物を受け取ることによって、その効力を生ずる。

寄託契約は原則として「無償片務契約」ですが、特約がある場合には報酬の支払義務が発生し、「有償双務契約」になります。

寄託契約のうち、受寄者が寄託物を費消することができる場合があり、これを「消費寄託」といいます（666条）。例えば、銀行預金の性質はこの消費寄託です。

消費寄託においては、消費貸借の規定が準用されますが、契約に返還時期を

定めていない場合は、いつでも返還を請求することができます。

> （消費寄託）
> 第666条　第五節（消費貸借）の規定は、受寄者が契約により寄託物を消費することができる場合について準用する。
> 2　前項において準用する第591条第１項の規定にかかわらず、前項の契約に返還の時期を定めなかったときは、寄託者は、いつでも返還を請求することができる。

2. 寄託当事者の義務

(1) 受寄者の義務

　受寄者は、有償寄託の場合は善管注意義務をもって、無償寄託の場合は自己の財産におけると同一の注意義務をもって、目的物を保管する義務があります。

　また、受寄者は寄託者の承諾がなければ寄託物を自ら使用することができず、第三者に保管させることもできません（658条１項）。

　次に、寄託物につき権利を主張する第三者が受寄者に対して訴えを提起し、または差押え、仮差押もしくは仮処分をしたときは、受寄者は遅滞なくその事実を寄託者に通知しなければなりません。

　また、委任の規定が準用され、受寄者は、保管にあたり受け取った金銭その他の物を寄託者に引き渡さなければならず、自己の名で取得した権利を寄託者に移転しなければならないとされています。受寄者が寄託者に引き渡すべき金銭を消費した場合は、消費した日以後の利息および損害賠償を支払わなければなりません。

> （寄託物の使用及び第三者による保管）
> 第658条　受寄者は、寄託者の承諾を得なければ、寄託物を使用し、又は第三者にこれを保管させることができない。
> 2　第105条及び第107条第２項の規定は、受寄者が第三者に寄託物を保管させることができる場合について準用する。

(2) 寄託者の義務

　他方、寄託者についても、委任の規定が多く準用されており、有償の特約が

ある場合には報酬の支払義務を負い、受寄者の責に帰すべからざる事情で寄託が終了したときは、受寄者は保管の割合に応じて報酬を請求できます。

また、寄託物の保管に必要な費用は、受寄者の請求により前払いしなければならず、受寄者が債務を負担したときは、債務の弁済または担保の供与をしなければなりません。

次に、寄託者は、寄託物の性質や瑕疵により生じた損害を受寄者に賠償しなければなりません。ただし、寄託者がこの性質や瑕疵を過失なくして知らないとき（善意無過失）、または受寄者がこれを知っていたときは、賠償責任を免れるものとされます（661条）。

> （寄託者による損害賠償）
> 第661条　寄託者は、寄託物の性質又は瑕疵によって生じた損害を受寄者に賠償しなければならない。ただし、寄託者が過失なくその性質若しくは瑕疵を知らなかったとき、又は受寄者がこれを知っていたときは、この限りでない。

3. 寄託の終了

寄託者は、返還時期の定めがあると否とを問わず、いつでも寄託物の返還を請求することができます（662条）。これは、寄託が寄託者の利益のためにある制度であることによります。

> （寄託者による返還請求）
> 第662条　当事者が寄託物の返還の時期を定めたときであっても、寄託者は、いつでもその返還を請求することができる。

受寄者の側では、寄託物の返還時期の定めのない場合は、受寄者はいつでも返還することができ、返還時期の定めがある場合は、そのときまで保管するのが原則ですが、やむを得ない事情があるときは、期限前に返還することができます（663条）。

(寄託物の返還の時期)
第663条　当事者が寄託物の返還の時期を定めなかったときは、受寄者は、いつでもその返還をすることができる。
2　返還の時期の定めがあるときは、受寄者は、やむを得ない事由がなければ、その期限前に返還をすることができない。

改正試案を読む

　改正試案では、寄託契約を諾成契約として規定しています。これにともない、受寄者が寄託物の保管を引き受ける前における当事者の任意解除権を定めています。

【3.2.11.02】（寄託物の受取前の当事者の任意解除権）
〈1〉受寄者が寄託物を受け取る前は、寄託者は、寄託を解除することができる。
〈2〉無償寄託においては、受寄者は、寄託物を受け取る前は、寄託を解除することができる。ただし、寄託の成立が書面（電子的記録を除く）による場合には、この限りではない。

　また、受寄者の保管に関する注意義務につき、「事業者がその経済事業の範囲内において寄託を受けたときは、無償であっても善管注意義務を負う」として商法の規定を一部取り込みました。

【3.2.11.04】（受寄者の保管に関する注意義務）
〈1〉受寄者は、善良な管理者の注意をもって、寄託物を保管する義務を負う。
〈2〉無償で寄託を受けた者は、自己の財産に対するのと同一の注意をもって、寄託物を保管する義務を負う。ただし、事業者がその経済事業の範囲内において寄託を受けたときは、この限りでない。

<商法>
第593条　商人カ其営業ノ範囲内ニ於テ寄託ヲ受ケタルトキハ報酬ヲ受ケサルトキト雖モ善良ナル管理者ノ注意ヲ為スコトヲ要ス

　また、再寄託の要件（3.2.11.05）や寄託者の損害賠償責任につき、委任と整合性を持たせるべく、原則無過失責任とし、一定の事由が認められる場合に限

り免責されるとしています。

> 【3.2.11.06】（寄託者の損害賠償責任）
> 　寄託者は、寄託物の性質または状態によって受寄者に生じた損害を賠償しなければならない。ただし、受寄者がその性質もしくは状態を知っていたとき、または、受寄者が事業者であり、かつ、寄託者が消費者である場合において、寄託者がその性質もしくは状態を過失なく知らなかったときは、この限りでない。

　そのほか、混合寄託、流動性預金口座による消費寄託などの新しい条文も設けられています（3.2.11.15、3.2.11.17等）。

> 【3.2.11.17】（流動性預金口座による消費寄託）
> 〈1〉流動性のある預金口座において金銭を受け入れる消費寄託の合意がなされた場合において、寄託者である預金者によって預入れがなされ、または第三者によって振込みがなされたときは、受寄者が当該預金口座にその入金記帳［入金記録］を行うことにより、既存の残高債権の額に当該金額を合計した金額の預金債権が成立する。
> 〈2〉金銭債務を負う債務者が債権者の預金口座に、その債務額の金銭の振込みを行ったときは、〈1〉により預金債権が成立した時に、金銭債務の弁済の効力が生ずる。
> 〈3〉預金口座に存する残高債権が差し押さえられた場合には、差押えの効力は、差押えの時点に存した残高債権についてのみ生ずる。この差押えにより、〈1〉に定める預金口座の合意が有効に存続することは妨げられない。

Q4-11 継続的契約

> 改正試案における継続的契約の規定は、どのような内容になっているのでしょうか？

A 継続的契約において問題となる契約解消の要件と、効果に関する規定を中心に規定を置いています。

解説

1. 継続的契約の意義

改正試案では、継続的契約*につき、次のような定義規定を置いています。

【3.2.16.12】（継続的契約の定義）
継続的契約とは、契約の性質上、当事者の一方または双方の給付がある期間にわたって継続して行われるべき契約をいう。ただし、総量の定まった給付を当事者の合意により分割して履行する契約（以下、「分割履行契約」という。）は、これに含まない。

このような継続的契約においては、
① 解消の要件と効果に特徴があること
② 契約ないし関係の前後を含め信義則の機能が大きいこと
③ 事情変更の原則の主な適用領域であること
④ 当事者の変動の問題が生じやすいこと

---

*継続的契約：例えば賃貸借契約のように一定期間の間、継続的に行われる契約をいう。

⑤　ある期の給付の不履行に対し相手方がとり得る手段に特徴がある
といった点が指摘されています。

　このうち②ないし④については、他の部分で規律されていることから、ここでは①と⑤に関する規定が置かれています。

2.　期間の定めのない契約の終了

　期間の定めのない継続的契約は、当事者の一方が他方に対し、あらかじめ合理的な期間をおいて解約の申入れをすることにより、将来に向かって終了するとされます（3.2.16.13）。

　これは、相手方に不測の損害を生ぜしめないため、あらかじめ合理的な期間をおいた通知を要するとしたものです。

3.　期間の定めのある契約の終了

　期間の定めのある契約は、期間の満了によって終了します（3.2.16.14）。

　更新については、当事者間に、契約締結時またはその後期間満了時までの間に契約を更新する明示または黙示の合意が成立したと認められる場合には、その契約は更新されます。

　この合意が認められない場合であっても、契約の目的、契約期間、従前の更新の経緯、更新を拒絶しようとする当事者の理由その他の事情に照らし、更新を拒絶することが信義則上相当でないと認められるときは、当事者は相手方の更新の申し出を拒絶することができません（3.2.16.14）。

　このいずれかにより更新がなされたときは、当事者間において、従前の契約と同一条件で引き続き契約されたと推定されることになります。この場合、期間は、定めがないものと推定されます。

4.　解除の効果

　継続的契約においては、解除は将来効を有することが規定されています。

【3.2.16.15】（解除の効果）
　継続的契約の解除は、［契約の性質および解除の原因に応じて、解除の時または解除の原因の発生した時から、］将来に向かってのみその効力を生ずる。ただし、当事者の一方または双方の給付が不可分のものとして合意されていた場合は、この限りではない。

5. 多数当事者型継続的契約

　当事者の一方が、多数の相手方との間で同種の給付について共通の条件で締結する継続的契約であって、それぞれの契約の目的を達成するために他の契約が締結されることが相互に予定されているものを「多数当事者型継続的契約」といいます。

　フランチャイズ契約、ゴルフクラブ会員契約、特約店契約、在学契約などでこれに当たるものが出てくると思われます。

　このような類型では、形式的・抽象的には二当事者間の契約条件の適用と見られるものの、相手方全体の中で見ると、異例の運用であるという事態があり得ます。

　このようなリスクを踏まえて、基本方針は、多数当事者型継続的契約の当事者は、「契約の履行および解消にあたって、相手方のうちの一部の者を、合理的な理由なく差別的に取り扱ってはならない」としました。

【3.2.16.17】（多数当事者型継続的契約）
　当事者の一方が多数の相手方との間で同種の給付について共通の条件で締結する継続的契約であって、それぞれの契約の目的を達成するために他の契約が締結されることが相互に予定されているものにおいては、その当事者は、契約の履行および解消に当たって、相手方のうちの一部の者を、合理的な理由なく、差別的に取り扱ってはならない。

Q4-12 雇用契約

民法では、雇用契約についてどのような規定を置いていますか？ また、民法とは別に労働基準法、労働契約法などの法律があるのはなぜでしょうか？

A 民法は解雇の自由を認めるなど、当事者対等を前提として規定を置いています。これが実情に合わないことから、とくに規定されたのが労働基準法などの法律になります。

解説

雇用契約は、別名「労働契約」ともいいます。労働契約というと、すぐに労働基準法・労働契約法といった法律が思い浮かびますが、雇用契約のもっとも基本となる規定は民法に置かれています。

雇用契約は、当事者の一方が相手方に対して労務に服することを約し、相手方がこれに対し報酬を与えることを約する契約をいいます（623条）。

（雇用）
第623条　雇用は、当事者の一方が相手方に対して労働に従事することを約し、相手方がこれに対してその報酬を与えることを約することによって、その効力を生ずる。

民法は日本国憲法下で、当事者対等を前提として、私的自治の原則・契約自由の原則に基づく規定を置いています。その象徴が解雇を原則自由とする規定です。

しかし、実際には、労働者は雇用契約に基づいて生計を立てていることから、使用者と対等とはいい難い、弱い立場にあります。にもかかわらず形式的に民

法の規定を適用したのでは、かえって労働者の立場を苦しいほうに追いやる結果となり、妥当ではありません。

そこで、強制的に労働者の地位を引き上げる強行法規として、労働基準法が制定され、最近では労働契約法（2008年3月施行）なども置かれるようになったのです。

例えば、解雇については、判例上、「解雇は客観的に合理的な理由があり、社会通念上相当として是認し得る場合でなければ認められない」とする解雇権濫用法理が確立しています。これが当初は労働基準法の条文に取り込まれ、今では労働契約法の条文に取り込まれています。

結果として、労働契約関係を基本的に律するのは労働基準法、労働契約法といった各種の労働法規であり、民法の重要性は低下しています。

改正試案を読む

改正試案では、民法の雇用に関する規定は、将来的には労働契約法と統合するものとし、それまでの間は基本的に現行規定を維持するものとしています。

> 【3.2.12.A】（雇用規定の改正の基本方針）
> 「雇用」に関する規定は、将来的には「労働契約法」と統合するものとし、それまでの間は、「労働契約」の基本的な補充規範として必要な範囲で、現行規定を維持しつつ、整序するものとする。

Q4-13 消費貸借契約

消費貸借契約について、改正試案ではどのような定めが置かれたのでしょうか？

A 現行法では要物契約とされていますが、改正試案では諾成契約とされています。

解説

1. 消費貸借契約とは

消費貸借契約とは、金銭その他の代替物を借りてこれを消費し、同種・同等・同量の物を返還する契約をいいます（587条）。実務上は、ほとんどが金銭の貸し借りです。

（消費貸借）
第587条　消費貸借は、当事者の一方が種類、品質及び数量の同じ物をもって返還をすることを約して相手方から金銭その他の物を受け取ることによって、その効力を生ずる。

この消費貸借は、「要物・片務契約」という点で、他の多くの契約と異なる特徴を持ちます。

すなわち、消費貸借は、借り主が目的物を受け取ることにより成立するものとされており、したがって、貸し主は目的物を使用収益させる義務は負わず、あとは借り主が返還義務を負うだけですから、「片務契約」ということになります。

2. 要物性の緩和

　消費貸借が要物契約とされていることは、実務とのずれがあり、この点を克服するために様々な解釈方法が展開されてきました。

　例えば、銀行実務などでは、住宅ローンを設定する際、抵当権設定契約を取り交わし、登記必要書面等をやりとりしてから、最終的に金銭の交付がなされています。したがって、消費貸借の要物性を貫くと、これらの抵当権がすべて付従性により無効となってしまうという不合理が生じるのです。

　そこで判例は、「消費貸借における目的物の授受については、目的物自体の授受は必ずしも必要ではなく、経済的にこれと等しい価値の移転があれば良い」とし、国債の交付、預金通帳と印鑑の交付、小切手の交付などの場合も要物性を満たすとしました。

　他方で、抵当権の付従性を緩和することにより、不合理な結果を回避しようとの動きもあります。例えば、「将来成立すべき消費貸借に基づく債権担保のためにも、抵当権を設定できる」とするのです。

　また、民法に定めのある消費貸借とは別の無名契約として、諾成的消費貸借契約を認めるという方法もあります。これは文字通り、目的物の交付がなくとも成立する諾成契約としての消費貸借契約を認めるものです。判例も、これを認めています（最判昭48.3.16）。

3. 準消費貸借契約

　準消費貸借契約とは、消費貸借によらないで金銭その他の代替物を給付する義務を負っている者が、相手方との契約により、その物を消費貸借の目的とすることをいいます（588条）。

（準消費貸借）
第588条　消費貸借によらないで金銭その他の物を給付する義務を負う者がある場合において、当事者がその物を消費貸借の目的とすることを約したときは、消費貸借は、これによって成立したものとみなす。

準消費貸借契約が成立するには、基礎となる債務の存在と、これを消費貸借の目的とする合意が必要です。この基礎となる債務が無効となる場合は、準消費貸借契約も無効となります。

　準消費貸借契約上の債務は、基礎となる債務と形式的には別債務ですが、実質的には同一です。したがって、旧債務にともなう抗弁のうち、手形抗弁などは消滅しますが、判例は「同時履行の抗弁権は存続する」としています（大判昭8.2.24）。

　また、旧債務の担保や保証は原則として存続します。

4. 消費貸借契約の効力

　消費貸借契約は要物契約であり、貸し主が目的物を引き渡して契約が成立しますから、貸し主は貸す債務は負わないことになります。

　また、貸し主は一定の場合に担保責任を負うことがあります。利息付消費貸借の場合は、交付された目的物に隠れた瑕疵があった場合、貸し主は、瑕疵のない物と取り替える責任を負い、損害賠償責任も負います。

　これに対し、無利息消費貸借の場合は、貸し主が、交付した目的物に瑕疵があることを知ってこれを告げなかった場合のみ、利息付消費貸借と同様の担保責任を負います。

　借り主は、契約が終了すれば、借りた物と種類・品質・数量の同じ物を返還しなければなりません。

　消費貸借の終了時期については、返還時期の定めがある場合には約定の時期に契約が終了し、返還時期の定めがない場合には、貸し主は、いつでも相当の期間を定めて返還の催告をしていることができます。これは、消費貸借では借り主が借りた物を消費してしまっているのが通常ですから、ただちに返還させるのは酷であることによります。

　借り主はいつでも返還することができます。

📖 改正試案を読む

　改正試案では、消費貸借につき、要物契約ではなく、諾成契約として規定しています。

【3.2.6.01】（消費貸借の定義）
　消費貸借とは、当事者の一方（貸主）が、相手方（借主）に、金銭その他の物を引き渡す義務を負い、借主が、引渡しを受けた物と種類、品質および数量の同じ物をもって返還する義務を負う契約である。

　したがって、上記のような要物性の緩和という問題は解消されることになり、貸し主は金銭その他の物を引き渡す義務を負い、引渡し後の当事者間の関係は、基本的に現行法と同様の法律関係になることになります。

　また、諾成的消費貸借を認めるということになると、無利息消費貸借の場合に、契約に確定的な拘束力を認めると貸し主に酷となることがあり得ることから、目的物の引渡しまでは、各当事者が自由に消費貸借契約を解除できるとする「引渡前解除権」を認めています。

　無利息の消費貸借というのは、貸し主にはとくに利益はなく、貸し主の好意でなされるものと考えられます。したがって、意思表示の合致があり、契約の成立が認められるとしても、貸し主を強く拘束して貸出しを強制するのは酷だということです。

【3.2.6.03】（〔無利息〕消費貸借の引渡前解除権）
〔甲案〕無利息消費貸借においては、貸主が消費貸借の目的物を借主に引き渡すまでは、各当事者は消費貸借を解除することができる。ただし、消費貸借の成立が書面（電子的記録を除く）による場合には、この限りではない。
〔乙案〕〈1〉無利息消費貸借においては、貸主が消費貸借の目的物を借主に引き渡すまでは、各当事者は消費貸借を解除することができる。ただし、消費貸借の成立が書面（電子的記録を除く）による場合には、この限りではない。
〈2〉貸主が事業者であり借主が消費者である場合には、利息の有無を問わず、また、消費貸借の成立が書面による場合であっても、貸主が消費貸借の目的物を借主に引き渡すまでは、借主は、消費貸借を解除することができる。この借主からの引

> 渡前解除権を排除する特約は無効である。

Q4-14
場屋営業

場屋営業とは、どのようなことをいうのですか？

A 客の来集を目的とする場屋の取引を業とするものです。そこで客の持ち物を預かったりすることは、民法上の寄託契約にあたります。

解説

　場屋営業とは、ホテル、旅館、飲食店、浴場他、公衆の来集に適する人的・物的設備を有し、多数の客にこれを利用させる行為をいいます。

　場屋営業では、客からものを預かったりすることがあります。これは法的には寄託（Q4-10）ということになりますが、商法が場屋営業における物品に関する責任について、次のように規定しています。

1. 寄託を受けた物品に関する責任

　場屋では、多数の客の出入りがあり、紛失・盗難といったリスクが高いことから、場屋営業者に重い責任を負わせています。すなわち、場屋営業者は、客から寄託を受けた物の滅失・毀損については、不可抗力によることを証明しなければ責任を免れないとされます（商法594条1項）。

　また、客の携帯品につき場屋営業者が責任を負わない旨の表示には、免責特約としての効力は認められません（商法594条3項）。

> 第594条　旅店、飲食店、浴場其他客ノ来集ヲ目的トスル場屋ノ主人ハ客ヨリ寄託ヲ受ケタル物品ノ滅失又ハ毀損ニ付キ其不可抗力ニ因リタルコトヲ証明スルニ非

> サレハ損害賠償ノ責ヲ免ルルコトヲ得ス
> 2　客カ特ニ寄託セサル物品ト雖モ場屋中ニ携帯シタル物品カ場屋ノ主人又ハ其使用人ノ不注意ニ因リテ減失又ハ毀損シタルトキハ場屋ノ主人ハ損害賠償ノ責ニ任ス
> 3　客ノ携帯品ニ付キ責任ヲ負ハサル旨ヲ告示シタルトキト雖モ場屋ノ主人ハ前二項ノ責任ヲ免ルルコトヲ得ス

2. 寄託を受けない物品に関する責任

　客が寄託せずに自ら携帯していた物品が場屋の中で滅失・毀損した場合でも、場屋営業者またはその使用人の不注意によるときは、場屋営業者は損害賠償責任を負います（商法594条2項）。

3. 高価品の特則

　貨幣・有価証券その他の高価品については、客が種類及び価額を明告して寄託した場合でない限り、場屋営業者はその物品の滅失・毀損によって生じた損害賠償責任を負いません。

> 第595条　貨幣、有価証券其他ノ高価品ニ付テハ客カ其種類及ヒ価額ヲ明告シテ之ヲ前条ノ場屋ノ主人ニ寄託シタルニ非サレハ其場屋ノ主人ハ其物品ノ滅失又ハ毀損ニ因リテ生シタル損害ヲ賠償スル責ニ任セス

📖 改正試案を読む

　改正試案では、場屋営業として旅店、飲食店、浴場などに共通の形で厳格な規定を置いておくのは合理性が認められないとして、対象となる責任主体を宿泊役務提供者に限定して、その責任内容を整理しています。
　例えば、高価品の特則については、免責は宿泊役務提供者が高価品の明告を求めたことを要件とし、明告がなければ免責されるというのではなく、「宿泊料の○○倍に相当する額の責任制限を行う」という形にしています。

【3.2.11.19】（宿泊契約に伴う寄託等に関する宿泊役務提供者の責任）
〈1〉寄託を受けた物についての責任
　〈ア〉顧客を宿泊［または滞在］のためにその事業の範囲内でその施設に受け入れた者［宿泊役務提供者・宿泊事業者］は、当該宿泊客がその施設内に持ち込んだ物の保管を引き受けたときは、その物の紛失、滅失または損傷によって宿泊客が被った損害について賠償しなければならない。ただし、それが、その物の性質もしくは状態に起因し、または不可抗力［自然災害その他予見し、回避することができない事情］によって生じたときは、この限りでない。
　〈イ〉〈ア〉の責任は、金銭、有価証券、貴重品その他の高価品については、宿泊役務提供者がその種類および価額の明告を求めた場合であって、宿泊客がそれを明告しなかったときは、1日当たりの宿泊料の［○○］倍に相当する額を限度として負うものとする。
　〈ウ〉宿泊役務提供者は、正当な理由なくして物の保管の引受けを拒絶したときにおいても、〈ア〉と同様の責任を負う。
〈2〉寄託を受けない携行品についての責任
　〔甲案〕〈ア〉宿泊客がその施設内に携帯した物については、宿泊役務提供者は、その物の保管を引き受けなかった場合であっても、それが紛失、滅失または損傷したときは、〈1〉〈ア〉と同様の責任を負う。
　〈イ〉〈ア〉の責任は、1日当たりの宿泊料の［○○］倍に相当する額を限度とする。ただし、それが宿泊役務提供者の善良な管理者としての注意を怠ったことによって生じたときは、この限りではない。
　〈ウ〉〈ア〉の責任は、宿泊役務提供者が保管を引き受けなかった金銭、有価証券、貴重品その他の高価品については、1日当たりの宿泊料の［○○］倍に相当する額を限度として負うものとする。ただし、それが宿泊役務提供者の故意または重大な義務違反によって生じたときは、この限りではない。
　〔乙案〕〈ア〉宿泊客がその施設内に携帯した物であって、宿泊役務提供者がその保管を引き受けなかったものについては、この者が宿泊施設の管理者としての注意を怠ったことによってそれが紛失、滅失または損傷したときは、それによって宿泊客が被った損害について賠償しなければならない。
　〈イ〉〈ア〉の責任は、宿泊役務提供者が保管を引き受けなかった金銭、有価証券、貴重品その他の高価品については、1日当たりの宿泊料の［○○］倍に相当する額を限度として負うものとする。ただし、それが宿泊役務提供者の故意また

は重大な義務違反によって生じたときは、この限りではない。
〈3〉免責約款等の効力
　〈1〉および〈2〉に基づく宿泊役務提供者の責任を予め免除または制限する合意または告示は、その効力を生じない。
〈4〉期間制限
　【3.2.11.10】の規定（筆者注：寄託物の損傷または一部滅失の場合における寄託者の通知義務）は、〈1〉および〈2〉の責任について準用する。

Q4-15

請負契約－その1（概要）

請負契約とは、どのような契約をいうのでしょうか？

A 当事者の一方がある仕事の完成を約し、相手方がその仕事の結果に対して報酬を支払うことを約する契約をいいます。

解説

1. 請負契約の意義

請負契約とは、当事者の一方がある仕事の完成を約し、相手方がその仕事の結果に対して報酬を支払うことを約する契約をいいます。大工さんに家を建築することを頼むというのが、その代表例です。

> （請負）
> 第632条　請負は、当事者の一方がある仕事を完成することを約し、相手方がその仕事の結果に対してその報酬を支払うことを約することによって、その効力を生ずる。

請負契約は、労務それ自体ではなく、労務によって作り出された結果を目的としていることに特徴があります。

2. 請負当事者の義務

請負契約における当事者は請負人と注文者ですが、それぞれについて次のような義務が定められています。

（1）請負人の義務

　まず、請負人は、仕事完成義務を負います。仕事の結果が目的ですから、労務の提供をしても結果が出なければ債務の本旨に従った履行にはなりません。また、請負目的物が有形的な物の場合には、完成した物を注文者に引き渡すことも仕事完成義務の中に含まれます。

　次に、請負人には、担保責任が規定されています（634条以下）。

> （請負人の担保責任）
> 第634条　仕事の目的物に瑕疵があるときは、注文者は、請負人に対し、相当の期間を定めて、その瑕疵の修補を請求することができる。ただし、瑕疵が重要でない場合において、その修補に過分の費用を要するときは、この限りでない。
> 2　注文者は、瑕疵の修補に代えて、又はその修補とともに、損害賠償の請求をすることができる。この場合においては、第533条の規定を準用する。

　具体的には、仕事の目的物に瑕疵がある場合には、注文者は瑕疵修補請求、損害賠償請求、契約解除権が認められます。

　この責任は、559条で準用される570条の瑕疵担保責任の規定の特則であるとともに（Q3-15）、415条の不完全履行の特則でもあるとされています（Q3-4）。すなわち、634条以下の規定は、請負契約の性質を踏まえ、目的物に瑕疵があった場合、請負契約にふさわしい処理の仕方を定めたものと見ることができます。

　瑕疵は、売買契約におけるものと異なり、隠れた瑕疵でなくとも良く、請負人に過失があることを要しない「無過失責任」です。

　瑕疵修補請求権は、注文者が請負人に対して、「相当の期間を定めて瑕疵修補を請求することができる」とするもので、目的物の瑕疵が重要でなく、その修補のために過分の費用を要する場合には、修補請求はできません。

　損害賠償請求については、瑕疵の修補に代えて、またはその修補とともにすることができます。損害賠償請求しうる損害の範囲は、信頼利益に限られず、履行利益まで認められることになります。この損害賠償請求権と、請負人の報酬請求権とは、同時履行の関係に立ちます（634条2項）。

解除権は、瑕疵が重大なため契約の目的を達することができないときに認められます。この解除権には例外があり、建物その他土地の工作物については、契約の解除は認められません（635条ただし書）。

> 第635条　仕事の目的物に瑕疵があり、そのために契約をした目的を達することができないときは、注文者は、契約の解除をすることができる。ただし、建物その他の土地の工作物については、この限りでない。

これは、このような場合に解除を認めてしまうと、請負人は目的物を収去しなければならないことになり、請負人に酷であるとともに、社会経済上の不利益を生じることによります。

請負人の担保責任には、例外規定があります。仕事の目的物の瑕疵が、注文者の供した材料の性質または注文者の与えた指図によって生じたときは、請負人の担保責任は生じません。ただし、材料または指図の不適当なことを知りながら、これを注文者に告げなかった場合には、担保責任は生じることになります。

> （請負人の担保責任に関する規定の不適用）
> 第636条　前二条の規定は、仕事の目的物の瑕疵が注文者の供した材料の性質又は注文者の与えた指図によって生じたときは、適用しない。ただし、請負人がその材料又は指図が不適当であることを知りながら告げなかったときは、この限りでない。

次に、担保責任の存続期間ですが、原則は仕事の目的物の引渡しを要する場合にはその引き渡したときより、そうでない場合は仕事終了のときより1年とされています。ただし、土地の工作物の場合には引渡しから5年、土地工作物のうち石造など強固な場合には10年とされています。

（2）注文者の義務

一方、注文者の義務としては「報酬支払義務」があり、これは原則として後払いとされています。

> （報酬の支払時期）
> 第633条　報酬は、仕事の目的物の引渡しと同時に、支払わなければならない。ただし、物の引渡しを要しないときは、第624条第１項の規定を準用する。

3. 特殊の解除権

　請負人が仕事を完成しない間は、注文者はいつでも損害を賠償して契約を解除することができます。目的物の完成が不要になったにもかかわらず、契約の拘束力を認めたのでは、注文者に酷であるし、社会的にも無意味だからです（641条）。

　このほか、注文者が破産手続開始の決定を受けたときは、請負人または破産管財人は契約を解除することができるとされています（642条）。

改正試案を読む

　改正試案では、請負について、「当事者の一方がある仕事を完成し、その目的物を引き渡す義務を負い、相手方がその仕事の結果に対してその報酬を支払う義務を負う契約」と定義し、基本的に請負契約の目的は有体物を対象とし、仕事が有形的な結果を目的とする場合に対象を限定して、規定を置いています。

　これは、仕事の目的が無形的な結果である場合については、役務提供契約（Q4−3）として規律しようというものです。

　なお、仕事の成果が無体物であっても、目的物の引渡しが観念できる場合については、請負契約の規定を準用するものとされています。

　改正試案は、基本的に現行法の規制を踏襲していますが、注文者の仕事目的物の受領義務を定めるとともに、受領時の目的物が、契約で定めた内容であることを確認するための合理的な機会が与えられなければならないとして、「注文者が事業者である場合には、注文者が目的物の契約適合性につき確認・検査義務を負う」ものとして、受領に関する規定を整備しています。

【3.2.9.02】(仕事の完成とその目的物の受領)
〈1〉請負人が仕事を完成したときは、注文者は、仕事の目的物を受領しなければならない。この場合において、注文者は、仕事の目的物を受領する際に、仕事の目的物が契約で定めた内容に適合することを確認するための合理的な機会が与えられなければならない。
〈2〉注文者が事業者である場合には、注文者は、仕事の目的物を受領する際に、相当の期間内に、仕事の目的物が契約で定めた内容に適合することを確認するために必要な検査を行わなければならない。
〈3〉仕事が複数の部分に分割され、仕事の完成前に、その部分ごとに仕事の目的物を引き渡すべき場合には、〈1〉および〈2〉は、仕事の目的物の各部分について適用する。

　また、瑕疵担保責任の存続期間を原則1年とするのを改め、瑕疵があることを知ったときから契約の性質に応じて合理的な期間内に瑕疵の通知を行うことによって瑕疵に基づく権利が保全されるものとし、その他の瑕疵担保責任の存続期間も改めています。

【3.2.9.05】(瑕疵の通知義務)
〈1〉注文者は、仕事の目的物を受領する際に、または受領後において、仕事の目的物に瑕疵があることを知ったときは、その時から当該契約の性質に応じて合理的な期間内に、当該瑕疵の存在を請負人に通知しなければならない。ただし、請負人が当該瑕疵を知っていたときは、この限りでない。
〈2〉注文者が事業者である場合には、注文者は、仕事の目的物を受領する際に、または受領後において、仕事の目的物に瑕疵があることを知り、または知ることができた時から当該契約の性質に応じて合理的な期間内に、当該瑕疵の存在を請負人に通知しなければならない。ただし、請負人が当該瑕疵を知っていたときは、この限りでない。
〈3〉注文者が〈1〉または〈2〉の通知をしなかったときは、当該瑕疵に基づく権利を行使することができない。ただし、注文者が通知をしなかったことが、やむを得ない事由に基づくものであるときは、この限りでない。

【3.2.9.06】(瑕疵担保期間)
〈1〉建物その他の土地の工作物の建設工事においては、請負人は、注文者がそれ

> を受領した日から2年以内に明らかになった工作物の瑕疵について担保の責任を負う。ただし、この期間は、耐久性を有する建物を新築する建設工事の請負契約において、その建物の耐久性に関わる基礎構造部分［および地盤］については、10年とする。
> 〈2〉〈1〉の期間は、［20年以内の期間に限り、］契約で伸長し、または短縮することができる。ただし、当該瑕疵が請負人の故意または重大な義務違反によって生じたものであるときは、〈1〉の期間を短縮することはできない。
> 〈3〉〈1〉は、【3.2.9.04】（筆者注：瑕疵担保責任の救済内容）および【3.2.9.05】の適用を妨げない。

また、下請負に関する規定を設け、一定の範囲で下請負人が注文者に直接請求権を有するものとし、その保護を図っています。

> 【3.2.9.10】（注文者と下請負人との法律関係——直接請求権等）
> 〈1〉適法な下請負がなされた場合において、下請負人が元請負人に対して有する報酬債権と元請負人が注文者に対して有する報酬債権のそれぞれに基づく履行義務の重なる限度において、下請負人は注文者に対して支払を請求することができる。
> 〈2〉下請負人が注文者に対して書面をもって〈1〉に定める請求を行ったときは、その請求額の限度において、注文者は、その後に元請負人に対して報酬を支払ったことをもって下請負人に対抗することができない。
> 〈3〉下請負人が注文者に対して書面をもって〈1〉に定める請求を行ったときは、その旨を遅滞なく元請負人に対して通知しなければならない。
> 〈4〉下請負人は、請負の目的物に関して、元請負人が元請契約に基づいて注文者に対して有する以上の権利を注文者に主張することができない。また、注文者は、元請契約に基づいて元請負人に対して有する以上の権利を下請負人に対して主張することができない。

Q4-16

請負契約－その２（目的物の滅失）

請負契約の目的物が途中で滅失した場合、その後の法律関係はどうなるのでしょうか？

A 再度の仕事完成が可能な場合には、請負人はなお仕事完成義務を負い、不能な場合には、危険負担によって処理されることになります。

解説

請負契約に基づき家を建てている途中で、あるいは完成して引渡す前に、例えば地震でその家が壊れてしまった場合、その後の法律関係はどのように処理されるのでしょうか。

具体的には、「請負人はなお仕事完成義務を負うのか？」「請負人の報酬請求権はどうなるのか？」ということが問題となります。

これに関しては、仕事完成前の滅失の場合と、完成後の滅失の場合とに分けて考えることが必要です。

1. 仕事完成前の滅失のケース

滅失により、再度の仕事完成が不能であるという場合は、法は不可能を強いることはできないことから、請負人は仕事完成義務を免れることになります。不能であるか否かの判断は社会通念により決することになりますが、仕事完成前の滅失の場合は、原則として請負人の仕事完成義務が不能になったとはいえません。

したがって、請負人はなお仕事完成義務を負うことになります。

この場合、請負人の報酬請求権の増額が請求し得るかが問題となりますが、もともと請負人が仕事を完成させたことの対価として報酬請求権があることから、増額請求は認められず、結局滅失による負担は請負人が負うことになります。

これに対し、例外的に仕事完成前でも、「再度仕事を完成させるのは期限との関係で無理であり、期限が過ぎると履行は無意味になってしまう」といった場合のように、なお履行不能となる場合もあります。

この場合には、請負人の仕事完成義務は消滅し、報酬請求権は、危険負担の問題として処理されることになりますが、請負契約は特定物に関する物権の設定及び移転を目的とする契約（534条1項）には該当せず、原則である債務者主義により（536条1項）、報酬請求権も消滅することになります（Q3-10）。

2. 仕事完成後の滅失のケース

請負人が仕事の目的物を完成させ、注文者に引き渡す前の段階で滅失したという場合は、再度請負人に仕事を完成させるのは酷ですから、原則として、社会通念上請負人の仕事完成義務は不能になります。

この場合の報酬請求権については、あとは引渡しを残すだけであり、534条1項と同様の状況にあるとして、同項を用いる見解もありますが、判例は、やはり「請負は、特定物に関する物権の設定移転を目的とする契約ではない」として536条により、債務者主義によることから、報酬請求権は消滅することになります。

たしかに、目的物が完成してあとは引渡しを残すのみ、となると、そこだけを見れば請負人の債務は特定物の売り主と同様の債務のようにも見えます。危険負担の条文でいえば534条1項が規定する「特定物に関する物権の移転を目的とする契約」として債権者主義になるようにも思えるのですが、引渡しというのは請負人の債務のうちでは従たるものに過ぎず、そこだけを取り出して債権者主義の規定を適用するのは妥当でない、としたのです。

なお、完成後の滅失であっても、容易に補修できるような場合には、例外的

に不能とはならず、請負人はなお仕事完成義務を負うことになります。この場合の報酬増額請求が認められないのは、仕事完成前の滅失の場合と同様です。

改正試案を読む

この問題に関しては、改正試案はとくに規定を置いていません。

Q 4-17

請負契約－その3（所有権の帰属）

請負契約に基づき物の製作がなされた場合、その目的物の所有権は注文者、請負人のいずれに帰属するのでしょうか？

A 判例では、材料を提供した者がいずれかにより、区別しています。

解説

請負契約において、物の製作がなされた場合、最終的に目的物が注文者に引き渡された段階では、所有権が注文者に帰属することは明らかです。それでは、引渡し前の段階では、所有権は注文者・請負人のいずれに帰属するのでしょうか。

この点、通常の当事者の意思を強調して「注文者に帰属する」と主張する見解、請負人の報酬請求権の確保の必要性を強調して「請負人に帰属する」とする見解など、種々の見解が主張されています。

判例は次の通り、材料を提供した者が注文者か請負人かにより区別しています（大判明37.6.22）。

① 注文者が材料の全部または主要部分を供給した場合
　原始的に注文者に所有権が帰属する。
② 請負人が材料を供給した場合
　所有権はいったん請負人に帰属し、引渡しにより注文者に移転する。

もっとも、判例は、明示または黙示の合意を認定するなどして、建物完成と同時に注文者に所有権を認めるものも多く見られます。

例えば、工事の進行に応じて注文者が分割的に代金を支払い、完成時までに大半を支払済みである場合には、「特段の事情がない限り、完成と同時に所有権は注文者に帰属すると解すのが相当である」としています（最判昭44.9.12）。

　代金が完済されていない場合でも、当該建築請負における特殊・具体的事情を総合的に判断することによって、注文者の原始的取得を認めたものもあります（最判昭46.3.5）。

改正試案を読む

　改正試案では、とくにこの問題につき明文で規定は置いていません。

第5章

事務管理、不当利得、不法行為

契約以外の債権発生原因とは

第5章　事務管理、不当利得、不法行為—契約以外の債権発生原因とは

Q5-1

事務管理

> 事務管理とは、どのような場合をいうのですか？

A 義務なくして他人の事務を処理する場合をいいます。当事者間にどのような権利義務関係が生じるかにつき、民法に規定が置かれています。

解説

1. 契約以外の債権発生原因

民法は「私的自治の原則＊」をとっていることから、債権の主たる発生原因も、当事者の意思に基づく契約であり、民法の規定の多くもこれについて規定しています。

しかし、例えば交通事故により損害賠償請求権が発生する場合のように、当事者の意思に基づかずに債権が発生することもあります。そこで、民法は、契約に関する規定の次に、契約以外の債権発生原因として、事務管理・不当利得・不法行為について規定しています。

2. 事務管理とは

事務管理とは、「義務なくして他人のためにその事務を処理すること」をいいます（697条）。

＊私的自治の原則：所有権絶対の原則、過失責任の原則とともに、民法の3大原則の1つとされる。「私法上の法律関係については、個人が自由意思に基づき形成できる」という原則である。

> （事務管理）
> 第697条　義務なく他人のために事務の管理を始めた者（以下この章において「管理者」という。）は、その事務の性質に従い、最も本人の利益に適合する方法によって、その事務の管理（以下「事務管理」という。）をしなければならない。
> 2　管理者は、本人の意思を知っているとき、又はこれを推知することができるときは、その意思に従って事務管理をしなければならない。

　例えば、隣人の留守中に隣人宅の屋根が台風で壊れた場合に、その屋根を修理しておいてあげる場合をいいます。修理を行った者は、隣人との関係でとくに何らかの義務を負っていたためにこれを行ったわけではありません。

　このような場合をどのように律するべきでしょうか？

　本来は、他人の事務に勝手に手を出すのは違法というべきでしょう。しかし、隣人に対する助け合いという観点からは、このような行為は違法ではないとして、その規律の仕方を規定により整備しておくのが有用であると思われます。

　このように、相互扶助の理念から、他人の事務に義務なくして干渉することの違法性を否定したのが、事務管理に関する規定です。

3. 事務管理の要件

　次の要件を満たす必要があります。

| ① 他人の事務を管理すること |
| ② 他人のためにする意思があること |
| ③ 法律上の義務がないこと |
| ④ 他人の意思ないし利益に反することが明らかでないこと |

　以下、順に説明します。

① 他人の事務を管理すること
　ここで事務とは、「人の生活に利益をもたらす一切の仕事」をいいます。
② 他人のためにする意思があること
　事務管理は相互扶助の理念に基づいて規定されたことから、その成立のためには、他人の利益を図る意思である、「他人のためにする意思」が必要になり

ます。もっとも、100％他人の利益を図る意思である必要はなく、自己の利益を図る意思と併存しても良いとされています。
③　法律上の義務がないこと
④　他人の意思ないし利益に反することが明らかでないこと

　事務管理を規定する697条には規定されていないのですが、いったん成立した事務管理については、「本人の意思ないし利益に反する場合は、管理を継続すべきでない」とされていることから、当初からこれらに反する場合には、事務管理は成立しないと解されています。

4. 事務管理の効果

　事務管理が成立すると、事務管理者の行為につき違法性が阻却＊されます。これが事務管理のもっとも本質的な効果です。
　もっとも、管理者が管理義務を怠り、故意過失により本人に損害を与えた場合には、債務不履行責任が生じ得ます。

(1) 管理者の義務

　管理者には、義務なくして他人の事務に手を出すものであることから、多くの義務が課されます。
　まず、管理者が本人の意思を知っているときまたは推知することができるときは、その意思に従って管理しなければなりません。本人の意思を知り得ないとき、または本人の意思が強行法規もしくは公序良俗に反しこれを尊重すべきでないときは、事務の性質に従って最も本人の利益に適すべき方法で管理しなければなりません。
　管理者は、本人がすでに知っているときを除き、管理を始めたことを遅滞なく本人に通知しなければなりません（699条）。また、本人もしくはその相続人または法定代理人が管理することができるようになるまで、管理を継続しなければなりません。ただし、管理の継続が本人の意思に反し、または本人のため

＊阻却：否定されること。

に不利なことが明らかなときには、管理を中止しなければなりません（700条）。

> （管理者の通知義務）
> 第699条　管理者は、事務管理を始めたことを遅滞なく本人に通知しなければならない。ただし、本人が既にこれを知っているときは、この限りでない。
>
> （管理者による事務管理の継続）
> 第700条　管理者は、本人又はその相続人若しくは法定代理人が管理をすることができるに至るまで、事務管理を継続しなければならない。ただし、事務管理の継続が本人の意思に反し、又は本人に不利であることが明らかであるときは、この限りでない。

　管理者には委任（Q4-9）に関する規定が準用され、本人に管理状況・終了の報告を行う義務を負いますし、管理にあたり受け取った金銭その他の物・収受した果実の引渡し義務、自己名義で取得した権利の移転義務を負います。

　本人に引き渡すべき金銭を自己のために消費した場合には、消費した日以後の利息支払義務、損害賠償義務を負います。

(2) 管理者の権利

　管理者の権利については、規定が少なく、議論があります。

　まず、管理者が本人のために有益な費用を支出したときは、管理者は本人に対して償還を請求することができます。管理者が本人のために有益な債務を負担したときは、本人は、管理者に代わってそれを弁済し、あるいは相当の担保を供与する義務を負います。

　ちなみに、管理者が本人の意思に反して管理をしたときは、本人は現に利益を受ける範囲でのみ、「有益費の償還」「有益債務の弁済」「担保供与義務」を負います。

　報酬請求権については、事務管理が相互扶助の理念に基づくものであることから、否定すべきとされています。ただし通説は、医師の医療行為のように、管理者の行為が職業上の行為であり、通常対価の支払いを受けるものである場合には、定型化された「費用」（702条1項）と見て、請求をなし得るとしています。

損害賠償請求権についても、条文上は、701条が650条3項を準用せず、702条2項が650条2項だけを準用していることから、基本的に認められていません。しかし、それでは管理者に酷な結果となり得ることから、当該事務の管理にあたって当然予想される損害は「費用」に含まれるとし、請求を認めています。

> （委任の規定の準用）
> **第701条** 第645条から第647条までの規定は、事務管理について準用する。
>
> （管理者による費用の償還請求等）
> **第702条** 管理者は、本人のために有益な費用を支出したときは、本人に対し、その償還を請求することができる。
> 2　第650条第2項の規定は、管理者が本人のために有益な債務を負担した場合について準用する。
> 3　管理者が本人の意思に反して事務管理をしたときは、本人が現に利益を受けている限度においてのみ、前二項の規定を適用する。
>
> （受任者による費用等の償還請求等）
> **第650条** 受任者は、委任事務を処理するのに必要と認められる費用を支出したときは、委任者に対し、その費用及び支出の日以後におけるその利息の償還を請求することができる。
> 2　受任者は、委任事務を処理するのに必要と認められる債務を負担したときは、委任者に対し、自己に代わってその弁済をすることを請求することができる。この場合において、その債務が弁済期にないときは、委任者に対し、相当の担保を供させることができる。
> 3　受任者は、委任事務を処理するため自己に過失なく損害を受けたときは、委任者に対し、その賠償を請求することができる。

対外的な事務管理の効果として、事務管理者に代理権が認められるかが争われていますが、判例および通説は、事務管理が対内関係を規律するものであること、代理権を認めたのではあまりにも本人の静的安全*を害することなどから、これを否定しています。

5. 準事務管理

　準事務管理とは、管理者が「自己のためにする意思」をもって管理行為を行った場合をいいます。このような場合を「準事務管理」として、事務管理に関する規定を類推適用*できないかという問題です。

　これは、例えば、他人の財産を盗んだ者が、それを元手にして大きな財産を築いた場合を想定した議論です。

　不当利得や不法行為の規定では、盗まれた分の財産の返還の問題になってしまい、どうしても盗取者に利得が残ってしまうことから、そのすべてを返還させるべく、委任における返還義務の規定が準用される事務管理の規定を使おうとするものです。

　しかし、事務管理は相互扶助の理念に基づき規定されたもので、他人のためにする意思があることは本質的な要件と見るべきです。したがって、準事務管理については、一般的に否定的な見解がとられています。

改正試案を読む

　改正試案では、契約以外の債権発生原因である事務管理については規定していません。

---

*静的安全：自ら意思表示等をしていない以上、その権利関係が変動を受けないことをいう。
*類推適用：A、Bという似たものがあり、このうちAについてのみ規定がある場合に、Bにもその規定を及ぼして同様の効果を認めること

Q5-2 不当利得

不当利得とは、どのような制度ですか？

A 法律上の原因なく、他人の財産もしくは労務によって受けた利益をいいます。

解説

1. 不当利得の意義

前項の事務管理に続き、当事者の意思によらない債権の発生原因として規定されているのが不当利得です。

不当利得とは、法律上の原因なく、他人の財産もしくは労務によって受けた利益をいいます（703条）。例えば、売買契約に基づいて代金の支払いを受けたが、その売買契約が無効であった場合などです。

> （不当利得の返還義務）
> 第703条　法律上の原因なく他人の財産又は労務によって利益を受け、そのために他人に損失を及ぼした者（以下この章において「受益者」という。）は、その利益の存する限度において、これを返還する義務を負う。

不当利得は、形式上は正当視し得る利得の移転が、実質的には正当視しがたい場合に、その返還を認め、実質的公平を図ろうという制度です。

例えば、当事者間で売買契約が成立し、目的物の給付も、代金たる金銭の給付も終わった段階で、当該契約に錯誤があり、契約が無効とされる場合などがこれに当たります。

2. 不当利得の要件

次の4つの要件があります。

> ① 他人の財産または労務により利得者が利益を受けたこと（利得の存在）
> ② そのために他人に損失が生じたこと（損失の発生）
> ③ 利得と損失との間に因果関係があること
> ④ 法律上の原因がないこと

以下、順に説明します。

① 他人の財産または労務により利得者が利益を受けたこと（利得の存在）

仮にその事実がなかった場合に存在したであろう財産の総額よりも、その後の財産の総額が増加することをいいます。

② そのために他人に損失が生じたこと（損失の発生）

損失には、すでにあった財産が減少した場合のほかに、得られるはずであった利益が喪失される場合も含みます。

③ 利得と損失との間に因果関係があること

この因果関係の内容については争いがありますが、社会通念上「ある者の損失においてある者が利得した」という関係が必要になります。

④ 法律上の原因がないこと

利得者の当該利得の保有が、実質的に見て、損失者との関係で正当視し得ない場合をいいます。すなわち、その者がそのまま利得を保有することが公平に反し是認できないことです。これは不当利得の成否の判断において、もっとも本質的な要件となります。

3. 不当利得の事例

不当利得が問題となった有名な事例がいくつかあります。

＊悪意重過失：悪意または善意重過失の意味。これに対して「善意無過失」というのは、善意かつ無過失という意味なので、注意が必要である。

例えば、他人から騙し取った金銭で債権者が弁済を受けた場合、当該債権者の利得は不当利得となるかどうかが争われました。判例は、債権者に悪意重過失がある場合には、不当利得になると判断しています（最判昭49.9.26）。

また、転用物訴権と呼ばれる事例があります。これは、契約上の給付が契約の相手方のみならず第三者の利益となった場合に、給付をなした者が利得者に対して不当利得返還請求をなし得るか、という事例です。

例えば、目的物の賃貸借がなされていたところ、借り主がその目的物の修理を他人に依頼し、そのまま借り主が倒産するに至ったような場合に、目的物の所有者に対して修理をした業者が不当利得返還請求できるか、といった場合です。

判例は変転しましたが、当該賃貸借契約を全体として見て、所有者が得た利益と対価関係に立つ出捐ないし負担をした場合には受益には法律上の原因があるとして不当利得返還請求を認めず、そうでない場合には不当利得返還請求を否定しています。

例えば、所有者が賃貸借契約にあたり、修繕等の負担が生じたときには借り主が負担するのと引換えに賃料を安く設定していたような場合があります。このような場合、所有者は目的物が修繕されたことによる利益と対価関係に立つ負担をしていることになるので、所有者に対する不当利得返還請求は認められないことになります。

4. 不当利得の効果

不当利得が成立した場合、利得者が損失者に対して返還すべき範囲は、利得者の善意悪意によって異なります。

善意の場合には、現存利益を返還すれば足りますが、悪意の場合には、受けた利益とその利息の返還、および損害があれば損害の賠償も必要となります。善意の不当利得者に酷な結果にならないように配慮したものです。

> （悪意の受益者の返還義務等）
> 第704条　悪意の受益者は、その受けた利益に利息を付して返還しなければならない。この場合において、なお損害があるときは、その賠償の責任を負う。

📖改正試案を読む

　改正試案では、契約以外の債権発生原因である不当利得については、規定を置いていません。

Q5-3 不法原因給付

不法原因給付とは、どのような規定ですか？

A 不当利得に関する規定の特則として、公序良俗に反する給付により利得を得た者に対し、給付者は返還請求をし得ないとする規定です。

解説

1. 不法原因給付とは

不法原因給付とは、不当利得に関する規定の特則として、「公序良俗に反する規定により利得を得た者に対し、給付者は返還請求をし得ない」とする規定です。

（公序良俗）
第90条 公の秩序又は善良の風俗に反する事項を目的とする法律行為は、無効とする。

（不法原因給付）
第708条 不法な原因のために給付をした者は、その給付したものの返還を請求することができない。ただし、不法な原因が受益者についてのみ存したときは、この限りでない。

当事者間の法律行為が公序良俗に反する場合（90条）、当該法律行為は無効となります。とすると、その法律行為に基づいて給付された物があった場合、当事者間で不当利得返還債務が発生することになります。

しかし708条は、このような不法の原因による給付がなされた場合、「給付者は受領者に対して返還請求をなし得ない」ものとしています。
　これは、90条と708条とが相まって、公序良俗に反する法律行為に関与した者に対する国家の救済を否定する規定です。例えば、当事者間に愛人契約が成立し、マンションを贈与するということになった場合、当該贈与契約は公序良俗に反するものとして無効になります。
　この場合に、マンションが未給付であれば、受贈者から贈与者に対するマンションの引渡し請求がなされても、当該請求は90条で否定され、国家がその実現に協力することはありません。これに対し、マンションが給付済みの場合に、贈与者から受贈者に対して、当該契約は無効であることを理由に返還請求がなされた場合、これを否定するのが708条であり、やはり国家による助力は否定されることになります。
　このような708条の趣旨を、「クリーン・ハンズの原則」といいます。

2.　不法原因給付となるための要件

　「不法」と「給付」の2つの要件が問題となりますが、「不法」については、上に述べた趣旨から「公序良俗違反の場合をいう」ということで、問題ありません。判例も、不法とは「その時代の一般的倫理思想から見て、公の秩序・善良の風俗に反する場合をいい、単に強行法規に違反したに過ぎない場合は含まない」としています。
　「給付」については、回復を請求しようとする者の自由意思に基づいたものでなければならず、かつ、事実上終局的な利益を与えるものでなければなりません。そのようなものでないのに「給付」と認めたのでは、その後の給付の実現に国家が助力する結果になってしまうためです。
　したがって、例えば目的物の売買がなされた場合でいえば、それが動産であれば引渡しのみで給付に当たりますが、不動産で、さらに既登記建物であれば、移転登記がなければならないことになります（未登記建物なら引渡しのみで足ります）。

なお、708条にはただし書きがあり、不法原因が受領者のみにある場合、給付者には反社会性はなく、返還請求を否定したのではかえって反社会性のある受領者を保護する結果となって不当であることから、返還請求は認められるとしています。

この趣旨をふまえ、判例は、不法原因が給付者・受領者の双方にある場合であっても、両当事者の不法性の程度を比較し、給付者の不法性が受益者のそれよりも弱い場合には、なお返還請求は認められるとしています（最判昭44.9.26）。

3. 不法原因給付の効果

不当利得に基づく返還請求が認められないのは当然ですが、708条は所有権に基づく返還請求（すなわち、不法原因給付を行った者が、「契約が無効だから所有権がなお自分にある」として所有権を根拠に目的物を返還せよと請求する場合）にも類推適用され、これによる返還請求もなし得ないとされます。

この結果、反射的効果＊として「目的物の所有権は受領者に帰属する」とされています。所有権に基づく返還請求は認められるとしたのでは、708条の趣旨が没却されてしまうからです。

さらに、708条は不法行為に基づく損害賠償請求にも類推適用されます。

もっとも、708条はあくまでも国家による助力を否定する条文ですから、当事者間であえて不法原因給付物の返還特約をなすことは有効とされています。

例えば、愛人契約に基づきマンションを贈与した場合に、贈与者が請求すれば、受贈者に対して目的物を返還請求できると当事者間で定めた場合は、有効と認められます。

▶改正試案を読む

改正試案では、契約以外の債権発生原因である不法原因給付については、規定を置いていません。

＊反射的効果：当該法律行為の直接的な効果としてではなく、結果的に、ということ。

Q5-4 不法行為

Q 不法行為とはどのような制度ですか？

A 故意または過失により違法に他人に与えた損害について、損害賠償責任を負わせる制度です。

解説

1. 不法行為の意義

不法行為とは、故意または過失により、違法に他人に損害を与えた場合に、その者に賠償責任を負わせる制度をいいます。

> （不法行為による損害賠償）
> 第709条　故意又は過失によって他人の権利又は法律上保護される利益を侵害した者は、これによって生じた損害を賠償する責任を負う。

民法は、709条以下に基本的な不法行為の要件等を定めた条文を置き、714条以下で特殊な不法行為の類型を定めています。前者を「一般不法行為」、後者を「特殊不法行為」といいます。

この不法行為と契約責任、すなわち債務不履行責任との関係については争いもありますが、判例および通説は、両者は併存し、いずれの請求もできるという「請求権競合論」をとっています。

2. 不法行為の成立要件

不法行為が成立するためには、次のような要件を満たすことが必要になります。

① 責任能力のある者の行為であること
② 故意または過失によること
③ 他人の権利もしくは利益を違法に侵害したこと
④ 行為と損害との因果関係
⑤ 損害の発生

以下、順に検討します。

① 責任能力のある者の行為であること

責任能力とは、自己の行為の責任を弁識するに足る精神的能力をいいます。一定の能力がある者でなければ、違法に他人に損害を与えても、これを非難して損害賠償責任を負わせることはできないことから、要件とされています。

責任能力が不法行為の要件であることは、712条が未成年者の不法行為につき、「自己の行為の責任を弁識するに足りる知能を備えていないときは責任を負わない」、713条が心神喪失者の不法行為につき、「精神上の障害により責任能力を欠く状態で他人に損害を加えた者は、損害賠償責任を負わない」と規定していることからも明らかです。

(責任能力)
第712条　未成年者は、他人に損害を加えた場合において、自己の行為の責任を弁識するに足りる知能を備えていなかったときは、その行為について賠償の責任を負わない。

第713条　精神上の障害により自己の行為の責任を弁識する能力を欠く状態にある間に他人に損害を加えた者は、その賠償の責任を負わない。ただし、故意又は過失によって一時的にその状態を招いたときは、この限りでない。

なお、責任無能力者が責任を負わない場合の監督者の責任については、別途

の規定があります（714条（Q5－5））。
②　故意または過失によること
　故意または過失を必要とするのは、過失責任主義の考え方によります。ただし、火災などの場合には、「失火ノ責任ニ関スル法律」（失火責任法）という法律で軽過失の場合には免責されており、この場合には、結局、故意重過失が要件となります。

> 〈失火責任法〉
> 　民法第709条ノ規定ハ失火ノ場合ニハ之ヲ適用セス但シ失火者ニ重大ナル過失アリタルトキハ此ノ限ニ在ラス

　不法行為においては、証明責任が債務不履行責任と異なることが特徴です。加害者に故意過失があることは、被害者の側で立証しなければなりません（Q3－4）。
③　他人の権利もしくは利益を違法に侵害したこと
　違法といえるか否かは、被侵害利益の種類と、侵害行為の態様の相関関係から判断すべきであるとされています。被侵害利益が重大なら、侵害行為の態様はさほどでなくとも違法になるのです。
　もっとも、この点については、例えば公害事件の場合に、判例は次のような「受忍限度論」という考え方をとっています。
　それは、「すべての権利行使は社会通念上妥当と認められる範囲内でこれをなすことを要するのであって、かかる権利行使は原則として違法であるが、ただ社会通念上受忍すべき範囲内と認められる侵害の場合には違法性を欠く」という考え方です（最判昭47.6.27）。
　また、違法といえるか否かという問題に関して、盛んに議論されているのが債権侵害についてです。債権は、被侵害利益としては弱いことから、どのような場合に違法として不法行為が成立するかが問題となるのです。
　一般的には、次のように考えられています。

> 1）債権の帰属自体を侵害した場合
>   第三者に過失があれば足ります。
> 2）債権の目的たる給付を侵害して、債権を消滅させる場合
>   第三者に過失があれば足ります。
> 3）債権の目的たる給付を侵害するが債権は消滅しない場合
>   侵害の態様としては弱いので、原則として第三者に故意を要求すべきであるとされています。

④　行為と損害との因果関係

不法行為における因果関係については明文の規定はありませんが、債務不履行に関する416条が準用され（Q3－4）、相当因果関係説をとるのが判例です。

⑤　損害の発生

現実的な損害の発生が必要となります。この損害は物的損害に限られるものではなく、精神的損害も含まれます。

3. 不法行為の効果

不法行為の効果は、損害賠償請求権の発生です。被害者の保護としては、侵害行為の差し止め自体を認めるべき場合も考えられますが、民法自体は、名誉毀損の場合に名誉回復処分が認められているほかは、損害賠償請求権しか認めていません。

（1）損害賠償請求権の行使

この損害賠償請求権を、誰が行使し得るかについても問題があります。

直接の被害者が請求し得ることはいうまでもありませんが、例えば「交通事故で会社の代表取締役が死亡した場合に、会社は、間接被害者として損害賠償請求ができるか？」といった形で争われてきました。

判例は、現在ではこの問題を相当因果関係の問題としてとらえ、その間接的

＊経済的一体関係：形式的には別の主体であっても、経済的に見て実質的には同一視すべき場合。例えば、スナックのママとスナックとの間で経済的一体性を認めた例がある。

な損害が相当因果関係の認められる損害か否かで判断しています。そして、最終的には、「直接的被害者と間接的被害者との間に経済的一体関係*が認められる場合には、間接被害者も損害賠償請求をなし得る」としています。

損害額算定の基準時については、原則は不法行為時ですが、特別事情とその予見可能性が認められれば、「目的物の騰貴時を基準時とし得る」とされています。

また、不法行為による損害賠償請求権は、これを受働債権として相手方から相殺（Ｑ３－29）することはできません。これは、そのような相殺を認めると、債権の履行がなされない場合に、債権者がこれを自力執行し、それによる不法行為債権と元々の債権を相殺することができてしまい、自力救済の防止という観点から望ましくないということと、現実の賠償を受けさせることにより被害者を保護しようとするものです。

例えば、ＡさんがＢさんに対して100万円の債権を持っているが、Ｂさんが任意に履行してこないという場合に、ＡさんがＢさんのところに押しかけて100万円を奪ってきたとします。それでも、これにより発生するＡさんの不法行為による損害賠償債務と、元からあるＡさんの債権を相殺すれば済むというのでは、自力救済の横行を防止できないことになりますし、債務者Ｂさんが害されてしまいます。

(2) 個別論点―被害者死亡の場合など

個別の問題として議論がなされてきたものとして、「被害者死亡の場合の損害賠償請求権はそもそも発生するのか？　発生しても、そのうちの慰謝料請求権については、被害者に一身専属的なものであって相続されないのではないか？」という問題があります。

死亡による損害賠償請求権については、「被害者がすでに死亡しており、権利能力がないことから発生しないのではないか？」ということが問題となります。しかし、そのように解すると、即死と受傷後死亡までの間に時間的間隔がある場合との不均衡が生じること、即死の場合であっても、受傷と死亡との間に理論上時間的感覚があるなどとして、損害賠償請求権の発生を認めています。

このうち、慰謝料請求権について相続されるかについては、やはり「相続されないとすると、被害者生存中に慰謝料が支払われた場合と不均衡を生じる。慰謝料請求権も発生してしまえば単純な金銭債権である」として相続性を肯定しました（最判昭42.11.1）。

なお、被害者が死亡した場合には、その近親者も重大な精神的苦痛を被るのが通常であることから、民法は、被害者が不法行為により死亡した場合、その父母、配偶者および子に対して、固有の慰謝料請求権を認めています（711条）。

（近親者に対する損害の賠償）
第711条　他人の生命を侵害した者は、被害者の父母、配偶者及び子に対しては、その財産権が侵害されなかった場合においても、損害の賠償をしなければならない。

この711条は、不法行為の原則的規定である709条との関係で、近親者の立証の負担を軽減したものと説明されています。したがって、この条文の要件に当てはまらなくても、近親者が原則的規定である709条で損害賠償請求をすることはできます。

また、被害者が死亡したのではなく傷害を負った場合であっても、被害者が生命を害された場合にも比肩すべき、またはそれに比して著しく劣らない程度の精神上の苦痛を受けたときに限り、709条、710条に基づいて損害賠償請求ができるとしています。

また、711条は、内縁の妻・夫に対しても類推適用すべきであるとされています。

4. 過失相殺

もし、不法行為における被害者にも過失があった場合には、加害者になお全額を賠償させるのは公平に反します。そこで、被害者に過失があった場合、裁判所は損害賠償額の決定につき、これを斟酌することができるとしています（722条2項）。これを「過失相殺」といいます。

> (損害賠償の方法及び過失相殺)
> 第722条　第417条の規定は、不法行為による損害賠償について準用する。
> 2　被害者に過失があったときは、裁判所は、これを考慮して、損害賠償の額を定めることができる。

　過失相殺は、損害賠償制度の趣旨と同様、損害の公平な分担という観点から規定された制度です。

　この過失相殺をするのに、被害者にどの程度の能力が備わっていることが必要かが争われました。

　判例は、「被害者に、事理弁識＊をするに足る能力が備わっていれば足り、行為の責任を弁識するに足る知能が備わっていることを要しない」として、「事理弁識能力必要説」をとりました。この程度の知能を有していれば、その不注意を勘案することが損害の公平な分担という観点から妥当と考えられるからです。

　被害者側に、このような知能もない場合に通常問題となるのが、被害者側の過失という議論です。これは、被害者本人ではなく、被害者側の者に過失がある場合に、これを斟酌することで当事者間の公平を図ろうというものです。

　どのような者を被害者側として、その過失を斟酌するかが問題となりますが、判例は、「被害者に対する監督者である父母ないしはその被用者である家事使用人などのように、被害者と身分上ないしは生活関係上一体をなすと見られるような関係にある者の過失をいう」として、保育園の保母は含まれないとしました（最判昭42.6.27）。

　判例は、その後、過失相殺の規定を用いる場合を拡大し、被害者に身体的素因・精神的素因がある場合にも、過失相殺の規定を類推適用して、賠償額の減額を認めています。

＊事理弁識：自分のしていることがわかるということ。

5. 不法行為の消滅時効

　不法行為による損害賠償請求権は、被害者またはその法定代理人が損害および加害者を知ったときより3年、不法行為のときより20年で消滅するものとされています。

　3年の短期消滅時効を定めたのは、時間がたつと不法行為や損害の立証が困難になる、被害者の感情が平静になる、などの理由が挙げられていますが、このような形を維持して良いかは議論のあるところです。

（不法行為による損害賠償請求権の期間の制限）
第724条　不法行為による損害賠償の請求権は、被害者又はその法定代理人が損害及び加害者を知った時から3年間行使しないときは、時効によって消滅する。不法行為の時から20年を経過したときも、同様とする。

📖 改正試案を読む

　改正試案では、契約以外の債権発生原因である不法行為については、規定を置いていません。

Q5-5 特殊の不法行為

特殊の不法行為としては、どのようなものがありますか？

A 責任無能力者の監督者の責任、使用者責任、土地工作物責任、共同不法行為などの規定があります。

解説

民法は、一般不法行為に関する709条以下の規定に続き、特殊な不法行為に関する類型をいくつか定めています。

ここでは、これらのうち主なものを順に取り上げていきます。

1. 責任無能力者の監督者の責任

責任無能力者（Q5-4）が責任を負わない場合、監督義務者および監督義務者に代わって無能力者を監督する者は、無能力者が第三者に加えた損害を賠償する責任を負うとされています（714条）。

> （責任無能力者の監督義務者等の責任）
> 第714条　前二条の規定により責任無能力者がその責任を負わない場合において、その責任無能力者を監督する法定の義務を負う者は、その責任無能力者が第三者に加えた損害を賠償する責任を負う。ただし、監督義務者がその義務を怠らなかったとき、又はその義務を怠らなくても損害が生ずべきであったときは、この限りでない。
> 2　監督義務者に代わって責任無能力者を監督する者も、前項の責任を負う。

本来、監督義務者らは、無能力者に対する監督義務を負っているわけですか

ら、にもかかわらず無能力者が不法行為を行ってしまった場合には、監督義務者らの監督義務違反による不法行為が当然に成立するはずです。しかし、714条は、被害者保護の観点から、この714条で、監督義務者の過失を推定したのです。

ですから、714条には、「本条に該当する場合のみ損害賠償請求を認める」といった意味はなく、例えば未成年者に責任能力があるような場合でも、被害者は709条によって監督義務者に損害賠償責任を追求し得るとされています。

監督義務者は、監督の義務を怠らなかったことの立証をすれば、責任を免れることができます。

最後に、不法行為の要件を故意重過失に修正する失火責任法（Q5-4）の規定が714条に適用されるかが問題となりますが、判例は、「714条は監督義務者の過失を推定したにすぎないことから、失火責任法の適用は認められる」としています。

2. 使用者責任

他人に使用されている被用者が、その事業の執行について第三者に違法に損害を加えた場合、使用者またはこれに代わる代理監督者が損害賠償責任を負うとされている規定です。

これは、使用者が他人を使用して自らの活動範囲を拡大し、より多くの利益をあげ得ることから、「その過程で生じた損害についても負担するのが公平である」という報償責任の法理と、被害者保護の理念に基づいて規定されたものです。

使用者責任は実務上も重要な規定ですが、次のような要件を満たすことが必要になります。

① 使用者・被用者の関係にあること
② 「事業の執行について」なされたものであること
③ 被用者に不法行為が成立すること
④ 使用者が免責事由を立証しないこと

以下、順に検討します。
① 使用者・被用者の関係にあること
　使用者・被用者の関係というと、労働契約関係をイメージしがちですが、契約関係で結ばれている必要はなく、事実上の関係で足ります。
　判例では、実質的な指揮命令関係がある場合に、元請け人と下請け従業員との間に、使用関係を認めたものがあります。
② 「事業の執行について」なされたものであること
　まず、ここでいう事業には、使用者の事業自体のみならず、これと密接不可分の関係にある業務および付随的業務も含まれます。
　例えば、会社員が終業後に最終列車に乗り遅れたため、私用を禁じられている会社の車で帰宅中に事故を起こした場合、事業そのものではありませんが、なお「事業の執行について」なされたものと認められることになります。
　次に、職務の範囲か否かの判断は、その行為の外形から客観的に見て被用者の職務の範囲内に属するか否かで判断されます（外形標準説）。これは、そのような外観を信頼した被害者を保護しようとの発想に基づくものであり、被害者が悪意重過失の場合には、「事業の執行について」には当たらないことになります。
　このような考え方が、交通事故のような事実的不法行為＊についても当てはまるかどうかは問題がありますが、判例には、交通事故の事案について外形標準説を用いたものがあります。
③ 被用者に不法行為が成立すること
　被用者が不法行為責任を負うことが必要です。
④ 使用者が免責事由を立証しないこと
　使用者が、被用者の選任・監督につき相当の注意をしたこと、または、相当の注意をしても損害が生じたことを証明した場合には、条文上、使用者は責任

＊事実的不法行為：不法行為は、取引における取引的不法行為と、交通事故に代表されるような事実的不法行為に分けられる。

を負わないとされています。

もっとも、判例上は、このような免責を認めた例はありません。

使用者責任の要件を満たす場合、使用者も被害者に対する損害賠償責任を負い、被用者の賠償責任との関係は不真正連帯債務（Q3-25）となります。

使用者責任と失火責任法との関係も問題とされますが、判例は、「被用者につき失火責任法が適用されることから、再度使用者責任につき失火責任法で責任を軽減する必要はない」として、否定しています。

使用者は、被害者に損害を賠償したときは、被用者に求償することができます（715条3項）。

> （使用者等の責任）
> 第715条　ある事業のために他人を使用する者は、被用者がその事業の執行について第三者に加えた損害を賠償する責任を負う。ただし、使用者が被用者の選任及びその事業の監督について相当の注意をしたとき、又は相当の注意をしても損害が生ずべきであったときは、この限りでない。
> 2　使用者に代わって事業を監督する者も、前項の責任を負う。
> 3　前二項の規定は、使用者又は監督者から被用者に対する求償権の行使を妨げない。

もっとも、報償責任という観点からは、全額求償できたのでは使用者が利益だけを得ることになり、不公平な結果となります。

そこで、タンクローリーを運転中物損事故を起こした従業員に対して、被害者に損害を賠償した会社から求償権がなされた事案において、判例は求償できる範囲を限定し、「使用者は、その事業の性格・規模・施設の状況、被用者の業務の内容、労働条件、勤務態度、加害行為の態様、加害行為の予防もしくは損益の分散についての使用者の配慮の程度その他諸般の事情に照らし、損害の公平な分担という見地から信義則上相当と認められる限度において求償できる」としています（最判昭51.7.8）。

これに関連して、「被用者が自ら賠償を行った場合、使用者に求償できるか？」という「逆求償」の問題がありますが、通説はこれを認めています。

3. 土地工作物責任

　建物など、土地に定着した人工物から他の者に損害が発生した場合に、当該工作物の占有者および所有者に賠償責任を負わせた特別の不法行為類型です。

　土地工作物の設置・保存に瑕疵がある場合に、第一次的には占有者が責任を負い、占有者が自己に注意義務違反がないことを立証できれば、所有者が責任を負うことになります（717条）。

> （土地の工作物等の占有者及び所有者の責任）
> 第717条　土地の工作物の設置又は保存に瑕疵があることによって他人に損害を生じたときは、その工作物の占有者は、被害者に対してその損害を賠償する責任を負う。ただし、占有者が損害の発生を防止するのに必要な注意をしたときは、所有者がその損害を賠償しなければならない。
> 2　前項の規定は、竹木の栽植又は支持に瑕疵がある場合について準用する。
> 3　前二項の場合において、損害の原因について他にその責任を負う者があるときは、占有者又は所有者は、その者に対して求償権を行使することができる。

　通常の不法行為では、損害の発生につき故意または過失があって初めて責任が生じますが、この条文では、過失がなくとも、設置や保存に瑕疵があれば責任が生じるので、通常の不法行為とは異なり、「中間責任」と呼ばれます。所有者の責任のほうは、無過失責任です。

　この条文の趣旨は、第1に「危険責任」、すなわち「危険を支配しているものは、その危険が具体化した場合、その責任を負うべきである」との考え方と、第2に、被害者保護という点があります。

　土地工作物責任の要件は、次の通りです。

> ①　土地の工作物であること
> ②　土地の工作物の設置・保存に瑕疵があること
> ③　瑕疵と損害の間に因果関係があること

　以下、順に検討します。

① 土地の工作物であること

　土地工作物とは「土地に接着して人工的に作り出された設備」をいいますが、被害者保護の観点からその範囲は広く解される傾向にあります。

　判例では、保安設備のない踏切で事故が起きた場合、踏切道における保安設備を含む軌道施設が土地工作物に当たるとしました（最判昭46.4.23）。

② 土地の工作物の設置・保存に瑕疵があること

　ここで「瑕疵」とは、そのような工作物として、通常備えるべき安全な性状を欠いていることをいいます。当初から瑕疵がある場合が「設置の瑕疵」であり、事後的に瑕疵が生じた場合が「保存の瑕疵」になります。

③ 瑕疵と損害の間に因果関係があること

　以上①②の要件を満たした場合、第一次的には占有者が責任を負い、占有者が免責事由を証明し得たときには所有者が責任を負います。これは、危険を直接的に支配しているのは占有者であることから、第一次的に占有者に責任を負わせ、所有者には無過失責任を負わせたことになります。

　土地工作物責任の規定と失火責任法との関係も議論があります。古い判例では、717条に失火責任法をはめ込み、「工作物の設置・保存について重過失の有無を問う」とするものがありますが（大判昭7.4.11）、その後の下級審の判例はこれによっておらず、結論は判然としません。

4. 共同不法行為

　数人の者が共同の不法行為によって他人に損害を加えたときや、共同行為者中の誰が実際に損害を加えたかが明らかではないとき、および教唆者・幇助者は生じた損害全額につき連帯して責任を負うとする規定です。

（共同不法行為者の責任）
第719条　数人が共同の不法行為によって他人に損害を加えたときは、各自が連帯してその損害を賠償する責任を負う。共同行為者のうちいずれの者がその損害を加えたかを知ることができないときも、同様とする。
2　行為者を教唆した者及び幇助した者は、共同行為者とみなして、前項の規定を

> 適用する。

「狭義の共同不法行為」と「その他の共同不法行為」に分かれます。
狭義の共同不法行為とは、次のような要件を満たす場合です。

① 各人の行為がそれぞれ独立に不法行為の要件を備えていること
② 各人の行為の間に客観的関連共同があること

客観的関連共同とは、社会的に見て1個の行為と認められることをいいます。例えば、AさんとBさんが双方の過失で交通事故を起こし、通行人Cさんにけがをさせたといった場合があります。

共同不法行為の規定が設けられた趣旨は、行為者全員に全額につき損害賠償責任を負わせ、もって被害者の救済を図ろうとしたものです。

その他の共同不法行為とは、加害者不明の場合、すなわち、共同行為者中の誰かによって損害を受け、各行為者が因果関係以外の不法行為の要件を満たしていることが必要です。例えば、AさんとBさんが意思の連絡なく、建物の屋上から物を落とし、それが通行人に当たり怪我をさせたが、どちらの落とした物が当たったのかがわからない場合がこれに当たります。

共同不法行為の効果については、条文上は連帯とされていますが、「不真正連帯債務になる」と解されています（最判昭57.3.4）。すなわち、被害者は各加害者に同時にまたは順次に全額の請求をなすことができ、ある加害者が弁済をすれば他の加害者は債務を免れることになります。

また、弁済等債権を満足させる事由以外は、一人の債務者（加害者）に生じた事由は他の加害者に影響しません。

改正試案を読む

改正試案では、契約以外の債権発生原因である特殊の不法行為については、規定を置いていません。

[索　引]

【ア行】

一身専属権　148
一般不法行為　297
一般法　2
委任　247
請負　271, 277, 280
請負人の担保責任　272
売り主の担保責任　129
役務提供契約　223
援用　203

【カ行】

解除　98
確定日付ある証書　167
隠れた瑕疵　140
瑕疵担保責任　137
　　——の法的性質　138
過失責任主義　85
過失相殺　302
間接強制　72
間接被害者　300
観念の通知　166
危険責任　309
危険負担　103, 277
寄託　252
給付保持力　66
強制履行　72
供託　194
共同不法行為　310
クリーン・ハンズの原則　295
継続的契約　257
契約　20
　　——の拘束力　42
契約解除権　44
契約改訂権　44

【サ行】

契約自由の原則　50
契約書　45
契約締結上の過失の理論　62
検索の抗弁権　181
現実の提供　193
懸賞広告　36
高価品の特則　268
口頭の提供　194
雇用　260

【サ行】

債権者主義　104
債権者代位権　146
　　——の転用　150
債権者取消権　152
債権譲渡　162
　　——の対抗要件　166
債権侵害　299
債権の準占有者　197
債権の侵害　68
催告　100
　　——の抗弁権　181
裁判上の代位　148
債務者主義　104
債務不履行　76, 85, 88
詐害行為　154
死因贈与　124
事業者　8, 13, 28, 274
事業主　145
時効　201
　　——の中断　204
　　——の停止　204
事情変更の原則　42
自然債務　67
失火責任法　299, 306, 308, 310
執行力　66

313

事務管理　284
借地借家法　231
借賃増減請求権　239
受忍限度論　299
受領遅滞　116
準委任　247
準事務管理　289
準消費貸借　263
場屋営業　267
商事売買　143
使用者責任　306
承諾　23，29
譲渡禁止特約　163
消費寄託　252
消費者契約法　7，13，40，53
消費者契約　38
消費貸借　262
書面によらない贈与　123
自力救済　211，301
事理弁識能力　303
身体的素因　303
信頼関係破壊理論　246
信頼利益　51，140，272
数量指示売買　131
請求力　66
精神的素因　303
責任　68
責任財産　147
責任なき債務　68
責任能力　298
絶対効　171，175
善管注意義務　123，231，248，253，255
相殺　207
相殺適状　208
相当因果関係　81，88，300
双務契約　110
贈与　122
訴求力　66
損害賠償額算定の基準時　89

損害賠償額の算定基準時　92
損害賠償の予定　95

【タ行】

第三者のためにする契約　185
第三者の弁済　192
代替執行　72
代物弁済　192
諾成的消費貸借契約　263
多数当事者間の債権債務関係　170
短期消滅時効　202
地代等増減請求権　239
直接強制　72
賃借権の譲渡　243
賃貸借　227
賃料減額請求　235
追完権　70
追完請求権　70
通常損害　88
定期借地権　228
定期借家権　228
典型契約　218
転貸　243
転売利益　89
転用物訴権　292
同時履行の抗弁権　110，118
到達主義　23
特殊の不法行為　305
特殊不法行為　297
特別損害　88
特別法　3
土地工作物責任　309
取消し　53

【ナ行】

任意解除権　225，255

【ハ行】

発信主義　31

被害者側の過失　303
非典型契約　218
ファイナンス・リース契約　220
不安の抗弁権　114
不可分債権　171
不可分債務　172
不完全履行　70, 77, 101
不真正連帯債務　189, 308, 311
負担付贈与　124
負担部分　176, 190
不動産賃貸借の対抗力　229
不当条項　38
不当利得　290
不法原因給付　294
不法行為　297
分割債権債務の原則　171
弁済　191
　——の提供　193
報償責任　306
法定解除権　98
法律的瑕疵　139
保証契約　45
保証　178
保証債務の付従性　179

【マ行】

無効　53
無償契約　122
無資力要件　148
無断譲渡・転貸　243
無名契約　218
申込み　23
黙示の更新　232

【ヤ行】

約定解除権　98
優等懸賞広告　36
有名契約　218
要式行為　178, 180

要物契約　192, 252, 262
要物性の緩和　263

【ラ行】

履行遅滞　76, 99, 114
履行の提供　117
履行不能　76, 100
履行補助者の故意過失　78, 104
履行利益　51, 140, 272
留置権　111
連帯債務　174

【著者紹介】
千葉 博（ちば・ひろし）
1990年東京大学卒業。1991年司法試験に合格、1994年弁護士登録。高江・安部法律事務所、矢野総合法律事務所を経て、2008年千葉総合法律事務所を開設。民事、商事、保険、労働、企業法務を専門とする。2010年４月よりLEC東京リーガルマインド講師。

▶主な著書：『従業員の自動車事故と企業対応』『労働法に抵触しないための人員整理・労働条件の変更と労働承継』（以上、清文社）、『図解でわかる刑事訴訟法』（日本実業出版社）、『労働時間・休日・休暇Q&A』（労働行政）など

民法大改正で契約実務はどう変わる？ 債権法改正Q&A

2010年４月１日　発行

著　者	千葉　博 ⓒ
発行者	小泉　定裕
発行所	株式会社 清文社　東京都千代田区内神田１−６−６（MIFビル） 〒101-0047　電話03（6273）7946　FAX03（3518）0299 大阪市北区天神橋２丁目北２−６（大和南森町ビル） 〒530-0041　電話06（6135）4050　FAX06（6135）4059 URL http://www.skattsei.co.jp/

印刷：大村印刷㈱

■著作権法により無断複写複製は禁止されています。落丁本・乱丁本はお取り替えします。
■本書の内容に関するお問い合わせは編集部までFAX（03-3518-8864）でお願いします。

ISBN978-4-433-34499-3